21 世纪创新型会计
实训教学系列教材

会计综合仿真实训

周秋华　主编

陈一珊　胡洁　副主编

立信会计出版社
LIXIN ACCOUNTING PUBLISHING HOUSE

图书在版编目(CIP)数据

会计综合仿真实训/周秋华主编. —上海:立信会计
出版社,2020.5

普通高等院校"十三五"规划教材　21世纪创新型会
计实训教学系列教材

ISBN 978-7-5429-6448-9

Ⅰ.①会… Ⅱ.①周… Ⅲ.①会计学—高等学
校—教材　Ⅳ.①F230

中国版本图书馆 CIP 数据核字(2020)第 059825 号

策划编辑　王艳丽
责任编辑　王艳丽

会计综合仿真实训
Kuaiji Zonghe Fangzhen Shixun

出版发行	立信会计出版社		
地　　址	上海市中山西路 2230 号	邮政编码	200235
电　　话	(021)64411389	传　　真	(021)64411325
网　　址	www.lixinaph.com	电子邮箱	lixinaph2019@126.com
网上书店	http://lixin.jd.com		http://lxkjcbs.tmall.com
经　　销	各地新华书店		

印　　刷	上海天地海设计印刷有限公司		
开　　本	787 毫米×1092 毫米	1/16	
印　　张	24		
字　　数	437 千字		
版　　次	2020 年 5 月第 1 版		
印　　次	2020 年 5 月第 1 次		
印　　数	1-3100		
书　　号	ISBN 978-7-5429-6448-9/F		
定　　价	49.50 元		

如有印订差错,请与本社联系调换

前　　言

"经济越发展,会计越重要"。随着我国经济的高速发展,会计在企业中的作用和职能发生了很大的变化,即从传统的财务会计向管理会计发展;同时,各高等学校的会计专业教学也随之发生了变化。为了满足会计专业实践教学的需要,改革会计实践教学的方法与手段,为会计实践教学提供一套高仿真、操作性强的会计综合实训教材,本教材编写组在收集、整理大量经济业务原始凭证的基础上,编写了这本以时间为主线、前后连续,既具有典型性、全面性和可操作性,又具有岗位特色的会计综合仿真实训教材。本教材的特点为:既照顾到学生的就业去向,又与新会计准则和新税法内容紧密衔接;实训任务既有会计核算业务内容,又有管理会计、财务管理和审计方面的内容,具有高度的综合性和仿真性;既方便教师在课堂教学中组织学生进行会计实训,同时又能使学生站在管理者的角度纵观全局参与企业的管理。

本教材除了具有仿真性、典型性、完整性、可操作性等特点以外,还具有一定的创新性。教材的编写主要通过工作任务引领的项目活动,使学生按照《企业会计准则》等政策法规进行企业日常会计实务的处理,既培养了学生填制凭证、登记账簿、出纳核算、总账核算、报表编制的能力,又培养了学生财务分析和财务管理的能力。本教材运用会计应用软件和仿真职业场景让学生体验财务会计实务工作,熟悉企业内部的整体业务流程、内部控制和账务处理,全面提升学生对企业财务环境、业务流程、内部控制、角色分工、财务工作的认知及会计业务全盘账的操作能力,以期缩短学生的就业适应期、提高对口就业率。

本教材根据会计专业课程的基本内容、专业培养目标及市场需求设计,分为四章,第一章是会计综合业务手工实训,第二章是会计业务电算化实训,第三章是经济业务的原始凭证,第四章是财务分析及审计检查实训。

本教材由云南财经大学周秋华任主编,并负责书稿的总体框架设计、修改和统稿工作,此外,胡洁、陈一珊、冯婉容、邓彤和郑丹也参加了编写工作。具体编写分工如下:概论、模拟企业单位财务制度及模拟企业期初资料的一部分由周秋华编写;胡洁和郑丹参与了模拟企业期初资料的编写;陈一珊编写了企业 2019 年 12 月发生的经济业务的前三部分;综合业务和会计电算化部分由冯婉容、邓彤共同完成;财务分析及审计检查实训部分由邓彤编写。在本教材的编写过程中,云南财经大学的余根亚老师给予了大力支持和帮助,在此深表感谢。

　　虽然我们在编写过程中做出了很多的努力,但由于我国的会计方法、税收法规及相关的原始凭证不断在发生变化和更新,加之编者水平和时间所限,本教材仍存在很多不足,恳请各位同行和读者提出宝贵的意见和建议。

编者

2020 年 3 月

目　　录

第一章 会计综合业务手工实训

第一节 概　　论

一、会计综合实训的目的

会计工作是企业经济活动中非常重要的管理工作,现代会计工作不仅要求会计人员具有丰富的会计理论知识,更要具有一定的实践操作能力和运用会计信息分析问题、解决问题的管理能力。因此,会计教学应在学生学习了会计专业的理论知识后进行会计实际操作,以提高学生参与经济管理的综合能力。"会计综合实训"课程是会计学专业和财务管理专业教学中一项非常重要的实践课程,其教学目的是使学生能够综合运用所学的会计专业理论知识和基本技能,对一个企业在经济活动过程中发生的全部交易和事项进行会计核算,并运用会计核算提供的财务信息进行分析和内部审计,将会计专业理论知识运用于会计实际工作中,培养学生分析问题和解决问题的能力。

本教材以模拟企业的经济活动为主线,仿真设计了企业经营过程中与会计部门紧密联系的内部各部门和外部单位,使学生融入企业生产经营的大环境中,让学生组成会计小组并进行角色分工,分别担任不同的会计岗位角色,如出纳、费用会计、往来会计、成本会计、财产物资会计、税务会计、主管会计和财务经理等,运用手工记账和电算化软件记账并行的方式,从一笔经济业务发生的源头开始了解并熟悉业务发生的整体流程,即从原始凭证的取得和填制到记账凭证的编制、账簿的登记、成本计算和编制财务报告,最后进行财务分析和内部审计,让学生按照会计工作流程完成一个会计期间的全部业务处理。

本教材在设计上是让学生以小组为单位,通过各会计岗位之间的配合完成每一笔经济业务的处理,让学生体验财务会计实务工作,熟悉企业内部的整体业务流程、内部控制和账务处理,全面提升学生对企业财务环境、业务流程、内部控制、角色分工等财务工作的认知;同时,通过财务分析和审计内容的设计,开拓学生的思维,培养学生的创新精神和团队合作意识,锻炼学生参与企业管理的能力和综合素质,为学生毕业走入社会打下了良好的基础。

二、实训设计及要求

(一) 实训设计

1. 以会计小组的形式分岗位进行轮岗实训

本教材将云南大宇家具制造有限责任公司作为模拟企业,以该公司各业务部门和行政部门在 2019 年 12 月份发生的经济业务为实训素材,让学生分岗位、分部门对这些经济业务进行会计业务处理和财务与审计检查。实训共分三部分内容:会计手工实训、会计电算化实训和财务与审计检查实训。

在模拟企业中,发生经济业务的部门有采购部门、生产部门、销售部门以及包括总经理办公室、人力资源部、后勤部等在内的企业内部行政部门。这些部门填制或收集取得原始凭证,然后报给财会部门进行会计处理。这就要求会计人员不仅要熟悉会计岗位的相关业务和职责,而且还要熟悉企业中所有发生经济业务的各部门的业务办理流程和相关制度。因此,教师在组织实训时,可以将学生分为几个会计实训小组,每个小组由 8~10 位同学组成,让学生在实训中同时兼任会计岗位和其他部门的工作人员办理相应的业务,但在兼任会计岗位时要考虑到不兼容职务的要求。

2. 按经济业务发生的先后顺序完成各部门的会计业务处理

各实训岗位的人员要熟悉企业内部的整体业务流程和内部控制及账务处理程序,负责办理相关部门发生的经济业务,制作业务发生时的相关原始凭证,并按业务发生的流程办理会计凭证的传递工作。会计岗位的人员在处理经济业务时,要遵守我国的财经法规和企业的财务管理制度,按经济业务发生的先后顺序完成各部门的会计业务处理。

(二) 实训要求

(1) 按经济业务内容分配实训岗位,从业务发生开始制作业务相关的原始凭证,按业务流程及程序办理各岗位业务。

(2) 各会计岗位收到原始凭证后,进行手工账和电算化会计处理,并编制会计报表。

(3) 根据会计报表进行财务分析。

(4) 让各实训小组将完成的会计资料进行互换,并进行审计检查和互评。

第二节　模拟企业概况

一、模拟企业基本信息

公司名称:云南大宇家具制造有限责任公司

公司地址:云南省昆明市龙泉路 6666 号

公司电话:0871-68741258

法人代表:赵维刚

注册资本:1 000 万元

公司类型:有限责任公司

经营范围:办公家具的生产销售

纳税人类型:一般纳税人;税务登记号:530102673678066

基本账户开户银行:中国建设银行昆明分行龙泉路支行,账号:6222022123242500114

一般账户开户银行:中国工商银行昆明分行龙泉支行,账号:1102022123242500789

二、模拟企业生产工艺流程

公司主要生产两种产品:学生桌和学生椅。其生产领用的原材料主要有复合板、防火板、冷轧钢板、方钢管。公司设有三个基本生产车间和一个辅助生产车间,产品依次经过开料车间、整理车间和组装车间进行加工生产。每个车间生产领用原材料均在开始生产时一次性投入,本月生产的半成品不办理入库,直接转入下一个车间继续生产,直到产品生产完工验收入库。辅助生产车间(即机修车间)为三个基本生产车间提供修理服务。其产品生产工艺流程见图 1-1。

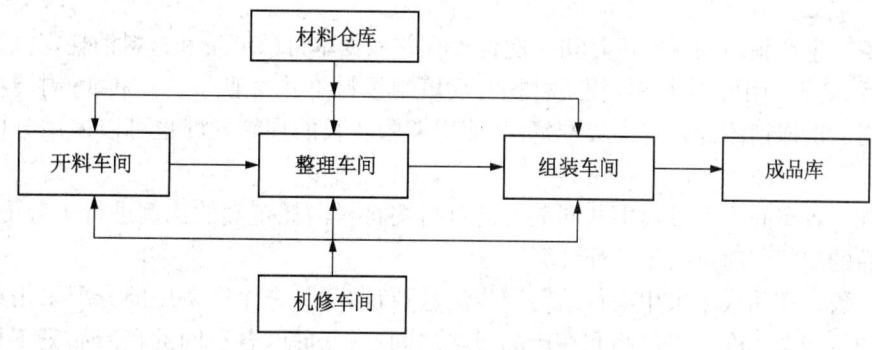

图 1-1 产品生产工艺流程图

三、模拟企业财务制度

第一条 根据《中华人民共和国会计法》《企业会计制度》《企业会计准则》《企业财务通则》及云南大宇家具制造有限责任公司章程和董事会决议制定本制度。

第二条 本公司财务会计制度在国家的财经法规、会计制度及企业会计准则的指导下,结合本企业生产经营活动特点制定。本制度是适合企业发展需要的企业内部财务会计制度,本企业各部门、各级员工都应认真遵照执行。

第三条 本公司为独立核算的有限责任公司,公司性质为增值税一般纳税人,增值税率为13%,经营范围是家具产品的生产和销售业务。

第四条 本公司会计账簿按生产经营业务的特点进行设置,对经济业务的会计处理上执行手工记账和电算化软件记账并行。

第五条 本公司按总分类账户设置总分类账一本,按"库存现金"和"银行存款"账户开设现金日记账和银行存款日记账。往来类明细账户采用三栏式账页,财产物资类明细账采用数量金额式账页,损益类和成本类账户采用多栏式账页,固定资产类采用固定资产卡片与固定资产明细账结合的方式进行固定资产的明细核算,其他明细账均采用三栏式账页。各种有价证券和银行结算票据均设置备查簿来登记其增减变化情况。

第六条 原材料和周转材料均采用计划成本核算,年初根据上年的原材料采购情况及本年影响原材料价格的因素制订合理的原材料计划单位成本。原材料按材料类别设置"原料及主要材料""辅助材料"二级明细分类账,按材料的品名设置三级明细分类账;周转材料按"包装物"和"低值易耗品"分别开设二级明细分类账,按材料的品名开设三级明细分类账。材料成本差异账户按"原材料"和"周转材料"的类别设置明细分类账。

第七条 采购材料发生的采购费用按采购材料的金额比例进行分配,领用材料的成本差异于月末进行计算结转。

第八条 公司设有开料车间、整理车间、组装车间三个基本生产车间和一个辅助生产车间——机修车间。会计账簿分别开设"生产成本——基本生产成本"和"生产成本——辅助生产成本"两个二级明细分类账,按生产车间开设三级明细分类账,各车间设置直接材料、直接人工和制造费用三个成本项目;三个基本生产车间单独设置"制造费用"账户并按车间设置二级分类账进行归集本月发生的间接费用,月末按各产品的定额工时比例进行分配,辅助生产车间不单独设置"制造费用"账户,该车间发生的间接费用均直接记入"生产成本"账户。

第九条　生产领用的材料于月初一次性投入并根据本月的产量和材料消耗定额情况进行领料,一般每 8 天领用一次材料,领用材料时须填制领料单并由业务主管审批;周转材料的使用一般采用一次摊销法计入有关成本费用,使用期限较长的周转材料也可以采用分期摊销法进行摊销。

第十条　各车间生产过程中共同耗用的材料按材料消耗定额的比例进行了分配,其制造费用按产品的定额工时进行了分配计算。

第十一条　产品成本采用平行结转分步法进行计算,月末生产费用的分配采用约当产量法将本月的生产费用在完工产品和在产品成本之间进行分配;各车间的在产品完工程度均按50%计算,每个车间的完工产品不办理入库直接转入下一个生产车间进行继续加工,最后一个车间生产完工后直接办理产品验收入库。

第十二条　库存商品按实际成本核算,完工产品每 5 天办理一次入库手续,完工产品经检验合格由仓库保管员填制"产品入库单"办理入库手续,并登记"库存商品"保管明细账,财产物资会计的"库存商品"明细分类账只记验收数量不记金额,月末采用加权平均法计算库存商品的平均单价,先按平均单价计算月末结存的商品金额,再倒算出当期产品的销售成本。

第十三条　当月发生和支付的各种费用单独设置"内部结算"账户进行归集核算,月末再根据各部门的实际使用情况填制费用分割单进行分配,费用分割单按使用部门设置联次,月末传递给各部门作为费用分配核算的依据。

第十四条　公司工作人员出差的差旅费报销制度根据企业的实际情况并参照国家公务人员出差的相关规定制定本管理办法。

1. 出差人员的交通补贴规定

企业出差人员的交通补贴规定见表 1-1,非客观原因在出差期间绕道等发生的差旅费以及未按规定标准开支差旅费超支部分由个人自理;出差人员的市内交通费按出差自然(日历)天数每人每天 60 元包干计算。

表 1-1　企业出差人员的交通补贴表

交通工具 级　　别	火车(含高铁、动车、全列软席列车)	轮船(不包括旅游船)	飞机	其他交通工具(不包括出租小汽车)
总经理、董事长	软席(软座、软卧),高铁/动车商务座,全列软席列车一等软座	一等舱	头等舱	凭据报销
副经理及相当职务	软席(软座、软卧),高铁/动车一等座,全列软席列车一等软座	二等舱	经济舱	凭据报销
其余人员	硬席(硬座、硬卧),高铁/动车二等座,全列软席列车二等软座	二等舱	经济舱	凭据报销

2. 出差人员的食宿费用规定

住宿费在出差目的地限额标准以内开支,并参照财政部公布的中央单位工作人员出差的住宿费限额标准执行。具体规定为:总经理、董事长每人每天 800 元;副经理及相当职务每人每天 480 元;其他人员每人每天 330 元。

3. 出差人员的伙食补助规定

伙食补助费是指对工作人员因公出差期间给予的伙食补助费用,伙食补助费按出差自然(日历)天数计算,参照财政部公布的中央单位工作人员出差伙食补助费标准每人每天 100 元包干使用;在途期间的伙食补助费按当天最后到达目的地规定标准报销。

第十五条 公司员工的工资由各部门按上个月的考勤情况及公司财务制度的规定进行计算。销售人员的工资单独计算。销售人员的工资构成为:基本工资+津贴+奖金+上月销售额的 3‰,日工资率=应付工资总额÷21.75 天;公司员工的社会保险费用和各项基金按工资总额的一定比例进行计提,个人所得税按税法规定的七级超额累进税率计算。

1. 考勤工资的计算标准

公司员工事假按"日工资率×事假天数"计算扣发工资;旷工按"日工资率×2×旷工天数"计算扣发工资;病假工资按"日工资率×计算系数×病假天数"计算发放工资;加班工资按"日工资率×200%×加班天数"计算发放工资。其中,病假工资的计算系数为:职工疾病或非因工负伤连续休假在 6 个月以内的按本人工资的 80%计发;职工疾病或非因工负伤连续休假超过 6 个月的按本人工资的 60%计发。

2. 社会保险和住房公积金费用

社会保险费是指在社会保险基金的筹集过程当中,雇员和雇主按照规定的数额和期限向社会保险管理机构缴纳的费用,它是社会保险基金的最主要来源。社会保险主要包括"五险",即养老保险、失业保险、医疗保险、工伤保险和生育保险。住房公积金是指国家机关、国有企业、城镇集体企业、外商投资企业、城镇私营企业及其他城镇企业、事业单位、民办非企业单位、社会团体及其在职职工缴存的长期住房储蓄金。社会保险和住房公积金费用计提标准见表 1-2。

表 1-2 社会保险和住房公积金费用计提标准表

项目	企业负担	职工个人负担
医疗保险	10%	2%
养老保险	20%	8%
失业保险	0.7%	0.3%
生育保险	0.5%	—
工伤保险	1%	—
住房公积金	8%	8%

3. 工会经费和职工教育经费

工会经费是工会组织开展各项活动所需要的费用;职工教育经费是指企业按工资总额的一定比例提取用于职工教育事业的一项费用,是企业为职工学习先进技术和提高文化水平而支付的费用。其计提标准见表 1-3。

表1-3　工会经费和职工教育经费计提标准表

项目	企业负担	职工个人负担
工会经费	2%	0.5%
职工教育经费	1.5%	——

4. 个人所得税

个人所得税是调整征税机关与自然人(居民、非居民人)之间在个人所得税的征纳与管理过程中所发生的社会关系的法律规范的总称。个人所得税的纳税义务人既包括居民纳税义务人,也包括非居民纳税义务人。居民纳税义务人负有完全纳税的义务,必须就其来源于中国境内、境外的全部所得缴纳个人所得税;而非居民纳税义务人仅就其来源于中国境内的所得,缴纳个人所得税。工资、薪金所得是指个人因任职或受雇而取得的工资、薪金、奖金、年终加薪、劳动分红、津贴、补贴以及与任职或受雇有关的其他所得,适用7级超额累进税率,按年应纳税所得额计算征税。个人所得税率见表1-4。

表1-4　个人所得税累进税率表
(综合所得适用)

级数	全年应纳税所得额	税率	速算扣除数
1	不超过36 000元	3%	0
2	超过36 000元至144 000元	10%	2 520
3	超过144 000元至300 000元	20%	16 920
4	超过300 000元至420 000元	25%	31 920
5	超过420 000元至660 000元	30%	52 920
6	超过660 000元至960 000元	35%	85 920
7	960 000元以上	45%	181 920

注:① 本表所称全年应纳税所得额是指居民个人取得综合所得以每一纳税年度收入额减除费用60 000元以及专项扣除、专项附加扣除和依法确定的其他扣除后的余额;
② 非居民个人取得工资、薪金所得,劳务报酬所得,稿酬所得和特许权使用费所得,依照本表按月换算后计算应纳税额。

第十六条　各部门编制职工薪酬结算单一式两份,一份交给总会计,一份车间留存,同时根据职工薪酬结算单编制工资费用分配表进行工资的分配,生产工人薪酬按产品定额工时比例进行分配;公司于每月10日根据各部门提供的职工薪酬结算单填制职工薪酬汇总表并计算本月应付工资。

第十七条　公司按月计提固定资产折旧并计入相关成本费用,折旧的计提方法分类别采用平均年限法计提折旧,净残值率为5%。各类固定资产的预计使用年限见表1-5。

第十八条　公司的购销活动均应签订产品购销合同,并按规定时间履行合同,企业货款的结算方式采用支票、商业汇票、汇兑、银行汇票等结算方式,也可以采用信用赊销的方式销售产品,信用条件为 2/10、1/20、N/30 三种方式;销售收入的确认时间为开出发票并发出产品的时间,若采用托收承付结算方式销售的,应在开出发票并办妥托收承付手续后再确认收入。

表 1-5 固定资产折旧年限表

固定资产类别	预计使用年限	固定资产类别	预计使用年限
房屋建筑物	20	专用设备	10
通用设备	10	交通运输工具	4
电子设备	10		

第十九条 公司每个月末按应收账款余额的 5‰ 计提坏账准备。

第二十条 公司发生的广告费用和业务宣传费用,不超过当年销售(营业)收入 15% 的部分,准予扣除;超过部分,准予在以后纳税年度结转扣除。公司发生的职工福利费支出,不超过工资、薪金总额 14% 的部分,准予扣除。公司发生的公益性捐赠支出,在年度利润总额 12% 以内的部分,准予在计算应纳税所得额时扣除。公司发生的与生产经营活动有关的业务招待费支出,按照发生额的 60% 扣除,但最高不得超过当年销售(营业)收入的 5‰。

第二十一条 公司发生的下列支出项目不得在税前扣除。

(1) 公益性捐赠以外的捐赠支出。

(2) 赞助支出,即公司发生的与生产经营活动无关的各种非广告性质支出。

(3) 税收滞纳金、罚金、罚款和被没收财物的损失。

四、模拟企业财务管理制度

1. 现金管理制度

财会人员要严格遵守会计法规和财经制度,设置专职出纳人员管理企业的货币资金,出纳在办理业务时要严格遵守《银行结算制度》和《现金管理条例》,并按经济业务发生的时间先后顺序及时登记现金和银行存款日记账,做到日清日结;企业的库存现金的管理实行定额备用金制度,每天的库存现金限额为 10 000 元,超过限额的部分要于当天业务结束时送存银行,以保证企业货币资金的安全。

2. 银行结算管理制度

公司对外结算要严格遵守国家有关结算制度和银行账户的管理办法,开设一个基本存账户和一般存款账户,可以根据业务的需要开设临时存款账户和专项存款账户,公司与各往来单位发生的往来款项均应通过银行进行结算;企业到银行办理转账结算时要由相关的负责人进行审批,并加盖预留在银行的公司法人章和财务专用章。

3. 费用报销管理制度

公司的所有费用报销均要填制费用报销单,要求经办人取得合法、真实和有效的原始凭证,并由经手人、证明人和审批人进行签字才可报销,费用报销审批权限的具体规定如下:

凡是支付的款项在 20 000 元以内的(含 20 000 元),由财务经理审批;超过 20 000 元的款项依次要由财务经理和总经理进行审批才可以进行支付。

4. 内部审计制度

公司专门设置一名复核人员对业务涉及的所有凭证填制、记账和会计报表的编制工作进行严格的审核,及时发现存在的问题,并在复核后的各种表单、账簿和会计报表上进行签名或盖章,年末由公司的监事部门再组织专人对全年的财务工作进行全面、系统的审计。

5. 存货管理制度

公司采购业务由采购部门根据生产经营活动的需要进行采购,采购之前要由采购人员填制一式两联的采购申请单,交由部门负责人批准方可进行采购,同时要求采购业务都要与供货方签订商品购销合同;购入的货物均由质检部门进行验收合格,填制一式三联的材料入库单,在验收单上要分别由验收人和采购人签字明确责任,产品入库单分别送交采购部、物资管理部门和财会部门进行业务处理;公司存货的日常收付采用永续盘存制。

6. 利润分配制度

公司于年末召开股东大会,并根据当年实现的税后利润情况按一定比例进行利润分配,公司按本年净利润的 10% 提取法宝盈余公积,按净利润的 5% 提取任意盈余公积,按投资者的出资比例向投资者分配利润。

五、模拟企业会计岗位设置及岗位职责

在实训中,模拟企业的会计部门共设八个会计岗位,即出纳、费用会计、销售及往来会计、成本会计、财产物资会计、税务会计、主管会计和财务经理岗位。每个会计岗位的工作职责和业务内容如下。

1. 出纳的岗位职责和工作内容

(1) 按照国家有关现金管理和银行结算制度的规定,办理现金收付和银行结算业务。出纳员应严格遵守现金开支范围,非现金结算范围不得用现金收付;遵守库存现金限额,超限额的现金按规定及时送存银行。

(2) 开设并登记现金日记账和银行存款日记账。根据会计制度的规定,在办理现金和银行存款收付业务时,要严格审核有关原始凭证,然后根据审核无误的收付款凭证逐笔顺序登记现金日记账和银行存款日记账,并结出余额;现金管理要做到日清月结,账面余额与库存现金每日下班前应核对,发现问题,及时查对;银行存款日记账与银行对账单也要及时核对,如有不符,应立即通知银行调整。

(3) 保管有关印章和空白支票。支票印鉴章有财务专用章和法人印鉴章,必须由两人分别保管。一般情况下,财务专用章由出纳保管,法人印鉴由会计主管保管;掌握银行存款余额,不准签发空头支票,不准出租出借银行账户为其他单位办理结算。

(4) 保管库存现金和各种有价证券(如国库券、债券、股票等)的安全与完整。

(5) 办理往来结算,建立健全往来款项的清算制度。结算业务主要包括:企业与内部核算单位和职工之间的款项结算;企业与外部单位、个人之间办理转账款项结算;低于结算起点的小额款项结算。实行定额备用金制度,核定备用金定额,及时办理备用金的领用和报销手续,加强管理;对预借的差旅费,要督促及时办理报销手续,收回余额,不得拖欠,不准挪用;建立其他往来款项清算手续制度,对购销业务以外的暂收、暂付、应收、应付、备用金等债权债务及往来款项,要建立清算手续制度,加强管理及时清算。

2. 财产物资会计的岗位职责和工作内容

(1) 会同有关部门建立、健全财产物资的管理制度,包括财产物资的收发手续、购货规程、仓库管理制度、凭证传递程序、存货核算方法、清查盘点制度等。

(2) 负责财产物资收发业务原始凭证的审核及会计核算工作,计算存货及其他财产物资的采购成本和发出存货的成本,进行财产物资收、发、存的明细核算;负责开设并登记包括"原

材料""材料采购""周转材料""材料成本差异""库存商品""固定资产""在建工程""无形资产"和"其他货币资金"等账户的明细分类账;对在途存货监督清收,月末对已验收入库尚未付款的存货进行暂估价入账。

(3)配合有关部门制订存货消耗定额。对企业的原材料和周转材料实行计划成本计价,编制原材料和周转材料的计划成本目录,配合有关部门制订存货消耗定额,月末对存货的定额执行情况进行分析研究,检查存货定额制定的合理性,为管理者提供存货管理的相关信息资料。

(4)会同有关部门分析存货的储备及保管情况,定期报告存货收、发、存情况。对存货的超常储备或长期积压及报告不善造成浪费的现象,分析原因,提出处理意见和建议,督促有关部门处理。

(5)建立建全企业财产物资的清查盘点制度。协同有关部门对财产物资进行定期清查盘点,落实核对并进行相应的账务处理。按规定程序及时办理资产报废处置手续。

(6)期末,负责对各项财产物资的价值进行检查,计提固定资产折旧和各种资产减值准备金。

(7)按规定程序及时办理资产报废处置手续。

3. 费用会计的岗位职责和工作内容

(1)负责审核各类费用报销单据并进行正确分类和会计核算工作。保证费用单据的金额正确、内容完整、手续完备,并在规定的范围内进行报销支出;本月支付的各种费用单独设置"内部结算"账户进行归集核算,并于月末开出费用分割单按各部门费用的消耗情况进行分配,并将分割单传递给各成本会计进行车间费用的核算;负责开设并登记"管理费用""销售费用""财务费用""资产减值损失""投资损益""营业外收入"和"营业外支出"等账户的明细分类账。

(2)负责企业全员的工资费用计算分配和管理工作。根据公司批准的报酬分配方案,负责审定各类员工的薪资标准和奖金发动标准。执行薪资福利政策与薪资管理,确保所有的薪资福利项目符合劳动法;定期或不定期的全公司工资调整工作,以及因试用、转正、转岗、升降职、退休和奖励带来的个别员工工资变动。

(3)负责日常人事管理工作。负责员工考勤、调休、请假、加班管理与统计,按考核规定具体审定各部门职工月工资、季度、年度奖金和津贴的发放。

(4)配合社会保障部门做好社会保险业务的管理工作。根据国家有关法规和政策,审定劳保、医疗、养老、失业和福利等项目和支出水平,为各有关人员办理相应的手续。

(5)配合有关部门做好医疗保健、结婚、计划生育、人口统计、社区选举和劳动争议等具体工作。

(6)编制费用预算报告。对各部门或考核个人费用超预算的及时上报处理,编制费用预算报告对费用预算制定执行中的问题,提合理化建议。

(7)为各部门提供薪资福利方面的咨询服务。

4. 销售及往来核算会计的岗位职责和工作内容

(1)建立健全应收款项的管理制度。会同有关部门制定本企业的信用政策,建立、健全往来款项结算与核对的程序和制度,明确应收款项管理责任,积极了解客户资信情况,防止坏账损失。

(2)负责往来款项和收入及成本类业务明细分类账的登记工作。按照债权债务种类、应收应付对象的具体单位和个人分类设置往来业务的明细分类账,包括"应收账款"和"应付账款"明细分类账、"预收账款"和"预付账款"明细分类账、"应收票据"和"应付票据"明细分类账、"其他应收款"和"其他应付款"明细分类账;按照销售产品的品种设置收入及销售成本类业务的明细分类账,包括"主营业务收入"和"其他业务收入"明细分类账、"主营业务成本"和"其他业务成本"明细分类账;根据审核后的记账凭证逐笔登记相关明细账并结出余额。

(3) 会同有关部门定期组织往来款项的核对和结算工作。对于购销业务产生的应收、应付款,应协同采购及销售部门核对;对于购销业务以外的暂收、暂付、应收、应付、备用金等往来款项应定期抄列清单,或以个别特殊方式核对;对于长期呆滞的往来款项,特别是长期未能收回的债权,应会同有关部门及时调查并向上级报告,做好往来款项的清收及核销工作,以提高企业资金的利用效率。

(4) 做好期末各种费用的计提工作。会计期末,对持有的商业汇票计提本期应负担的票据利息,分配长期应收应付款融资收益或费用,计提应收款项的坏账准备。

(5) 配合出纳人员办理向银行借款、商业汇票业务的办理、应收票据贴现以及与各供应商和客户之间往来款项的结算等业务。

(6) 负责企业其他与销售有关的工作。贯彻执行国家和上级主管部门有关销售业务的财务管理制度、政策、法律、法规;负责开票机发票复核及管理工作;负责领取、开具产品出门证;负责销售转账凭证的制作、装订、保管,及时完成上级领导交办的各项工作任务。

5. 税务核算会计的岗位职责和工作内容

(1) 负责了解、咨询、解读国家各项税收政策、法规与实施细则,结合公司的实际情况拟订公司税务会计核算的有关工作细则和具体规定,并做好税收筹划与解缴等工作。

(2) 负责每月末按时完成国税的抄报税工作,在规定时间内按时缴纳各种税费;对发生的涉税业务进行会计账务处理,并负责编制与报送各项税收的财务报表。

(3) 负责各种发票的申领工作,加强对发票和收据的保管、领用、缴销等工作,严格按照税法中关于发票的管理规定,保管好库存未使用的空白发票。

(4) 负责对会计凭证、装订和整理归档等管理,保管企业的购销合同及相关的文件资料,并对财务资料进行分类、保管,确保公司财务信息资料的安全与完整。

(5) 负责公司的工商信息、税务业务的变更和年检,配合其他会计人员进行有关税务方面的业务办理和业务咨询工作;配合完成税务部门安排的各种检查以及其他工作。

(6) 完成上级领导交办的其他工作。

6. 成本核算会计的岗位职责和工作内容

(1) 负责编制成本预算,分解下达成本、费用、计划指标,收集有关信息和数据,进行有关盈亏预测工作;审核各项成本的支出,监督、检查各部门执行成本情况,并就出现问题及时上报。

(2) 配合财务经理做好公司会计制度、内控制度的制定和检查工作。负责拟定公司成本实施细则,配合财务主管做好公司会计制度、内控制度程序的设计、建立、健全;负责检查与督促与成本有关的管理制度、内部控制制度与监督方面的规章制度的执行情况;掌握先进的成本管理和成本核算方法,提出降低成本控制措施与建议;组织、督促相关人员及时按要求开展财务清查、盘点等工作。

(3) 负责对企业发生的经济业务进行成本核算,做好成本的核算和控制;负责登记成本明细分类账,包括"生产成本"和"制造费用"明细分类账、编制成本报表,保管好成本计算资料并按月装订,定期归档;评估成本方案并进行财务状况分析,及时改进成本核算方法。

（4）负责对库存管理和监督，分析、跟踪、监督产成品和在产品的库存；每月末进行正确的成本计算与分配，及时与生产、销售部门核对在产品、产成品并编制差异原因上报；负责对公司积压库存与原料处理等情况进行统计分析，不定期地对库存账、实际情况进行抽查。

（5）参与公司资产的清查盘点，审核盘点报表，并按时报送盘点报表；会同有关部门制定库存商品的最低、最高限额。

（6）做好各相关成本上升资料的整理、归档、数据库的建立、查询、更新工作；对公司财务数据必须保密，认真完成总经理及财务主管安排的其他工作。

7. 主管会计的岗位职责和工作内容

（1）设置会计科目，开设会计账户。按照企业会计制度的规定，负责设置会计科目并根据结合行业、企业的生产经营和财务核算的特点开设会计账户，设置和登记会计账簿，按照《会计人员工作规则》所规定的方法进行记账、算账、结账、对账和报账工作。

（2）负责对经济业务的检查工作。对其他会计人员填制的会计凭证进行复核，检查会计凭证是否合法，内容是否真实，手续是否完备，数字是否正确。对账簿记录要进行抽查，检查其业务处理是否符合记账要求。复核中发现问题和差错，应通知有关人员查明更正和处理。

（3）负责总分类账的登记和对账工作。及时进行会计业务综合汇总工作，严格审查汇总记账凭单，及时登记总账及分管的明细账。总账的余额必须和各明细账余额相符，如发现账账不符，应查明原因，及时处理；要熟悉其他岗位核算人员所应掌握的知识，熟悉本企业会计核算规程、凭证传递路线和手续、会计核算工作细则及会计核算形式等方面的知识。

（4）负责编制会计报表，撰写财务报告，并进行财务分析和检查工作。每月终了，要根据总账和有关明细账的记录编制资产负债表、财务状况变动表及其他分管的报表；会计报表要互相核对，有对应关系的数字必须保持一致，核对无误后，将各种报表连同财务状况说明书加具封面，装订成册，经审核签章后及时报出；撰写财务报告，进行财务分析，并汇同其他部门进行财务检查工作。

（5）对记账凭证的编号、整理、装订提出规范化要求。每月终了，整理装订会计资料，集中保管。年终办完决算后，应将全年的会计凭证、报表收集齐全，整理清楚，分类排列，以便查阅。需要归档的会计资料，应按照《会计档案管理办法》的规定，办理会计资料归档手续，并管理会计档案。

8. 财务经理的岗位职责和工作内容

（1）建立有效运作的财务部门工作体系。制订企业的财务工作目标，确定各会计岗位的工作任务、岗位职责和业务处理流程，全面负责财务部的日常管理工作；编制各种预算、财务收支计划、信贷计划，拟定资金筹措和使用方案。

（2）负责成本费用和各税费的控制和管理。审查各部门的开支计划，掌握各部门成本和费用水平，进行成本费用的预测、计划、控制、核算、分析和考核，进行内部风险控制，对税收进行整体筹划。

（3）管好用好企业资金，提高资金的使用效率。做好各项资金的计划平衡，管理和掌握各项资金的运用，调剂业务部门所需资金，保证业务活动的正常进行；督促应收账款的催收工作，加速资金回笼。

（4）负责企业财务工作的检查监督。组织与实施公司内审活动，全面检查库存现金和备用金情况，并不定期抽查各业务部门、各收款岗位的库存现金和备用金。

（5）协助公司负责人管理企业并做好相关报告的编制工作。对企业的生产经营、业务发展及基本建设投资等问题做出投资决策；参与重大合同和经济协议的研究、审查；编制财务专题报告，会计决算报表，利用财务会计资料进行经济活动，分析比较。

（6）完善各种财务规章制度和其他工作。根据上级有关规定和董事会对财务工作的决议和总经理的有关指示，制定、修改财务管理制度，检查、督促财务人员认真执行各项财务规章制度，加强与财政、税务、劳动人事、银行等部门沟通，组织会计人员的业务培训和考核。

第三节 模拟企业期初资料

一、模拟企业 2019 年生产计划及定额资料

1. 材料消耗定额

材料消耗定额情况见表 1-6。

表 1-6 材料消耗定额汇总表

单位：元

材料名称	计量单位	计划单价	学生桌		学生椅		合计	
			数量	金额	数量	金额	数量	金额
一、原料及主要材料								
复合板	平方米	100.00	0.30	30.00	0.20	20.00	0.50	50.00
防火板	平方米	120.00	0.30	36.00	0.20	24.00	0.50	60.00
冷轧钢板	平方米	80.00	0.20	16.00				16.00
方钢管	米	5.00	5.00	25.00	4.00	20.00	9.00	45.00
小计				107.00		64.00		171.00
二、辅助材料								
螺丝	千克	15.00	0.10	1.50	0.10	1.50	0.20	3.00
螺母	千克	13.00	0.10	1.30	0.10	1.30	0.20	2.60
酚醛清漆	千克	9.00	3.00	27.00	2.00	18.00	5.00	45.00
脚垫套	千克	12.50	0.08	1.00	0.08	1.00	0.16	2.00
小计				30.80		21.80		52.60
合计				137.80		85.80		223.60

2. 单位产品计划制造成本

单位产品计划制造成本情况见表 1-7。

表 1-7 单位产品计划制造成本汇总表

单位：元

成本项目	直接材料			直接人工	制造费用	合计
	原材及主要材料	辅助材料	合计			
桌子	107.00	30.80	137.80	6.80	3.00	147.60
椅子	64.00	21.80	85.80	3.40	1.50	90.70

3. 单位产品定额费用

单位产品定额费用率情况见表 1-8。

表 1-8 单位产品定额费用率表

产品或指标 （按生产工时计算）	开料车间	整理车间	组装车间	合计
桌子（张/小时）	1.00	3.00	3.00	7.00
椅子（把/小时）	0.50	1.50	1.50	3.50
人工费用（元/小时）	3.94	1.13	0.94	6.01
制造费用（元/小时）	2.42	0.74	0.83	3.99

4. 应付工资计划

企业应付职工工资计划情况见表 1-9。

表 1-9 职工应付工资计划表

单位：元

部门	人员类别		人数	基本工资	绩效工资	奖金	应付工资合计
开料车间	生产工人	初级工	7	1 500.00	600.00	200.00	16 100.00
		中级工	21	1 900.00	1 100.00	500.00	73 500.00
		高级工	7	2 300.00	1 600.00	800.00	32 900.00
	车间管理人员		5	2 300.00	1 600.00	800.00	23 500.00
	小计		40				146 000.00
整理车间	生产工人	初级工	6	1 500.00	600.00	200.00	13 800.00
		中级工	18	1 900.00	1 100.00	500.00	63 000.00
		高级工	6	2 300.00	1 600.00	800.00	28 200.00
	车间管理人员		4	2 300.00	1 600.00	800.00	18 800.00
	小计		34				123 800.00

（续表）

部门	人员类别		人数	基本工资	绩效工资	奖金	应付工资合计
组装车间	生产工人	初级工	5	1 500.00	600.00	200.00	11 500.00
		中级工	15	1 900.00	1 100.00	500.00	52 500.00
		高级工	5	2 300.00	1 600.00	800.00	23 500.00
	车间管理人员		6	2 300.00	1 600.00	800.00	28 200.00
	小计		31				115 700.00
机修车间	生产工人	初级工	2	1 500.00	600.00	200.00	4 600.00
		中级工	6	1 900.00	1 100.00	500.00	21 000.00
		高级工	2	2 300.00	1 600.00	800.00	9 400.00
	车间管理人员		2	2 300.00	1 600.00	800.00	9 400.00
	小计		12				44 400.00
管理部门	总经理		1	5 000.00	3 600.00	3 000.00	11 600.00
	副总经理		2	4 000.00	2 600.00	2 000.00	17 200.00
	采购部	部门经理	1	3 000.00	1 600.00	1 000.00	5 600.00
		业务人员	4	1 600.00	1 100.00	500.00	12 800.00
	销售业务部	部门经理	1	3 000.00	1 600.00	1 000.00	5 600.00
		业务人员	6	1 600.00	1 100.00	500.00	19 200.00
	财务部	部门经理	1	3 000.00	1 600.00	1 000.00	5 600.00
		业务人员	7	1 600.00	1 100.00	500.00	22 400.00
	运输部	部门经理	1	3 000.00	1 600.00	1 000.00	5 600.00
		业务人员	3	1 600.00	1 100.00	500.00	9 600.00
小计			27				115 200.00
合计			144				545 100.00

5. "五险一金"计划

职工"五险一金"计划情况见表1-10。

表1-10　职工"五险一金"计划表

单位：元

部门	人员类别		人数	医疗保险金10%	养老保险金20%	失业保险金0.7%	生育保险金0.5%	工伤保险1%	住房公积金8%	五险一金合计
开料车间	生产工人	初级工	7	1 610.00	3 220.00	112.70	80.50	161.00	1 288.00	6 472.20
		中级工	21	7 350.00	14 700.00	514.50	367.50	735.00	5 880.00	29 547.00
		高级工	7	3 290.00	6 580.00	230.30	164.50	329.00	2 632.00	13 225.80
	车间管理人员		5	2 350.00	4 700.00	164.50	117.50	235.00	1 880.00	9 447.00
	小计		40	14 600.00	29 200.00	1 022.00	730.00	1 460.00	11 680.00	58 692.00

（续表）

部门	人员类别		人数	医疗保险金10%	养老保险金20%	失业保险金0.7%	生育保险金0.5%	工伤保险1%	住房公积金8%	五险一金合计
整理车间	生产工人	初级工	6	1 380.00	2 760.00	96.60	69.00	138.00	1 104.00	5 547.60
		中级工	18	6 300.00	12 600.00	441.00	315.00	630.00	5 040.00	25 326.00
		高级工	6	2 820.00	5 640.00	197.40	141.00	282.00	2 256.00	11 336.40
	车间管理人员		4	1 880.00	3 760.00	131.60	94.00	188.00	1 504.00	7 557.60
	小计		34	12 380.00	24 760.00	866.60	619.00	1 238.00	9 904.00	49 767.60
组装车间	生产工人	初级工	5	1 150.00	2 300.00	80.50	57.50	115.00	920.00	4 623.00
		中级工	15	5 250.00	10 500.00	367.50	262.50	525.00	4 200.00	21 105.00
		高级工	5	2 350.00	4 700.00	164.50	117.50	235.00	1 880.00	9 447.00
	车间管理人员		6	2 820.00	5 640.00	197.40	141.00	282.00	2 256.00	11 336.40
	小计		31	11 570.00	23 140.00	809.90	578.50	1 157.00	9 256.00	46 511.40
机修车间	生产工人	初级工	2	460.00	920.00	32.20	23.00	46.00	368.00	1 849.20
		中级工	6	2 100.00	4 200.00	147.00	105.00	210.00	1 680.00	8 442.00
		高级工	2	940.00	1 880.00	65.80	47.00	94.00	752.00	3 778.80
	车间管理人员		2	940.00	1 880.00	65.80	47.00	94.00	752.00	3 778.80
	小计		12	4 440.00	8 880.00	310.80	222.00	444.00	3 552.00	17 848.80
管理部门		总经理	1	1 160.00	2 320.00	81.20	58.00	116.00	928.00	4 663.20
		副总经理	2	1 720.00	3 440.00	120.40	86.00	172.00	1 376.00	6 914.40
	采购部	部门经理	1	560.00	1 120.00	39.20	28.00	56.00	448.00	2 251.20
		业务人员	4	1 280.00	2 560.00	89.60	64.00	128.00	1 024.00	5 145.60
	销售业务部	部门经理	1	560.00	1 120.00	39.20	28.00	56.00	448.00	2 251.20
		业务人员	6	1 920.00	3 840.00	134.40	96.00	192.00	1 536.00	7 718.40
	财务部	部门经理	1	560.00	1 120.00	39.20	28.00	56.00	448.00	2 251.20
		业务人员	7	2 240.00	4 480.00	156.80	112.00	224.00	1 792.00	9 004.80
	运输部	部门经理	1	560.00	1 120.00	39.20	28.00	56.00	448.00	2 251.20
		业务人员	3	960.00	1 920.00	67.20	48.00	96.00	768.00	3 859.20
	小计		27	11 520.00	23 040.00	806.40	576.00	1 152.00	9 216.00	46 310.40
合计			144	54 510.00	109 020.00	3 815.70	2 725.50	5 451.00	43 608.00	219 130.20

注：以上"五险一金"及公会经费均为公司承担部分。

6. 工会经费及职工教育经费计划

职工工会经费及职工教育经费计划情况见表1-11。

表 1-11　职工工会经费及职工教育经费计划表

单位：元

部门	人员类别		人数	工会经费 2%	职工教育经费 1.5%	经费合计
开料车间	生产工人	初级工	7	322.00	241.50	563.50
		中级工	21	1 470.00	1 102.50	2 572.50
		高级工	7	658.00	493.50	1 151.50
	车间管理人员		5	470.00	352.50	822.50
	小计		40	2 920.00	2 190.00	5 110.00
整理车间	生产工人	初级工	6	276.00	207.00	483.00
		中级工	18	1 260.00	945.00	2 205.00
		高级工	6	564.00	423.00	987.00
	车间管理人员		4	376.00	282.00	658.00
	小计		34	2 476.00	1 857.00	4 333.00
组装车间	生产工人	初级工	5	230.00	172.50	402.50
		中级工	15	1 050.00	787.50	1 837.50
		高级工	5	470.00	352.50	822.50
	车间管理人员		6	564.00	423.00	987.00
	小计		31	2 314.00	1 735.50	4 049.50
机修车间	生产工人	初级工	2	92.00	69.00	161.00
		中级工	6	420.00	315.00	735.00
		高级工	2	188.00	141.00	329.00
	车间管理人员		2	188.00	141.00	329.00
	小计		12	888.00	666.00	1 554.00
管理部门		总经理	1	232.00	174.00	406.00
		副总经理	2	344.00	258.00	602.00
	采购部	部门经理	1	112.00	84.00	196.00
		业务人员	4	256.00	192.00	448.00
	销售业务部	部门经理	1	112.00	84.00	196.00
		业务人员	6	384.00	288.00	672.00
	财务部	部门经理	1	112.00	84.00	196.00
		业务人员	7	448.00	336.00	784.00
	运输部	部门经理	1	112.00	84.00	196.00
		业务人员	3	192.00	144.00	336.00
	小计		27	2 304.00	1 728.00	4 032.00

7. 应付职工薪酬月度计划

应付职工薪酬月度计划情况见表1-12。

表1-12 职工薪酬月度计划表

单位：元

部门		人员类别	等级	人数	薪酬总额
开料车间		生产工人	初级工	7	23 135.70
			中级工	21	105 619.50
			高级工	7	47 277.30
		车间管理人员	等级	5	33 769.50
		小计		40	209 802.00
整理车间		生产工人	初级工	6	19 830.60
			中级工	18	90 531.00
			高级工	6	40 523.40
		车间管理人员		4	27 015.60
		小计		34	177 900.60
组装车间		生产工人	初级工	5	16 525.50
			中级工	15	75 442.50
			高级工	5	33 769.50
		车间管理人员		6	40 523.40
		小计		31	166 260.90
机修车间		生产工人	初级工	2	6 610.20
			中级工	6	30 177.00
			高级工	2	13 507.80
		车间管理人员		2	13 507.80
		小计		12	63 802.80
管理部门		总经理		1	16 669.20
		副总经理		2	24 716.40
	采购部	部门经理		1	8 047.20
		业务人员		4	18 393.60
	销售业务部	部门经理		1	8 047.20
		业务人员		6	27 590.40
	财务部	部门经理		1	8 047.20
		业务人员		7	32 188.80
	运输部	部门经理		1	8 047.20
		业务人员		3	13 795.20
	小计			27	165 542.40
合计				144	783 308.70

二、客户和供应商资料

1. 客户资料

客户情况资料见表 1-13。

表 1-13 客户资料

单位名称	地址	社会统一信用代码	开户银行	账号	电话
成都市立成中学	四川省成都市成华区驷马桥羊子路 234 号	12510108450135258C	成都市工商银行（民丰大道支行）	6222023803013302560	028-82605157
昆明市利华中学	云南省昆明市何乐路 24 号	125301001948535264	中国建设银行昆明城北支行	4213076835251854721	0871-65981228
玉溪市美业私立中学	云南省玉溪市红塔区北城镇	1253040241654387X1	中国工商银行北城镇支行	6222138246812079282	0877-5183519
楚雄市第三小学	云南省楚雄市雄宝路小河口	12532301351684553Q	中国建设银行楚雄三家塘分行	4213346620774817641	0878-48126722
南宁市大尚中学	南宁市希望路 203 号	124501004877724660	中国工商银行南宁市希望路支行	6222325323548509224	0771-23812201
遵义市华山中学	遵义市岭南中路 91 号	125203004351218445	中国农业银行遵义岭南路支行	6228481929482883315	0852-71828553
曲靖市文渊中学	云南省曲靖市罗林街 121 号	125303000211684492	中国工商银行曲靖市分行	6227723623152275983	0874-35195432
广安市第二中学	四川省广安市锦屏路 81 号	1251130322263516151	中国建设银行广安分行	4213122456327505657	0826-81567091
凯里市文华中学	贵州省凯里市钟山区凤凰大道 12 号	1252260135149511147	中国工商银行凯里市钟山支行	6222205446921320152	0855-35716257

2. 供应商资料

供应商情况资料见表 1-14。

表 1-14 供应商资料

单位名称	地址	社会统一信用代码	开户银行	账号	电话
四川成都丰旺建材有限公司	成都市经开区科技路 209 号	915101014259815345	成都市工商银行经开区分行	6222535527545987340	028-84389123
广州汇丰不锈钢有限公司	广州市天河区文康路 29 号	914401015846725045	中国建设银行广州市天河区支行	4213226455481764178	020-28817588
云南玉溪三青油漆有限公司	云南省玉溪市文熙路 54 号	915304023215840531	中国工商银行玉溪市文熙路支行	6229983476542079772	0877-75448223
广西恒利建材有限公司	广西壮族自治区南宁市南环路 4 号	914501002481531197	中国建设银行南宁市南环路支行	4213853615449788	0771-65516380

（续表）

单位名称	地址	社会统一信用代码	开户银行	账号	电话
贵阳华贵涂料有限公司	贵州省贵阳市民族大道 23 号金泰大厦	91520102284504161J	中国农业银行贵阳市民族大道分行	6228480648769198	0851-85257414
四川万和建材有限公司	四川省泸州市解放路 801 号	915105003421462538	四川省泸州市市工商银行解放路分行	6222345618995402	0830-37564872
广西吉祥建材有限公司	广西壮族自治区南宁市西秀区西华路 103 号	914501003781328849	中国建设银行南宁市西华路支行	4213842612548723	0771-27526942
四川永涛不锈钢有限公司	四川省成都市长田工业园区 D 区	915101002354987267	成都市工商银行长田分行	6222245613572182	028-23157212
贵州冠扬建材有限公司	贵州省贵阳市沙井路 79 号	915201023004341809	中国农业银行贵阳市沙井路支行	6228481265482365723	0851-81301203
云南文山鼎力油漆有限公司	云南省文山市东葛路 118 号	915326284281734864	中国工商银行文山支行	6222143561845642	0876-29841137
广西金宇建材有限公司	广西壮族自治区南宁市开化街 84 号	91450102543109283J	中国建设银行南宁市开化分行	4213518765432154	0771-27526813
贵州福康不锈钢有限公司	贵州省贵阳市万盛南路 46 号	915201021920374184	中国农业银行贵阳市万盛分行	6228481236541235700	0851-61943521
四川宏远不锈钢有限公司	四川省成都市百花大道 591 号	915101034222424538J	中国建设银行成都市百花大道分行	4213548765412354	028-82154730

三、模拟企业各明细账资料

1. 货币资金明细情况

货币资金明细情况见表 1-15。

表 1-15　货币资金明细账

单位：元

科目＼金额	库存现金	银行存款	其他货币资金——银行汇票——云南恒利建材有限公司	合计
年初数	6 287.34	4 159 112.37	2 050.00	4 167 449.71
11 月末数	4 913.58	11 603 108.26	1 800.00	11 609 821.84

2. 应收项明细情况

应收账款和应收票据明细情况见表 1-16。

表 1-16 应收账款和应收票据明细账

单位：元

科目	明细科目	借或贷	余额	业务发生时间	账期
应收账款	四川省成都市立成中学	借	128 920.00	2017 年 10 月 20 日	14 个月
	云南省昆明利华中学	借	65 000.00	2019 年 10 月 22 日	2 个月
	云南省玉溪市美业私立中学	借	92 000.00	2016 年 11 月 25 日	25 个月
	云南省楚雄三小	借	200 585.00	2019 年 11 月 26 日	1 个月
	广西百色新华中学	借	150 000.00	2015 年 11 月 27 日	37 个月
合计			636 505.00		
应收票据	银行承兑汇票——广西南宁大尚中学	借	170 000.00	2019 年 11 月 2 日	3 个月
	银行承兑汇票——广西南宁大尚中学	借	250 000.00	2019 年 9 月 9 日	3 个月
	银行承兑汇票——广西南宁大尚中学	借	120 000.00	2019 年 10 月 27 日	3 个月
	商业承兑汇票——贵州省遵义市华山中学	借	230 000.00	2019 年 10 月 9 日	2 个月
	商业承兑汇票——贵州省遵义市华山中学	借	633 000.00	2019 年 11 月 5 日	3 个月
合计			1 403 000.00		

3. 预付账款明细情况

预付账款明细情况见表 1-17。

表 1-17 预付账款明细账

单位：元

科目	明细科目	借或贷	余额	业务发生时间	账期
预付账款	云南省玉溪市三青油漆有限公司	借	300 000.00	2019 年 10 月 20 日	2 个月

4. 其他应收款明细情况

其他应收款明细情况见表 1-18。

表 1-18 其他应收款明细账

单位：元

科目	明细科目	借或贷	余额	业务发生时间
其他应收账款	林坤明（销售业务部）	借	2 500.00	2019 年 11 月 5 日
	王升元（采购部）	借	1 500.00	2019 年 10 月 13 日
	刘维（组装车间）	借	990.00	2019 年 11 月 20 日
合计			4 990.00	

5. 坏账准备明细情况

坏账准备明细情况见表1-19。

表1-19 坏账准备明细账

单位：元

科目	明细	借或贷	余额
坏账准备	应收账款	贷	3 182.53
	其他应收款	贷	24.95
合计			3 207.48

6. 原材料明细情况

原材料明细情况见表1-20。

表1-20 原材料明细账

单位：元

品名	计量单位	数量	计划单价	金额
一、原料及主要材料				
复合板	平方米	21 000	100.00	2 100 000.00
防火板	平方米	21 000	120.00	2 520 000.00
冷轧钢板	平方米	4 500	80.00	360 000.00
方钢管	米	190 000	5.00	950 000.00
小计				5 930 000.00
二、辅助材料				
螺丝	千克	4 000	15.00	60 000.00
螺母	千克	4 000	13.00	52 000.00
酚醛清漆	千克	110 000	9.00	990 000.00
脚垫套	千克	3 200	12.50	40 000.00
小计				1 142 000.00

7. 周转材料明细情况

周转材料明细情况见表1-21。

表1-21 周转材料明细账

单位：元

品名	单位	数量	计划单价	金额	摊余价值	摊销方法
A4打印纸	包	15	20.00	300.00		一次摊销法
墨盒	盒	2	108.00	216.00		一次摊销法
电线	米	130	3.20	416.00		
小型工具	套	1	68.00	68.00		一次摊销法
合计				1 000.00		

8. 材料成本差异明细情况

材料成本差异明细情况见表1-22。

表1-22　材料成本差异明细账

单位：元

明细科目	金　额
原材料成本差异	2 703.00
周转材料成本差异	57.00
合　计	2 760.00

9. 库存商品明细情况

库存商品明细情况见表1-23。

表1-23　库存商品明细账

单位：元

品名	计量单位	数量	单位制造成本	金额
桌子	张	380	152.00	57 760.00
椅子	把	380	95.50	36 290.00
合计				94 050.00

10. 生产成本明细情况

生产成本明细情况见表1-24。

表1-24　生产成本明细账

车间名称：组装车间　　　　　　　　　　　　　　　　单位：元

成本项目 产品名称	在产品数量	直接材料	直接人工	制造费用	合计
桌子	220	29 598.70	1 470.63	648.06	31 717.39
椅子	220	18 774.98	733.75	325.63	19 834.36
合计	440	48 373.68	2 204.38	973.69	51 551.75

11. 长期股权投资明细情况

长期股权投资明细情况见表1-25。

表1-25　长期股权投资明细账

单位：元

科目	明细科目	借或贷	余额	业务发生时间
成本	犁华煤业公司	借	250 000.00	2019年1月23日
	万基矿业	借	112 500.00	2017年6月17日
合计			362 500.00	

12. 固定资产明细情况

固定资产及累计折旧明细情况见表1-26。

表 1-26　固定资产明细账

单位：元

使用部门和存放地点	固定资产编号	名称	规格	单位	数量	单价	原始价值	投入使用时间/使用年限	累计已提折旧	预计净残值率
行政部门	房屋及建筑物	办公楼		栋	1	6 500 000.00	6 500 000.00	2015年/20年	1 080 625.00	5%
		材料仓库		间	1	2 000 000.00	2 000 000.00	2015年/20年	332 500.00	5%
		成品仓库		间	1	2 000 000.00	2 000 000.00	2015年/20年	332 500.00	5%
	管理设备	空调		台	3	2 800.00	8 400.00	2015年/10年	2 793.00	5%
		电脑		台	10	4 000.00	40 000.00	2015年/5年	26 600.00	5%
		打印一体机		台	2	5 000.00	10 000.00	2015年/5年	6 650.00	5%
小计							10 558 400.00		1 781 668.00	
开料车间	生产设备	数控开料机	Z14795	台	3	150 000.00	450 000.00	2015年/10年	149 625.00	5%
		红外传侧孔机	X2475	台	2	52 000.00	104 000.00	2015年/10年	34 580.00	5%
		F10 五面钻	SKWN	台	2	230 000.00	460 000.00	2015年/10年	152 950.00	5%
		F4 双轴加排钻	Y-1325	台	2	230 000.00	460 000.00	2015年/10年	152 950.00	5%
		F5 圆盘换刀加工中心	XK3S1	台	3	46 000.00	138 000.00	2015年/10年	45 885.00	5%
		F6 四工序自动上下料	ZK-1726	台	2	98 000.00	196 000.00	2015年/10年	65 170.00	5%
		冲床	JB23	台	3	40 000.00	120 000.00	2015年/10年	39 900.00	5%
小计							4 928 000.00		1 139 810.00	
整理车间	生产设备	厂房		间	1	3 000 000.00	3 000 000.00	2015年/20年	498 750.00	5%
		冷压机	XY2143	台	3	15 000.00	45 000.00	2015年/10年	14 962.50	5%
		镂铣机	M11	台	1	4 000.00	4 000.00	2015年/10年	1 330.00	5%
		烤漆房		间	2	37 000.00	74 000.00	2015年/10年	24 605.00	5%
		立铣机	801	台	2	4 500.00	9 000.00	2015年/10年	2 992.50	5%
		压刨机	X56	台	2	2 300.00	4 600.00	2015年/10年	1 529.50	5%
		砂光机	WU414	台	5	340.00	1 700.00	2015年/10年	565.25	5%
小计							3 138 300.00		544 734.75	
组装车间	生产设备	厂房		间	1	3 000 000.00	3 000 000.00	2015年/20年	498 750.00	5%
		比台钻	240W	台	5	300.00	1 500.00	2015年/10年	498.75	5%
		全自动封边机	H772148	台	3	60 000.00	180 000.00	2015年/10年	59 850.00	5%
		手动封边机	Z73756	台	2	4 000.00	8 000.00	2015年/10年	2 660.00	5%
		钉枪	DQ-1	把	10	200.00	2 000.00	2015年/5年	1 330.00	5%
		电钻	DW-2	把	10	135.00	1 350.00	2015年/5年	897.75	5%
		气钻	BX-38	把	10	480.00	4 800.00	2015年/5年	3 192.00	5%

（续表）

使用部门和存放地点	固定资产编号	名称	规格	单位	数量	单价	原始价值	投入使用时间/使用年限	累计已提折旧	预计净残值率
小计							3 197 650.00		567 178.50	
机修车间	生产设备	厂房		间	1	1 000 000.00	1 000 000.00	2015 年/20 年	166 250.00	5%
		钉枪	DQ-1	把	10	200.00	2 000.00	2015 年/5 年	1 330.00	5%
		电钻	DW-2	把	10	135.00	1 350.00	2015 年/5 年	897.75	5%
		气钻	BX-38	把	10	480.00	4 800.00	2015 年/5 年	3 192.00	5%
小计							1 008 150.00		171 669.75	
专设销售部		营业用房		间	1	1 500 000.00	1 500 000.00	2015 年/20 年	249 375.00	5%
合计							24 330 500.00		4 454 436.00	

13. 借入款项明细情况

短期借款和长期借款明细情况见表1-27。

表 1-27　短期借款和长期借款明细账

单位：万元

科目	明细科目	金额	利率	业务发生时间	期限	备注
短期借款	中国建设银行	500.00	4.35%	2019 年 9 月 1 日	8 个月	按月计息，到期还本付息
	中国建设银行	170.00	4.35%	2019 年 11 月 1 日	6 个月	
	中国建设银行	30.00	4.35%	2019 年 9 月 19 日	3 个月	
合计		700.00				
长期借款	中国建设银行	800.00	4.9%	2016 年 5 月 1 日	3 年	按月计息，年末支付利息，到期还本
	中国工商银行	1 000.00	4.9%	2017 年 4 月 1 日	4 年	
合计		1 800.00				

14. 应付款明细情况

应付账款和应付票据明细情况见表1-28。

表 1-28　应付账款和应付票据明细账

单位：元

科目	明细科目	借或贷	余额	业务发生时间	账期
应付账款	成都丰旺建材公司	贷	392 875.00	2019 年 9 月 15 日	3 个月
	广州汇丰不锈钢有限公司	贷	419 050.00	2019 年 11 月 2 日	1 个月
	四川万和建材有限公司	贷	138 786.00	2019 年 7 月 18 日	5 个月
合计			950 711.00		
应付票据	贵阳华贵涂料有限公司	贷	230 000.00	2019 年 10 月 9 日	2 个月
	四川永涛不锈钢有限公司	贷	493 355.00	2019 年 9 月 28 日	3 个月
合计			723 355.00		

15. 应付利息明细

应付利息明细情况见表1-29。

表 1-29 应付利息明细账

单位：元

科目	明细科目	借或贷	余 额
应付利息	短期借款	贷	62 712.50
	长期借款	贷	808 500.00
合计			871 212.50

16. 实收资本明细情况

实收资本明细情况见表1-30。

表 1-30 实收资本明细账

单位：元

科目	明细科目	借或贷	余额	投资时间
实收资本	李梅	贷	1 500 000.00	2016 年 4 月 17 日
	张伟	贷	500 000.00	2016 年 4 月 17 日
	云南天宇投资有限公司	贷	8 000 000.00	2016 年 4 月 17 日
合计			10 000 000.00	

17. 利润表资料

2019 年 11 月利润表情况见表1-31。

表 1-31 利润表(简表) 会企 02 表

编制单位：　　　　　　　　2019 年 12 月　　　　　　　　单位：元

项 目	本期金额	上期金额
一、营业收入		82 361 032.00
减：营业成本		65 729 441.00
税金及附加		905 000.00
销售费用		1 800 000.00
管理费用		125 000.00
研发费用		
财务费用		871 212.50
其中：利息费用		871 212.50
利息收入		
资产减值损失		
信用减值损失		
加：其他收益		

（续表）

项　目	本期金额	上期金额
投资收益（损失以"－"号填列）		
其中：对联营企业和合营企业的投资收益		
净敞口套期收益（损失以"－"号填列）		
公允价值变动收益（损失以"－"号填列）		
资产处置收益（损失以"－"号填列）		－814 186.00
二、营业利润（亏损以"－"号填列）		12 116 192.50
加：营业外收入		
减：营业外支出		113 000.00
三、利润总额（亏损总额以"－"号填列）		12 003 192.50
减：所得税费用		3 000 798.13
四、净利润（净亏损以"－"号填列）		9 002 394.37
（一）持续经营净利润（净亏损以"－"号填列）		
（二）终止经营净利润（净亏损以"－"号填列）		
五、其他综合收益的税后净额（略）		
……		
六、综合收益总额		
七、每股收益：		
（一）基本每股收益		
（二）稀释每股收益		

18. 资产负债情况

模拟企业 2019 年 11 月资产负债情况见表 1-32。

表 1-32　资产负债表

编制单位：云南大宇家具制造有限责任公司　　2019 年 11 月 30 日　　　　　　　　　单位：元

资产	11月末余额	年初余额	负债和所有者权益（或股东权益）	11月末余额	年初余额
流动资产：			流动负债：		
货币资金	11 609 821.84	4 167 449.71	短期借款	7 000 000.00	430 000.00
交易性金融资产	112 200.00	80 150.00	交易性金融负债		
衍生金融资产			衍生金融负债		
应收账款	633 297.52	495 747.75	应付账款	950 711.00	864 180.00
应收票据	1 403 000.00	1 951 200.00	应付票据	723 355.00	639 843.00
预付款项	300 000.00	500 000.00	预收款项		6 000.00
其他应收款	4 990.00	2 000.00	合同负债		

（续表）

资产	11月末余额	年初余额	负债和所有者权益（或股东权益）	11月末余额	年初余额
存货	7 221 361.75	2 139 194.50	应付职工薪酬	508 419.26	115 510.25
合同资产			应交税费	322 586.55	318 168.74
持有待售资产			其他应付款	871 212.50	14 754.70
一年内到期的非流动资产			持有待售负债		
其他流动资产			一年内到期的非流动负债		
流动资产合计	21 284 671.11	9 335 741.96	其他流动负债		
非流动资产：			流动负债合计	10 376 284.31	2 388 456.69
债权投资			非流动负债：		
其他债权投资			长期借款	18 000 000.00	3 125 000.00
长期应收款			应付债券		
长期股权投资	362 500.00	359 700.00	其中：优先股		
其他权益工具投资			永续债		
其他非流动金融资产			长期应付款		
投资性房地产			预计负债		
固定资产	19 876 064.00	15 032 933.80	递延收益		
在建工程	229 500.00	180 500.00	递延所得税负债		
生产性生物资产			其他非流动负债		
油气资产			非流动负债合计	18 000 000.00	3 125 000.00
无形资产	6 000.00	5 000.00	负债合计	28 376 284.31	5 513 456.69
开发支出			所有者权益（或股东权益）：		
商誉			实收资本（或股本）	10 000 000.00	15 384 000.00
长期待摊费用			其他权益工具		
递延所得税资产			其中：优先股		
其他非流动资产			永续债		
非流动资产合计	20 474 064.00	15 578 133.80	资本公积	843 555.02	750 734.74
			减：库存股		
			其他综合收益		
			盈余公积	827 126.00	1 061 284.00
			未分配利润	1 711 769.78	2 204 400.33
			所有者权益（或股东权益）合计	13 382 450.80	19 400 419.07
资产总计	41 758 735.11	24 913 875.76	负债和所有者权益（或股东权益）总计	41 758 735.11	24 913 875.76

第四节　模拟企业 2019 年 12 月发生的经济业务

一、采购部门发生的经济业务

企业在采购环节业务中采用的货款结算方式、材料核算方法及账户的设置如下。

1. 货款的结算方式

企业的每笔采购业务均签订相应的购货合同,采购支付货款可使用的结算方式有支票、商业汇票、银行汇票、汇兑、委托收款、托收承付等,其中商业汇票的付款期限不超过 6 个月。

2. 采购业务账户的设置

企业采购的原材料按照计划成本核算,设置"材料采购"账户核算在途材料及材料采购过程中的实际成本,该账户按照材料类别和品种设置材料采购的明细账;设置"原材料"账户核算已经入库的原材料,并在"原材料"账户下设置"原料及主要材料"和"辅助材料"两个明细分类账户;设置"材料成本差异"账户用来登记购入各种材料的实际成本和计划成本之间的差额,并在"材料成本差异"账户下设置"原材料成本差异"和"周转材料成本差异"两个明细分类账户。

3. 采购价格和增值税税率

每笔经济业务中涉及的材料采购价格均为不含税价;采购货物适用的增值税税率为 13%,货物运输适用的增值税税率为 9%,其他劳务增值税税率按税法的规定计算。

4. 运杂费的相关规定

采购材料中发生的运杂费均取得增值税专用发票,按采购材料的重量百分比进行运费的分配并计入相关材料的采购成本。

(一) 相关业务办理的流程

企业采购部门根据本期经营计划制订相应的采购计划,并向企业主管经理提出采购申请,采购申请经总经理批准后与供应商签订购货合同,然后采购部根据签订的购货合同填制一式三联的订购单。订购单的第一联由采购部留存备查,第二联交仓库保管员作为收货的凭据,第三联交财务部留存。

企业收到供应商发来的货物后,仓库保管员根据随货同行的销货清单检查收到的货物与购货合同和销货清单上记录的货物品种、规格、数量等内容是否一致;检查相符后,在货物验收入库时填制一式三联的收料单,收料单的第一联由仓库留存备查,第二联交采购部门验收留存,第三联连同销货清单交财务部留存。财务部的财产物资会计在审核本次采购活动中各部门转来单据的真实性、合法和有效的基础上,根据所取得的订购单、收料单、销货清单和增值税专用发票填制付款凭单,同时,根据业务的具体内容按会计准则的规定进行业务处理并填制记账凭证。记账凭证经过主管会计审核后,往来会计依据审核无误的记账凭证登记相关往来科目明细账,财产物资会计登记原材料等明细账,同时税务会计登记应交增值税明细账。采购过程的核算流程见图 1-2。

(二) 相关经济业务内容

(1) 1 日,采购复合板 2 000 平方米、防火板 2 000 平方米,货款用银行承兑汇票支付,期限为 3 个月,运费用转账支票支付,材料未到。

要求:填制付款申请书、银行承兑汇票、转账支票。

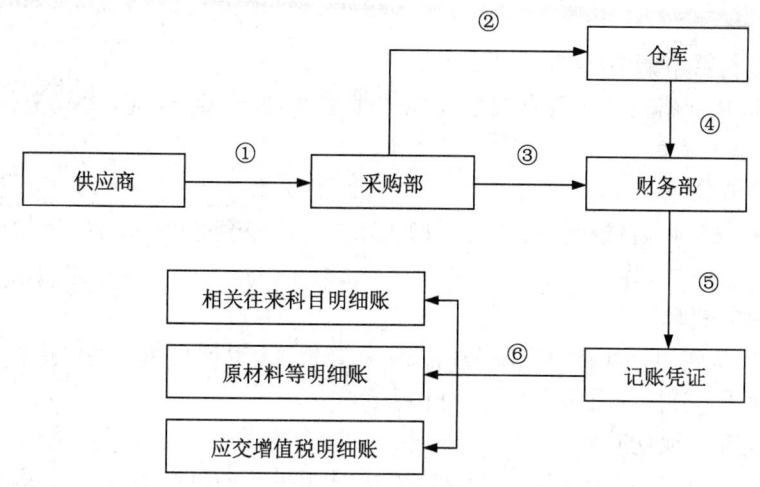

图 1-2 采购过程核算流程图

注：①采购部根据本期经营计划制订采购计划，填制请购单批准请购，审批后和供应商签订购货合同；②采购部根据购货合同填制一式三联的订购单，第一联由采购部留存备查，第二联交仓库保管员作为收货的凭据；③采购部将订购单第三联交到财务部；④仓库保管员根据随货同行的销货清单，在货物验收入库时填制一式三联的收料单，第一联由仓库留存备查，第二联交采购部门验收留存，第三联连同销货清单交到财务部；⑤财务部的财产物资会计据订购单、收料单、销货清单和增值税专用发票填制付款凭单，并依据相关单据填制记账凭证；⑥往来会计依据审核无误的记账凭证登记相关往来科目明细账，财产物资会计登记原材料等明细账，同时税务会计登记应交增值税明细账。

(2) 2 日,收到从广西恒利建材有限公司购买的螺丝和螺母各 10 千克,用现金支付货款,材料当天已验收入库。

要求：填制付款申请书、收料单。

(3) 3 日,12 月 1 日购入的复合板和防火板到达并验收入库。

要求：填制收料单。

(4) 3 日,向广东汇丰不锈钢有限公司购入方钢管 2 000 米,货款以转账支票支付,运费 2 500 元用库存现金支付,材料未到。

要求：填制付款申请书、转账支票。

(5) 3 日,向贵州冠扬建材有限公司购入螺丝 15 千克,螺母 10 千克,货款用现金支付,材料未到。

要求：填制付款申请书。

(6) 4 日,12 月 3 日购入的螺丝和螺母到达并验收入库。

要求：填制收料单。

(7) 4 日,12 月 3 日购入的方钢管到达并验收入库。

要求：填制收料单。

(8) 5 日,采购员高量申请商业承兑汇票一张金额 412 201.4 元,期限 3 个月,向四川宏远不锈钢有限公司购买冷轧钢板 4 600 平方米,材料当天已验收入库。

要求：填制商业承兑汇票、收料单。

（9）5 日,采购部职工钱余申请预付四川万和建材有限公司材料款款项 40 000 元,已签发转账支票支付。

要求:填制付款申请书、转账支票。

（10）10 日,从云南三青油漆有限公司购入酚醛清漆 1 300 千克,货款未付,账期为 1 个月,材料当天已验收入库。

要求:填制收料单。

（11）12 日,从广西吉祥建材有限公司购入课桌椅脚垫套 2 000 千克,货款未付,账期为 1 个月,材料当天已验收入库。

要求:填制收料单。

（12）16 日,从四川万和建材有限公司采购复合板 3 000 平方米、防火板 3 000 平方米,余款用商业承兑汇票支付,期限为 3 个月,材料未到。

要求:填制商业承兑汇票。

（13）17 日,12 月 16 日从四川万和建材有限公司采购的复合板和防火板到达验收,复合板验收入库时发现短缺 5 平方米且属自然损耗,防火板全部到达验收入库。

要求:填制收料单、材料损耗报告单。

（14）19 日,采购员钱余申请商业承兑汇票一张,金额 267 810 元,期限 3 个月,向贵州福康不锈钢有限公司购买冷轧钢板 3 000 平方米,材料当天已验收入库。

要求:填制商业承兑汇票、收料单。

（15）20 日,向四川永涛不锈钢有限公司购入方钢管 1 700 米,货款以转账支票支付,运费 1 700 元用库存现金支付,材料未到。

要求:填制付款申请书、转账支票。

（16）21 日,从贵州华贵涂料有限公司购入酚醛清漆 1 000 千克,货款未付,账期为 1 个月,材料当天已验收入库。

要求:填制收料单。

（17）23 日,12 月 20 日购入的方钢管到达并验收入库。

要求:填制收料单。

（18）26 日,从广西金宇建材有限公司购入课桌、椅脚垫套 2 500 千克,用银行汇票支付货款,材料尚未入库。

要求:填制结算业务申请书、银行汇票。

（19）28 日,12 月 26 日购入的课桌、椅脚垫套到达并验收入库。

要求:填制收料单。

二、生产部门发生的经济业务

在企业的生产环节业务中,材料发出的核算、生产成本的计算和核算方法以及生产过程账户的设置如下。

1. 发出材料的相关规定

各生产车间根据生产进度均衡地领用材料,生产各种产品消耗的主要材料不区分产品统一发出材料。各车间领用生产用材料、一般耗用材料和办公用品要根据每次领料的情况填制领料单,平时只登记原材料明细账或周转材料明细账,不做其他的会计处理,月末由成本会计根据领料单编制发出材料汇总表,统一编制会计分录。

2. 期末在产品核算的规定

本月生产使用的原材料本月一次性投入生产,企业开料车间和整理车间月末均无在产品,只有组装车间月末有在产品,其月末在产品的完工程度均按 50% 计算。

3. 成本核算账户设置的相关规定

单独设置"内部结算"过渡性账户核算每月发生的水费、电费、折旧费等各种费用,月末根据费用会计转来的相关费用分割单按各部门费用的消耗情况进行分配记入相关的账户。企业的开料车间、整理车间和组装车间单独设置"制造费用"明细分类账户核算各车间发生的间接费用;辅助生产车间不设置"制造费用"账户,其发生的相关费用直接记入"生产成本——辅助生产成本——机修车间"的账户。

4. 生产成本计算方法的相关规定

1) 产品成本的计算方法

企业采用逐步结转分步法中的分项结转分步法计算完工产品的成本,按产品品种和生产阶段设置成本计算单,以月份为成本计算期归集生产费用;机修车间发生的费用采用直接分配法于月末按照修理工时分配给各生产车间。

2) 生产费用的分配方法

生产产品共同消耗的材料费用按材料定额消耗比例法在各产品间分配,基本生产车间发生的间接费用平时归集到"制造费用"账户进行核算,月末按产品定额生产工时在各产品之间进行分配,一次性计入各产品的生产成本中。

3) 生产费用的结转方法

各基本生产车间的生产费用先在本车间内按所生产的产品种类进行分配,然后随在产品直接转移到下一个生产车间,各生产车间的材料费用按各种产品的材料消耗定额在各产品之间进行分配;直接人工和制造费用按生产产品的定额工时在各产品之间进行分配,月末按照桌子和椅子的单位产品生产工时定额分配本月组装车间的生产成本。

(一) 相关业务办理的流程

1. 企业生产工艺流程

企业一共设置了三个基本生产车间和一个辅助生产车间,其中,三个基本生产车间分别为开料车间、整理车间和组装车间,一个辅助生产车间为机修车间。生产产品时,首先将原材料复合板和防火板投入开料车间进行生产;开料车间生产完工后,将半成品转入整理车间继续生产,并同时将原材料方钢管、冷轧钢板、酚醛清漆投入整理车间进行生产;整理车间生产完工后,将半成品转入组装车间继续生产,并同时将原材料螺丝、螺母、脚垫套三种材料投入组装车间进行生产;组装车间生产完工后将完工产品入库。生产过程中,机修车间为三个基本生产车间提供修理服务。云南大宇家具制造有限责任公司的生产工艺流程见图 1-3。

2. 企业生产成本核算流程

企业各生产车间根据生产时领用原材料和辅助材料的情况填制领料单,月末,生产车间根据从有关部门发来的内部结算单据分配相关费用。首先,成本会计根据生产车间提供的单位产品耗材情况表进行产品成本的分配,填制记账凭证并登记生产成本明细账,再根据生产车间提供的单位产品工时定额表进行费用的分配,填制记账凭证并登记制造费用明细账;然后,成本会计将各生产车间的制造费用于月末按产品定额生产工时在各产品之间进行分配,一次性计入各产品的生产成本中,填制记账凭证并登记生产成本和制造费用明细账;最后,成本会计编制产成品成本汇总表,填制记账凭证并结转完工产品的成本。云南大宇家具制造有限责任公司车间成本核算流程见图1-4。

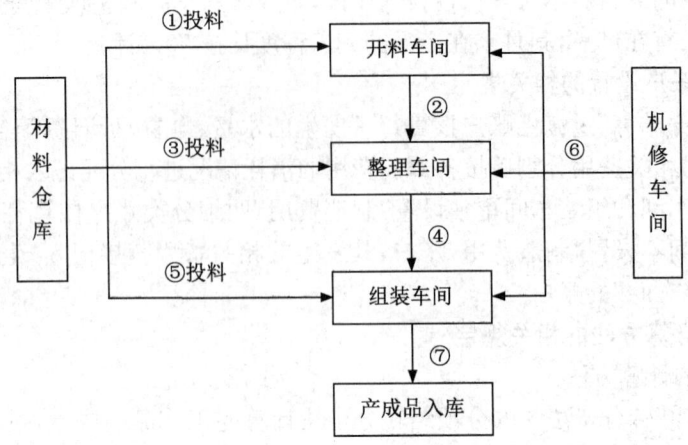

图 1-3　生产工艺流程图

　　注：①将复合板、防火板投入开料车间；②将开料车间加工过的材料转入整理车间；③将方钢管、冷轧钢板、酚醛清漆投入整理车间；④将整理车间生产的主要零部件转入组装车间；⑤将螺丝、螺母、脚垫套投入组装车间；⑥机修车间为开料车间、整理车间、组装车间提供服务；⑦由组装车间生产出产成品入库。

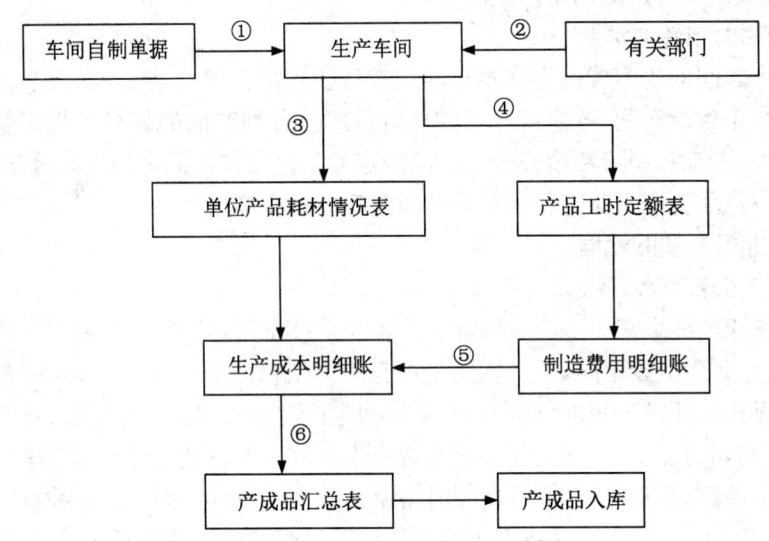

图 1-4　车间成本核算流程图

　　注：①各生产车间根据领用原材料、辅助材料的情况，自制相应的原始凭证，如领料单；②各生产车间从有关部门取得内部结算单，如办公用品内部结算单、水电费内部结算单；③成本会计根据生产车间提供的单位产品耗材情况表进行产品成本的分配并填制记账凭证，登记生产成本明细账；④成本会计根据生产车间提供的单位产品工时定额表进行费用分配并填制记账凭证，登记制造费用明细账；⑤成本会计将各生产车间的制造费用转入生产成本中，并填制记账凭证，登记生产成本、制造费用明细账；⑥成本会计编制产成品成本汇总表，并填制记账凭证，结转完工产品成本。

（二）相关经济业务内容

（1）1日，开料车间生产产品领用以下材料：复合板7 420平方米，防火板7 420平方米。

要求：填制领料单、登记原材料明细账。

（2）3 日，整理车间生产产品领用以下材料：方钢管 65 100 米，冷轧钢板 1 540 平方米，酚醛清漆 37 800 千克。

要求：填制领料单、登记原材料明细账。

（3）4 日，组装车间生产产品领用以下材料：螺丝 1 400 千克，螺母 1 400 千克，脚垫套 1 120 千克。

要求：填制领料单、登记原材料明细账。

（4）5 日，组装车间完工入库桌子 4 300 张、椅子 4 300 把。

要求：填制入库单、登记库存商品明细账。

（5）7 日，开料车间生产产品领用以下材料：复合板 6 890 平方米，防火板 6 890 平方米。

要求：填制领料单、登记原材料明细账。

（6）8 日，整理车间生产产品领用以下材料：方钢管 60 450 米，冷轧钢板 1 430 平方米，酚醛清漆 35 100 千克。

要求：填制领料单、登记原材料明细账。

（7）9 日，开料车间领用办公用品 A4 打印纸 10 包、墨盒 4 盒。

要求：填制领料单、登记周转材料明细账。

（8）9 日，组装车间生产产品领用以下材料：螺丝 1 300 千克，螺母 1 300 千克，脚垫套 1 040 千克。

要求：填制领料单、登记原材料明细账。

（9）10 日，组装车间完工入库桌子 4 300 张、椅子 4 300 把。

要求：填制入库单、登记库存商品明细账。

（10）11 日，整理车间领用办公用品 A4 打印纸 8 包、墨盒 4 盒。

要求：填制领料单、登记周转材料明细账。

（11）14 日，开料车间生产产品领用以下材料：复合板 2 650 平方米，防火板 2 650 平方米。

要求：填制领料单、登记原材料明细账。

（12）15 日，整理车间生产产品领用以下材料：方钢管 23 250 米，冷轧钢板 550 平方米，酚醛清漆 13 500 千克。

要求：填制领料单、登记原材料明细账。

（13）15 日，组装车间完工入库桌子 4 300 张、椅子 4 300 把。

要求：填制入库单、登记库存商品明细账。

（14）16 日，组装车间生产产品领用以下材料：螺丝 500 千克，螺母 500 千克，脚垫套 400 千克。

要求：填制领料单、登记原材料明细账。

（15）18 日，开料车间生产产品领用以下材料：复合板 3 710 平方米，防火板 3 710 平方米。

要求：填制领料单、登记原材料明细账。

（16）20 日，整理车间生产产品领用以下材料：方钢管 32 550 米，冷轧钢板 770 平方米，酚醛清漆 18 900 千克。

要求：填制领料单、登记原材料明细账。

（17）20 日，组装车间完工入库桌子 4 300 张、椅子 4 300 把。

要求：填制入库单、登记库存商品明细账。

（18）21 日，组装车间生产产品领用以下材料：螺丝 700 千克，螺母 700 千克，脚垫套 560 千克。

要求：填制领料单、登记原材料明细账。

（19）25 日，组装车间领用办公用品 A4 打印纸 9 包、墨盒 4 盒。

要求：填制领料单、登记周转材料明细账。

（20）25 日，组装车间完工入库桌子 4 300 张、椅子 4 300 把。

要求：填制入库单、登记库存商品明细账。

（21）27 日，组装车间完工入库桌子 4 300 张、椅子 4 300 把。

要求：填制入库单、登记库存商品明细账。

（22）30 日，组装车间完工入库桌子 4 000 张、椅子 4 000 把。

要求：填制入库单、登记库存商品明细账、产品入库汇总表。

（23）31 日，根据领料单编制原材料发出汇总表和周转材料发出汇总表，计算原材料和周转材料成本差异率并结转材料成本差异。

要求：填制材料发出汇总表、材料成本差异计算表。

（24）31 日，收到费用会计转来的内部水费分割单，结转各生产车间的水费。

（25）31 日，收到费用会计转来的内部电费分割单，结转各生产车间的电费。

（26）31 日，结转各生产车间的折旧费。

（27）31 日，按照各部门的修理工时分配本月机修车间发生的直接人工费用。已知：12 月份开料车间修理工时为 905 小时，整理车间修理工时为 1 163 小时，组装车间修理工时为 1 132 小时，共计 3 200 小时。

要求：填制机修车间成本计算表、机修车间生产费用分配表。

（28）31 日，结转各生产车间的制造费用。

要求：填制制造费用结转表。

（29）31 日，按照材料定额消耗比例法分配开料车间的直接材料费用，并按照产品定额工时比例法分配直接人工费用和制造费用（本月投入生产桌子 29 880 张、椅子 29 880 把）。

要求：填制直接材料费用分配表、直接人工费用分配表和制造费用分配表。

（30）31 日，结转开料车间的生产成本。

要求：填制开料车间生产费用分配表、开料车间产品成本计算表。

（31）31 日，按照材料定额消耗比例法分配整理车间的直接材料费用，并按照产品定额工时比例法分配直接人工费用和制造费用。

要求：填制直接材料费用分配表、直接人工费用分配表和制造费用分配表。

（32）31 日，结转整理车间的生产成本。

要求：填制整理车间生产费用分配表、整理车间产品成本计算表。

（33）31 日，按照材料定额消耗比例法分配组装车间的直接材料费用，并按照产品定额工时比例法分配直接人工费用和制造费用（组装车间期初在产品桌子 220 张、椅子 220 把；组装车间期末在产品桌子 300 张、椅子 300 把）。

要求：填制直接材料费用分配表、直接人工费用分配表和制造费用分配表。

（34）31 日，分配组装车间的生产费用，并计算产品成本。

要求：填制组装车间生产费用分配表、组装车间产品成本计算表。

（35）31 日，结转本月完工产品桌子和椅子的成本。

要求：填制完工产品成本汇总表、单位成本计算表。

三、销售部门发生的经济业务

1. 货款的结算方式

企业的每笔销售业务均应签订相应的销货合同，销售货款可使用的结算方式有支票、商业汇票、银行汇票、汇兑、委托收款、托收承付等，其中商业汇票的付款期限不超过 6 个月。

2. 销售业务账户的设置

企业销售货物在满足收入确认条件后应确定所售产品的收入，记入"主营业务收入"账户，并在"主营业务收入"总分类账户下设置"桌子"和"椅子"两个明细分类账户；同时设置"主营业务成本"总分类账户核算企业销售产品结转的成本，并在"主营业务成本"总分类账户下设"桌子"和"椅子"两个明细分类账户；企业销售原材料及为采购方提供运输等其他劳务业务，单独设置"其他业务收入"和"其他业务成本"两个账户。

3. 销售价格的确定和增值税税率

各笔经济业务中涉及的产品销售价格均为不含税价格，销售货物适用的增值税税率为 13％。为促进产品的销售，企业可以采用信用赊销的方式销售产品，信用条件为 2/10、1/20、N/30 三种方式，应收账款的账期为 1 个月；货物运输费用适用的增值税税率为 9％，其他劳务增值税税率按税法的规定计算。

4. 销售成本的计算

月末采用全月一次加权平均法结转各产品销售成本。

（一）相关业务办理的流程

企业销售部通过与客户洽谈后确定销售货物的品种、规格、数量和价格，并向企业提出销售申请，销售申请经总经理批准后与客户签订销售合同，然后销售部根据销售合同填制一式三联的销售单，第一联由销售部留存备查，第二联交仓库保管员作为发货的凭据，第三联交财务部。仓库保管员根据销售单上相应的商品品种、规格和数量进行发货，并同时填制一式两联的出库单，第一联由仓库留存备查，第二联交财务部。财务部的税务会计根据销售单和出库单开具增值税专用发票，并将销售单、出库单和增值税专用发票交往来会计；往来会计依据相关单据填制记账凭证，税务会计依据审核无误的记账凭证登记应交增值税明细账，最后往来会计登记相关往来科目明细账和主营业务收入明细账。云南大宇家具制造有限责任公司销售过程的核算流程见图 1-5。

（二）相关经济业务内容

（1）3 日，销售给遵义市华山中学桌子 1 700 张，单价 190 元；椅子 1 700 把，单价 120 元。收到商业承兑汇票一张，金额 340 000 元，期限 3 个月，余款暂欠，账期为 1 个月，货已发出。

要求：填制增值税专用发票、出库单、销售单。

（2）5 日，向南宁市大尚中学销售桌子 1 310 张，单价 190 元；椅子 1 310 把，单价 120 元。货已发出，收到一张商业承兑汇票，期限 3 个月，账期为 1 个月，货已发出。

要求：填制增值税专用发票、出库单、销售单。

（3）8 日，销售给本市昆明市利华中学桌子 1 320 张，单价 190 元；椅子 1 320 把，单价 120 元。收到对方交来银行承兑汇票。

要求：填制增值税专用发票、出库单、销售单。

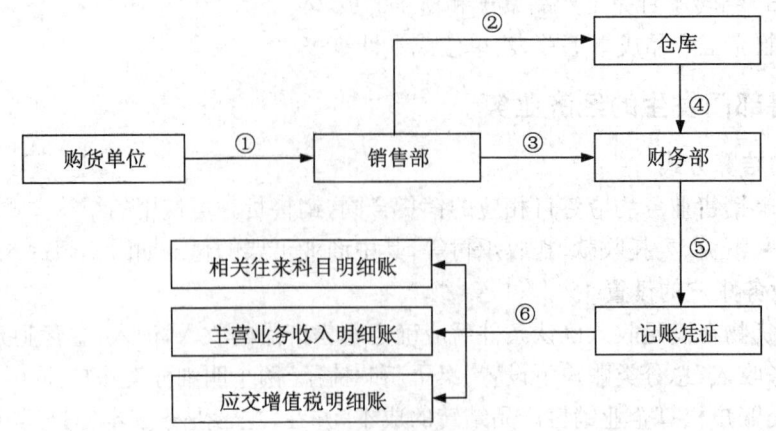

图 1-5　销售过程核算流程图

注：①销售部和购货单位签订销售合同；②销售部根据销售合同填制一式三联的销售单，第一联由销售部留存备查，第二联交仓库保管员作为发货的凭证；③销售部将销售单第三联交财务部；④仓库保管员根据销售单填制一式两联的出库单，第一联由仓库留存备查，第二联交财务部；⑤财务部税务会计根据销售单和出库单开具增值税专用发票，并将销售单、出库单和增值税专用发票交给往来会计，往来会计依据相关据填制记账凭证；⑥税务会计依据审核无误的记账凭证登记应交增值税明细账，同时往来会计登记相关往来科目明细账和主营业务收入明细账。

（4）10 日，销售给玉溪市美业中学桌子 1 640 张，单价 190 元；椅子 1 640 把，单价 120 元。本公司车辆运输费 4 200 元，收到银行汇票货款和运费共计 579 070 元，已办妥收款手续。

要求：填制增值税专用发票、出库单、销售单、进账单。

（5）16 日，销售给楚雄市第三小学桌子 1 490 张，单价 190 元；椅子 1 490 把，单价 120 元。收到一张商业承兑汇票，期限 3 个月，账期为 1 个月，货已发出。

要求：填制增值税专用发票、出库单、销售单。

（6）18 日，楚雄市第三小学反馈 16 日购买的桌子出现质量问题，经双方协商，同意折让 4% 销售，开具红字发票。

要求：填制开具红字增值税专用发票信息表、红字发票。

（7）20 日，销售给百色市新华中学用桌子 860 张，单价 190 元；椅子 860 把，单价 120 元。收到商业承兑汇票一张，金额 200 000 元，期限 2 个月，余款暂欠，账期为 1 个月。

要求：填制增值税专用发票、出库单、销售单。

（8）21 日，销售给成都市立成中学桌子 1 500 张，单价 190 元；椅子 1 500 把，单价 120 元。收到对方签发并承兑的商业承兑汇票一张，期限 3 个月，账期为 1 个月，货已发出。

要求：填制增值税专用发票、出库单、销售单。

（9）21 日，向成都市立成中学销售学生用桌子 970 张，单价 190 元；椅子 970 把，单价 120 元。采用委托收款结算，已收到货款入账，货已发出并办妥托收承付结算手续。

要求：填制增值税专用发票、出库单、销售单、委托收款凭证。

（10）25 日，销售给南宁市大尚中学桌子 1 740 张，单价 190 元；椅子 1 740 把，单价 120 元。本公司车辆运输费 600 元，收到银行汇票货款和运费共计 649 500 元，已办妥收款手续。

要求：填制增值税专用发票、出库单、销售单、进账单。

（11）26 日，销售给曲靖市文渊中学桌子 1 000 张，单价 190 元；椅子 1 000 把，单价 120 元。收到对方开具的银行汇票，已办妥收款手续。

要求：填制增值税专用发票、出库单、销售单、进账单。

(12) 27 日,售给广安市第二中学桌子 1 320 张,单价 190 元;椅子 1 320 把,单价 120 元。收到商业承兑汇票。

要求：填制增值税专用发票、出库单、销售单。

(13) 28 日,销售给凯里市文华中学桌子 1 870 张,单价 190 元;椅子 1 870 把,单价 120 元。收到对方签发并承兑的银行承兑汇票一张,期限 3 个月,账期为 1 个月,货已发出。

要求：填制增值税专用发票、出库单、销售单。

(14) 29 日,遵义市华山中学购买桌子 900 张,单价 190 元;椅子 900 把,单价 120 元。收到对方交来银行承兑汇票。

要求：填制增值税专用发票、出库单、销售单。

(15) 30 日,销售给昆明市利华中学桌子 2 000 张,单价 190 元;椅子 2 000 把,单价 120 元。收到对方开具的银行汇票,已办妥收款手续。

要求：填制增值税专用发票、出库单、销售单、进账单。

(16) 30 日,销售给本市玉溪市美业中学桌子 2 260 张,单价 190 元;椅子 2 260 把,单价 120 元。收到对方交来银行承兑汇票。

要求：填制增值税专用发票、出库单、销售单。

(17) 31 日,采用全月一次加权平均法,结转各产品销售成本。

要求：填制产品收发存月报表。

四、行政部门发生的经济业务

模拟企业除了采购、生产、销售等业务部门以外,还有一些行政部门,如总经理办公室、人力资源部、财务部、后勤部等,这些行政部门涉及的经济业务和办理流程如下。

(一)相关业务办理的流程

1. 支票的办理及结算流程

支票是由出票人签发的,委托办理支票存款业务的银行在见票时无条件支付确定的金额给收款人或者持票人的票据。在银行开户的存款人领购支票时,必须填写票据和结算凭证领用单并签章,签章应与预留银行的签章相符,持支票购领证(购领证上有指定办理银行业务的人员姓名)及指定人员身份证,由指定人员到银行办理购买手续。支票的办理结算流程见图1-6。

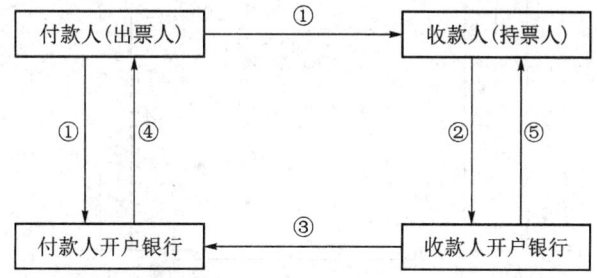

图 1-6　支票结算办理流程

注：①付款人签发支票给收款人或开户行；②收款人送交支票给开户行(同时填写一式三联进账单一并提交,当出票人与收款人的开户行不同时,还要做委托收款背书)；③交换支票并清算资金；④付款人开户行将款项划转给收款人开户行后通知付款人；⑤收款人开户行通知收款人收妥入账。

2. 银行本票结算流程

银行本票是申请人将款项交存银行,由银行签发的承诺自己在见票时无条件支付确定的金额给收款人或者持票人的票据。银行本票按照其金额是否固定可分为不定额和定额两种。不定额银行本票是指凭证上金额栏是空白的,签发时根据实际需要填写金额(起点金额为100元),并用压数机压印金额的银行本票;定额银行本票是指凭证上预先印有定固定面额的银行本票。定额银行本票面额为1 000元,5 000元,10 000元和50 000元,其提示付款期限自出票日起最长不得超过2个月。银行本票,见票即付,不予挂失,当场抵用,付款保证程度高。银行本票结算办理流程见图1-7。

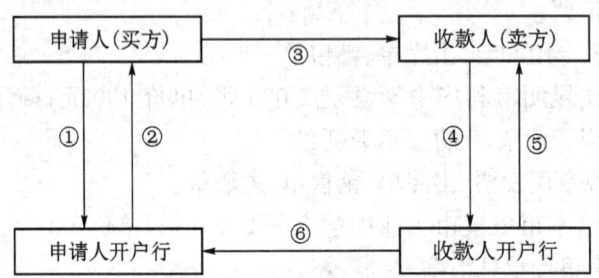

图1-7 银行本票结算办理流程

注:①申请签发;②出票;③交收款人结算;④提示付款;⑤代理付款人付款;⑥银行之间清算资金。

收款单位按照规定受理银行本票后,应将银行本票连同进账单送交银行办理转账,根据盖章退回的进账单第一联和有关原始凭证编制记账凭证。

付款单位在填送"银行本票申请书"并将款项交存银行,收到银行签发的银行本票后,根据申请书存根联编制记账凭证。企业因银行本票超过付款期限或其他原因要求退款时,在交回本票和填制的进账单经银行审核盖章后,根据进账单第一联编制记账凭证。

3. 银行承兑汇票结算流程

银行承兑汇票是由在承兑银行开立存款账户的存款人出票,向开户银行申请并经银行审查同意承兑,保证在指定日期无条件支付确定的金额给收款人或持票人的票据。承兑是指承兑人在汇票到期日无条件地向收款人支付汇票金额的票据行为。银行承兑汇票的办理流程见图1-8。

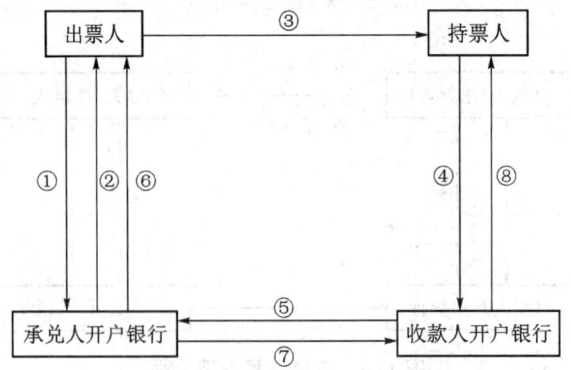

图1-8 银行承兑汇票办理流程

注:①出票人签发银行承兑汇票并到开户银行申请承兑;②开户银行同意并承兑;③出票人将汇票交付给持票人(收款人);④持票人将到期的银行承兑汇票送存银行办理委托收款(或办理票据贴现);⑤开户银行间交换银行汇票办理结算;⑥收款人存足票款;⑦银行划回票款;⑧通知持票人收款入账。

收款单位凭银行盖章的进账通知编制记账凭证,付款单位凭银行承兑汇票委托书存根联编制记账凭证。

4. 银行汇票结算流程

银行汇票是汇款人将款项交存当地银行,由银行签发给汇款人持往异地办理转账结算或支取现金的票据。为了方便申请人的使用,银行汇票还专门设置了实际结算金额栏,在交易过程中,可根据实际需要在出票金额以内填写实际结算金额,受到法律保护。银行汇票结算流程见图1-9。

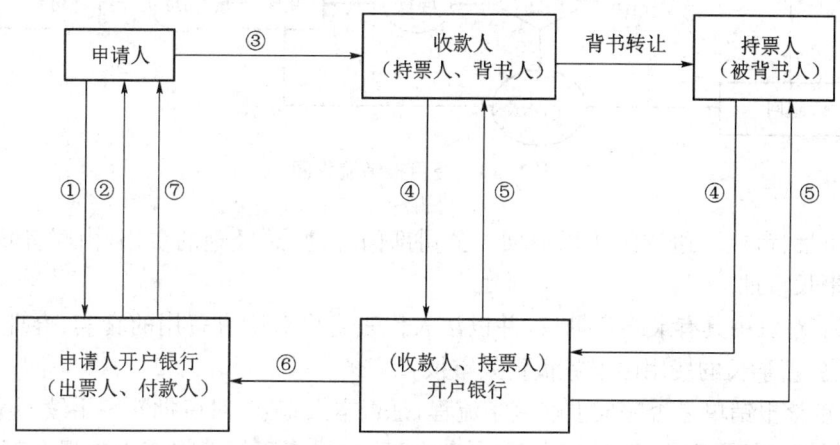

图1-9　银行汇票办理流程

注:①申请签发银行汇票;②银行审核后出票;③持票进行异地结算;④送存汇票提示付款;⑤通知收款人收款入账;⑥银行之间资金结算;⑦通知付款人余款退回入账。

收款单位应根据银行的收账通知和有关的原始凭证编制记账凭证,付款单位应在收到银行签发的银行汇票后根据银行汇票委托书存根联编制记账凭证,如有多余款项或因汇票超过付款期等原因而退款时,应根据银行的多余款收账通知编制记账凭证。

5. 费用报销及付款流程

为了加强内部管理,规范财务报销行为,倡导一切以业务为重的指导思想,合理控制费用支出,企业根据相关的财经制度及实际情况,将财务报销分为日常办公费用、工薪福利及相关费用、税费支出、工程相关支出及专项支出等,并制定了报销相关的借款流程、各项支出具体的财务报销制度及报销流程。具体费用报销流程见图1-10,其中各环节经办人和负责人的职责、要求如下。

费用经办人:根据本单位实际业务需要,在费用事项发生后,按照报销流程管理要求分类粘贴原始凭证,填写报销单,交给部门负责任审核。

部门负责人:按管理及责任权限对本部门发生费用的真实性、合理性负责审核并签字,对费用是否符合部门计划、预算承担责任;部门负责人可以根据事项、金额的重要性,让部门业务主管先行审核签字,并落实责任,对审核不通过的予以退回。

财务部门负责人:财务部门负责人(或授权主办会计)对报销凭证的相关内容,根据财务制度要求、标准进行审核;并复核报销的金额、是否有备用金或其他借款,是否从报销款中扣回相关借款;根据本单位的各项具体管理制度对票据的合法、合规性负责审核签字,对审核不通过的予以退回。

公司总经理、部门经理:对授权范围内所有费用予以审批,并对费用的真实性、合理性承

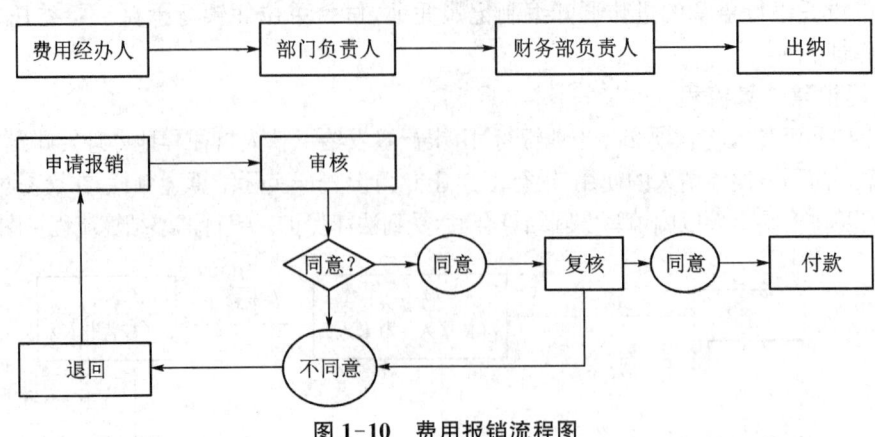

图 1-10　费用报销流程图

担责任;对审批、审核不通过的予以退回。公司部门经理、总经理的费用,由财务负责人审核后,交由董事长审批。

董事长:对费用具有最终审批权,并以法人代表身份对所有费用的真实、合理、合法合规性承担责任。董事长的费用由财务负责人审核。

出纳:审核报销单是否完成上述签字流程,是否本人签字,对审批签字手续不全的坚决予以退回;对报销金额再次复核,复核金额(付款金额)只能小于等于报销人申报金额,对复核金额大于申报金额的,予以退回给经办人重新办理(或按申报金额办理)。报销费用冲抵借款的部分,出纳应开具收据,收回多余的现金,收据中的一联应作为凭证附件。

(二) 经济业务内容

(1) 1 日,签发现金支票一张,提取备用金 5 000 元备用。

要求:签发现金支票。

(2) 1 日,财会部陈凯报销会计用品购置费 598.90 元,审核无误后现金付讫。

要求:填制报销单。

(3) 1 日,销售部王莲心出差预借差旅费 4 000 元,以库存现金支付。

要求:填制借款单。

(4) 2 日,签发现金支票一张,提取备用金 6 000 元备用。

要求:签发现金支票。

(5) 3 日,销售部王莲心出差归来,报销差旅费 4 130 元,现金支付。

要求:填制差旅费报销单。

(6) 5 日,收到组装车间刘维因过失造成的损失赔偿金 990 元。

要求:开具收款收据。

(7) 5 日,开出转账支票支付销售部车辆维修费 2 260 元。

要求:签发转账支票。

(8) 6 日,从劳保用品店现金购入防尘口罩 200 个,每个 5 元,已验收入库。

要求:填制报销单。

(9) 7 日,公司将广西南宁大尚中学于 10 月 27 日出票的 3 个月期限的银行承兑汇票到银行办理贴现,票面值为 120 000 元,贴现率 4%,已办妥有关贴现手续,款项已存入银行。

要求:填制贴现凭证。

（10）9日，原10月9日贵州省遵义市华山中学付款期为2个月的商业承兑汇票到期，到银行办理托收，如数收到票款230 000元。

要求：填制托收凭证。

（11）9日，签发现金支票一张，提取备用金4 000元备用。

要求：签发现金支票。

（12）9日，收到广西南宁大尚中学的银行承兑汇票250 000元到期，办妥收款手续。

要求：填制托收凭证。

（13）9日，召开职工大会会议费1 920元，用转账支票支付。

要求：签发转账支票。

（14）10日，开出转账支票支付地方电视台广告费16 800元。

要求：签发转账支票。

（15）11日，支付上月未交税金，增值税293 260.5元，城市维护建设税20 528.24元，教育费附加8 789.31元。

要求：编制记账凭证。

（16）12日，发放上月工资508 419.26元。

要求：签发转账支票，填制进账单。

（17）12日，签发转账支票一张购买本月印花税票3 110元。

要求：签发转账支票。

（18）14日，办公室申请购买办公用电脑两台，签发现金支票支付共9 831元，电脑尚未收到。

要求：签发现金支票。

（19）15日，聘请专家进行产品质量检测，用现金支付报酬1 500元。

要求：填制费用报销单。

（20）16日，用银行存款支付办公室办公设备修理费2 800元。

要求：填制付款申请书。

（21）16日，销售部职工于丽丽出差预借差旅费5 000元，以库存现金支付。

要求：填制借款单。

（22）17日，签发现金支票一张，提取备用金3 000元备用。

要求：签发现金支票。

（23）18日，以银行存款支付产品广告费用80 000元。

要求：签发支票、费用报销单。

（24）18日，用银行存款支付生产车间办公用品费4 970元。

要求：签发支票、费用报销单。

（25）19日，销售部职工于丽丽出差归来报销差旅费4 800元，退回200元现金，同时核销原出差借款。

要求：填制报销单，还款凭证。

（26）19日，收到银行付款通知，9月19日借入的短期借款300 000元已到期，年利率4.35%，一次性还本付息；计提2019年9月1日借入短期借款500万元及2019年11月1日借入短期借款170万元的当月利息；计提从中国建设银行借入长期借款800万元的利息，及从中国工商银行借入长期借款1 000万元的利息（年利率为4.9%）。

（27）19日，报废旧电脑两台，报废时账面价值1 340元每台，累计折旧2 660元每台，收取残料变价收入现金 1 000 元。

　　要求：填制固定资产报废单，开具收款收据。

　　(28) 19 日，副总经理刘航因公出差，预借差旅费 800 元，付以现金。

　　要求：填制借款单。

　　(29) 21 日，刘航出差回来，向公司报销差旅费 700 元，余款交回现金。

　　要求：填制报销单，开具收款收据。

　　(30) 22 日，支付下年度财产保险费 30 000 元。

　　要求：签发转账支票，填制进账单。

　　(31) 23 日，在财产清查中发现原材料复合板短缺 200 元（假设暂不考虑增值税）。

　　要求：编制盘点报告表。

　　(32) 25 日，经查，23 日盘亏材料属于定额范围内的自然损耗，经批准进行转销。

　　(33) 25 日，签发现金支票一张，提取备用金 5 000 元备用。

　　要求：签发现金支票。

　　(34) 26 日，向希望小学捐款 60 000 元。

　　要求：填制付款申请书、签发转账支票。

　　(35) 26 日，财会部张丽洁报销会计用品购置费 678 元，审核无误后现金付讫。

　　要求：填制报销单。

　　(36) 27 日，企业向昆明文化用品有限公司购入 50 包 A4 打印纸，单价 26 元；15 盒墨盒，单价 105 元。

　　(37) 27 日，计提并支付水费及电费。

　　(38) 31 日，支付管理部门电话费 3 560 元。

　　(39) 31 日，根据职工工资表计算本月应付工资并计提各项基金（工资表见附表 4-1）。

　　(40) 31 日，根据职工工资表结转本月代扣款项共计 111 728.4 元，其中，工会经费 2 971.50 元，养老保险 47 544 元，医疗保险 11 886 元，失业保险 1 782.90 元，住房公积金 47 544 元。

　　要求：填制代扣款项汇总表。

　　(41) 31 日，计提本月固定资产折旧。

　　要求：编制折旧计提表。

　　(42) 31 日，计算本月应交增值税并结转未交增值税。

　　要求：编制纳税申报表。

　　(43) 31 日，计提应交城建税及教育费附加。

　　要求：编制纳税申报表。

　　(44) 31 日，计算本月所得税费用。

　　要求：编制企业所得税计算表。

　　(45) 31 日，将损益类账户余额结转至"本年利润"账户。

　　要求：编制本年损益结转表。

　　(46) 31 日，将本年利润账户余额结转至"本年利润——未分配利润"账户。

　　要求：编制本年利润结转表。

　　(47) 31 日，按全年税后利润的 10% 计提本年法定盈余公积，按 5% 计提任意盈余公积，并按 10% 向投资者分配利润。

　　要求：编制盈余公积计算表。

第二章　会计业务电算化实训

第一节　会计业务上机环境

一、金蝶 K/3 成长版 V12.0DVD 安装说明

（一）K/3 成长版 V12.0DVD 内容

K/3 成长版 V12.0DVD 包含安装光盘产品手册光盘，具体见表 2-1。

表 2-1　K/3 成长版 V12.0DVD 内容

光盘名称	内　　容
金蝶 K/3 成长版安装光盘	安装程序、演示账套、简体资源包、用户手册
金蝶 K/3 成长版产品手册光盘	用户手册、产品安装手册、系统管理员手册

（二）安装方式

目前，K/3 成长版 V12.0 支持如下三种安装方式。

（1）DVD 光驱本机安装：将 DVD 光碟直接插入 DVD 光驱，按照提示安装即可。

（2）DVD 光驱共享网络安装：安装前先请共享 DVD 光驱，再访问 DVD 光驱，按照提示安装即可。

（3）DVD 光盘拷贝至硬盘共享安装：先将 DVD 安装盘拷贝到硬盘，并设置共享，按照提示安装即可。

注意：为了确保 K/3 安装程序能够正常的运行，推荐运行 K/3 安装程序前，先退出正在运行的第三方软件（包括杀毒软件及相关防火墙），然后再进行 K/3 安装操作。完成 K/3 安装操作后，再启用第三方软件。

K/3 成长版 V12.0 可以与 K/3 标准版 V12.0、K/3 精益版 V12.0 安装在同一台电脑上；但不支持不同版本的 K/3 安装同一台电脑上，如 K/3 成长版 V12.0 与 K/3V11.0 不能安装在一起。

二、数据库服务部件安装

1. 数据库服务器配置建议

数据库服务器配置按要求进行配置，配置建议见表 2-2。

表 2-2　数据库服务器配置

组件	要　　求
处理器	处理器类型： 　　Intel Xeon 或 AMD Opteron 或 Intel Itanium 2 处理器速度： 　　最低：1.6 GHz（对于 Itanium 处理器是 1.4 GHz） 　　推荐：2.4 GHz 或更快处理器（对于 Itanium 处理器是 1.6 GHz） 处理器核心总数： 　　最低：2 核心 　　推荐：4 核心（100 并发以内或数据库实体 10 GB 以内） 　　8 核心（100～200 并发或数据库实体 10～20 GB） 　　16 核心（200～400 并发或数据库实体 20～40 GB）
内存	物理内存： 　　最少 2 GB 　　推荐 4 GB（100 并发以内或数据库实体 10 GB 以内） 　　8 GB（100～200 并发或数据库实体 10～20 GB） 　　16 GB（200～400 并发或数据库实体 20～40 GB）
储存	存储类型： 　　SCSI 或更快企业级存储 5 数据盘推荐设置为 RAID10，并至少建立两个 LUN 分别放置生产数据库与临时数据库（TempDB） 存储空间： 　　最少：10 GB 空闲空间 　　推荐：50 GB 或更多空闲空间
网络	网络质量： 　　速率：100 Mbps，推荐与中间层服务器以 1 000 Mbps 连接 　　延时：＜20 ms（以大小 1 024 字节的测试数据包返回结果为准） 　　丢包：＜0.1%（以大小 1 024 字节的测试数据包返回结果为准）
操作系统	K/3 数据库服务器支持的操作系统： Windows Server 2003 Standard/Enterprise/DataCenter SP1/SP2 ① Windows Server 2003 Standard/Enterprise/DataCenter 64 * 64 SP1/SP2 ① Windows Server 2003 Enterprise/DataCenter 64 位 IA64 SP1/SP2 ①② Windows Server 2008 Standard/Enterprise/DataCenter③ Windows Server 2008 Standard/Enterprise/DataCenter 64 位 * 64 ③ Windows Server 2008 Enterprise/DataCenter 64 位 IA64 ②③ Windows 2000 Server/Advanced Server/DataCenterServer SP4 ④ Windows 2000 Advanced Server/DataCenter Server 64 位 IA64 SP4 ②④ 　　其他未提及的操作系统版本不提供官方支持，金蝶 K/3 数据库服务器在此类操作系统上可能可以运行但未经严格测试，也可能完全不能运行

（续表）

组件	要　　求
数据库引擎	K/3 数据库服务器支持的数据库引擎： SQL Server 2005 Standard/Enterprise SP3 SQL Server 2005 Standard/Enterprise 64 位＊64 SP3 SQL Server 2005 Enterprise 64 位 IA64 SP3② SQL Server 2008 Standard/Enterprise SQL Server 2008 Standard/Enterprise 64 位＊64 SQL Server 2008 Enterprise 64 位 IA64 ② SQL Server 2000 Standard/Enterprise SP4⑤ SQL Server 2000 Enterprise 64 位 IA64 SP4 ② 其他未提及的数据库引擎版本不提供官方支持，金蝶 K/3 数据库服务器在此类数据库引擎上可能可以运行但未经严格测试，也可能完全不能运行； 非简体中文环境下部署 K/3 数据库服务器的注意事项请见注解⑥； K/3 商业分析（BI）＋ SQLServer2008 环境的部署注意事项见注解⑦

注：①——同时也支持 Windows Server 2003 R2 对应版本，Windows Server2003 R2 是 Windows Server 2003 的功能扩展包，两者系统兼容性是一致的。

②——64 位 IA64 架构的 K/3 数据库服务器暂不支持数据库服务部件安装，因此新建、备份、恢复这三种套操作不能在中间层进行，需通过 SQL Server 进行，但其他功能不受影响。数据库服务部件不是 K/3 的必需组件，K/3 数据库服务主要功能不依赖它工作。64 位 x64 架构的 K/3 数据库服务器无以上限制。

③——只支持 Windows Server 2008 完全安装，不支持服务器核心安装（Server Core Installation）。

④——不推荐使用 Windows 2000 系列，其 MSDTC 效能较低，会降低 K/3 整体性能。

⑤——不推荐使用 SQL Server 2000 标准版，只推荐企业版，因为标准版最大只能支持 2 GB 物理内存，会降低 K/3 整体性能。但 SQL Server 2005/2008 标准版并没有物理内存限制，可以推荐使用。

⑥——在非简体中文环境安装 SQL Server，请把排序（Collation）设为 Chinese_PRC_CI_AS，（CI 表示大小写不敏感 Case Insensitive、AS 表示重音敏感 Accent Sensitive），否则 K/3 数据库服务器不能正常工作。SQL Server 2005/2008 默认安装过程中可以设置排序，SQL Server 2000 需要选择自定义安装才能设置排序。排序在安装后不能更改，所以请在非简体中文环境安装时一定要正确设置排序。

⑦——如需用 K/3 商业分析（BI），且数据库引擎为 SQL Server 2008，数据库服务器需安装 SQL Server 2005 向后兼容组件，（SQL Server 2005 Backward Compatibility Components），它是 SQL Server 2008 Features Pack 的一部分。

2. 安装步骤

（1）以具有本机系统管理员的身份登录，关闭其他应用程序，特别是防病毒软件。安装 MS SQL Server 2000 ＋sp4（备注：K/3V12.0 支持 MS SQL Server 2005，SQL Server2008）。

（2）运行安装光盘金蝶 K/3 安装光盘（DVD），选择"环境检测"和"数据库服务部件"选项。

（3）若有未安装的必需部件，程序会提示，环境检测通过后，安装数据库服务部件。

三、中间层服务部件安装

1. 中间层服务部件安装

中间层服务部件安装的要求见表 2-3。

表 2-3　中间层服务部件安装要求

组件	要　　求
处理器	处理器类型： Intel Xeon 或 AMD Opteron 处理器速度： 　最低：1.6 GHz 　推荐：2.4 GHz 或更快处理器 处理器核心总数： 　最低：2 核心 　推荐：4 核心（200 并发以内） 　　　　8 核心（200～400 并发） 　400 并发以上请增加中间层服务器，下同
内存	物理内存： 　最少：1 GB 　推荐：2 GB（200 并发以内） 　　　　4 GB（200～400 并发）
存储	存储类型： SCSI 或更快企业级存储，并推荐设置为 RAID1 或 RAID5 储存空间： 　最少：10 GB 空闲空间 　推荐：20 GB 空闲空间
网络	网络质量： 　速率：100 Mbps，推荐以 1 000 Mbps 与数据库服务器连接 　延时：＜20 ms（以大小 1 024 字节的测试数据包返回结果为准） 　丢包：＜0.1%（以大小 1 024 字节的测试数据包返回结果为准）
操作系统	K/3 中间层服务器支持的操作系统： WindowsServer 2003 Standard/Enterprise/DataCenter SP1/SP2① Windows Server 2003 Standard/Enterprise/DataCenter 64 位 x64 SP1/SP2 ① Windows Server 2008 Standard/Enterprise/DataCenter（2） Windows Server 2008 Standard/Enterprise/DataCenter 64 位 * 64 ② Windows 2000 Server/Advanced Server/DataCenter Server SP4 ③ 　其他未提及的操作系统版本不提供官方支持，金蝶 K/3 中间层服务器在此类操作系统上可能可以运行但未经严格测试，也可能完全不能运行。 　在虚拟机系统中运行 K/3 中间层的特别说明请见注解④

注：①——同时也支持 Windows Server 2003 R2 对应版本，Windows Server 2003 R2 是 Windows Server 2003 的功能扩展包，两者系统兼容性是一致的。

②——只支持 Windows Server 2008 完全安装，不支持服务器核心安装（Server Core Installation）。

③——不推荐使用 Windows 2000 系列，其 MSDTC 效能较低，会降低 K/3 整体性能。

④——中间层加密服务不支持在虚拟机（VMWare、Virtual PC 等）中运行，加密服务在虚拟机中将总运行为演示版，也不支持 License 文件导入。但加密服务之外的其他中间层组件可以正常在虚拟机中运行。

2. 安装步骤

（1）以具有本机系统管理员的身份登录，关闭其他应用程序，特别是防病毒软件。

（2）进入"控制面板"→"添加/删除 Windows 组件"选择"应用程序服务器"（若操作系统是 Windows 2000 Server，忽略此步骤）。

（3）点击"详细资料"，选择"启用网络 COM＋访问"和"启用网络 DTC 访问"。（若操作系统是 Windows 2000 Server，忽略此步骤）

（4）运行安装光盘金蝶 K/3 安装光盘（DVD）"，选择"环境检测"选项。

（5）若有未安装的必需部件，程序会提示放入资源光盘进行安装。环境检测通过后，选择安装中间层服务部件，按照提示安装即可。

（6）安装完成后，会自动运行注册中间层组件（或手动运行"程序"→"金蝶 K3"→"金蝶 K3 服务器配置工具"→"中间层组件注册"）。

（7）运行"程序"→"金蝶 K3"→"金蝶 K3 服务器配置工具"→"账套管理"，新建、恢复或注册账套。

注意：若中间层服务器操作系统是 Windows Server 2003，且安装了 Windows Server 2003 SP2 补丁，需要下载并安装微软补丁，补丁号为 KB936296。

四、客户端部件安装

1. 客户端配置建议

客户端的配置可以按要求进行配置，配置要求见表 2-4。

表 2-4　客户端配置

组件	要　　求
处理器	处理器类型： 　　Pentium 4 兼容处理器或速度更快的处理器 处理器速度： 　　最低：单核 1.7 GHz 双核 1.0 GHz 　　推荐：双核 2.0 GHz 或更快
内存	物理内存： 　　最少：512 MB 　　推荐：1.0 GB 或更大
存储	存储空间： 　　最少：4.GB 空闲空间 　　推荐：8 GB 空闲空间
网络	网络质量： 　　速率：100 Mbps 　　延时：＜20 ms（以大小 1 024 字节的测试数据包返回结果为准） 　　丢包：＜0.1%（以大小 1 024 字节的测试数据包返回结果为准）
操作系统	K/3 客户端支持的操作系统： 　　Windows XP Professional SP2/SP3 　　Windows XP Professional 64 位 x64 SP2 　　Windows Vista Ultimate/Enterprise/Busness SP1 　　Windows Vista Ultimate/Enterprise/Busness 64 位 * 64 SP1 　　Windows Server 2003 Standard/Enterprise/DataCenter SP1/SP2 ① 　　Windows Server 2003 Standard/Enterprise/DataCenter 64 位 x64 SP1/SP2 ① 　　Windows 2000 Professional/Server/Advanced Server/DataCenter Server SP4 ② 　　其他未提及的操作系统版本不提供官方支持，金蝶 K/3 客户端在此类系统上可能 可以运行但未经严格测试，也可能完全不能运行

(续表)

组件	要　　求
Web 浏览器	K/3 HR/CRM/Portal 支持的 Web 浏览器版本： Microsoft Internet Explorer 6.0 SP1/SP2—32 位③ Microsoft Internet Explorer 7.0—32 位③ 仅 HR/Web 客户端需要 Web 浏览器，普通 K/3 GUI 客户端并不需要 其他未提及的 Web 浏览器版本不提供官方支持，金蝶 K/3 HR/Web 客户端在此类 Web 浏览器上可能可以运行但未经严格测试，也可能完全不能运行

注：①——同时也支持 Windows Server 2003 R2 对应版本，Windows Server 2003 R2 是 Windows Server 2003 的功能扩展包，两者系统兼容性是一致的。

②——不推荐使用 Windows 2000 系列，其 MSDTC 效能较低，会降低 K/3 整体性能。

③——如果采用 64 位操作系统作为 HR/Web 客户端，请使用其内置的 32 位 IE 访问 K/3 HR/Web 站点，64 位 Windows 系统都内置 32 位和 64 位两套 Internet Explorer，操作系统默认也是调用 32 位版。

2. 安装步骤

（1）以具有本机系统管理员的身份登录，关闭其他应用程序，特别是防病毒软件。运行安装光盘"金蝶 K/3 安装光盘 1(CD)/金蝶 K/3 安装光盘(DVD)"选择"环境检测"和"检测客户端部件"选项。若有未安装的必需部件，程序会提示放入资源光盘进行安装。环境检测通过后，选择安装"客户端部件"选项，按照提示安装即可。

（2）客户端安装完毕后，运行"程序"→"金蝶 K3"→"金蝶 K3 工具"→"远程组件配置工具"完成远程组件的注册和配置，整个客户端安装过程完成。

五、自定义组合安装

如果所有或多个部件部署在同一台机器上，可以在安装的时候选择"自定义安装"，然后复选需要安装的部件进行安装。

六、K/3 的自动部署

K/3 成长版 V12.0 目前尚不支持自动部署。

七、常见问题分析与解决

（1）问题描述：账套管理登陆不进去，点击没反应。

解决方法：删除 KDCOM\AcctCtL dat 文件就可以了。

（2）问题描述：K/3 主控台登录提示：应用服务器连接到一个错误的数据库，请与系统管理员联系。客户端，中间层，数据库，全部安装在一台机器上，操作系统为 WIN2003 STADND0。

解决方法：在组件服务上，检查其 COM+组件。

（3）问题描述：CITRIX 服务器端在外网，使用的公网 IP 地址，在网吧登录服务器。

解决方法：根据提示，可以看出是代理服务器权限没有开通，需要对 IE 做如下设置：点击"IE 浏览器"→"工具"→"internet 选项"→"连接"→"局域网设置"→"代理服务器"，然后将为 LAN 使用代理服务器前的勾去掉，再重新启动 IE 登陆就可以。

（4）问题描述：操作系统为 windows 2003 Enterprise，K3 HR 为什么每次打开都要提示安装运行 K3 IECtrl.exe?

解决方法：

① 将 K/3HR 系统的登录站点设置为可信任站点，可以用 IE 本身的信任站点设置，也可以用 K/3HR 系统提供的工具来设置：登录人力资源系统后，在最上方的状态栏的最右边有几个按钮，其中第四个是客户端自动设置工具，点击该按钮后，将弹出的工具打开或者保存在本地，打开工具后，在 K/3 人力资源系统服务器中输入要登录的人力资源系统的服务器地址，单击【确定】后，该工具会为 IE 自动设置信任站点以及其他的内容，设置成功后即可正常登录人力资源系统。

② 下载 K3 IECtrl.exe，该组件是支持报表查询能够正常显示的控件包，如果不安装，产品中的报表无法正常查询。如果客户端是第一次通过 IE 登录人力资源系统时，系统会自动提示下载信息，此时，请根据提示下载安装组件。如果首次登录时没有提示下载安装，也可以从系统中手工下载安装，手工安装的步骤为：登录系统→系统管理→组件→组件下载→报表客户端组件。

③ 在设置了信任站点，可正常下载安装 K3 IECtrl.exe 组件之后，就不会出现每次登录都提示下载了。

(5) 问题描述：新事务不能登记到事务处理器。

解决方法：如果是因为 WINDOWS 的名字无法解析，可以使用 XHOST 工具扫描解决问题。

(6) 问题描述：卸载程序无法卸载 K/3，如何通过手动方式卸载 K/3？

解决方法：当因为一些异常情况无法利用 K/3 的安装程序正常卸载 K/3 时，需要手动卸载。

第二节　会计账套初始化

会计账套的初始化部分沿用云南大宇家具制造有限责任公司的业务为案例，运用金蝶 K3 会计电算化软件，对该公司发生的经济业务进行会计电算化账务处理。

一、新建账套

在会计电算化软件中新建一套电子账，类似于手工方式下凭证、账簿、报表等储存财务或业务数据的载体。在手工账中，对日常业务进行处理时必须先准备好相应的凭证、账簿和会计报表等纸质材料，而用会计电算化软件进行会计业务处理时必须先建立存储数据的账套。

1. 新建账套

(1) 账套号：001。

(2) 账套名：云南大宇家具制造有限责任公司。

(3) 账套类型：标准供应链解决方案。

操作流程：服务器电脑→开始→程序→K3 中间层→账套管理→新建。

注意：账套号、账套名不能重复但可修改，但账套类型不可更改。

2. 添加用户

在添加用户时，可以单独添加，也可以一个学习小组为单位进行添加，用户信息见表 2-5。

表 2-5　用户信息

职　员	部　门	职　务
学生 1	财务部	财务主管
学生 2	财务部	实习生
学生 3	财务部	实习生
学生 4	财务部	实习生

操作流程：

(1) 新建用户：K3 中间层→账套管理→用户→用户管理→新建用户。

(2) 用户授权：K3 中间层→账套管理→用户→功能权限→功能权限管理。

(3) 用户组授权：K3 中间层→账套管理→选定用户组→功能权限→功能权限管理。

注意：

(1) 只能是系统管理员才可以给一般用户进行授权，报表的授权应在报表系统工具→报表权限控制里给予授权。

(2) 系统管理员身份的人不需要进行授权。

(3) 用户组除了方便管理之外，其主要作用就是方便对多个用户进行集中授权。

二、会计账套初始化

根据给出企业的会计业务相关资料，按顺序完成会计账套系统初始化工作。在进行会计账套初始化中，对企业的基础资料和初始数据进行设置和维护，并在结束会计账套的初始化后才可以进行本月的过账工作。

(一) 从模板中引入新会计准则会计科目

操作流程： K3 主控台→进入账套→系统设置→基础资料→公共资料→科目→文件→从模板引入科目。

(二) 设置本年利润和利润分配科目代码

操作流程： 依次点击系统设置→系统设置→总账→系统参数→总账，在总账项目下面设置本年利润和利润分配代码，还可以设置一些关键的系统参数，具体见图 2-1～图 2-3。

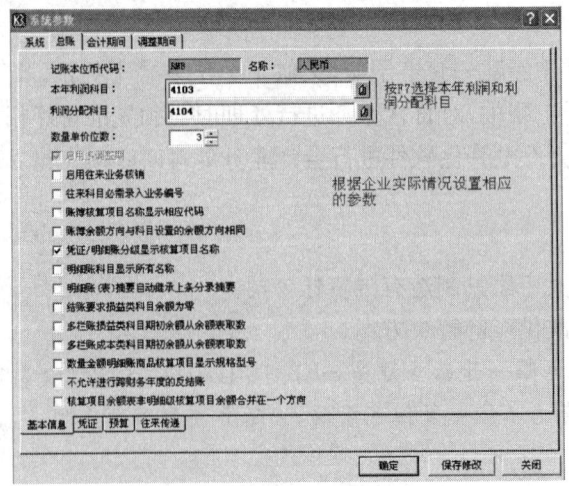

图 2-1　本年利润和利润分配代码设置

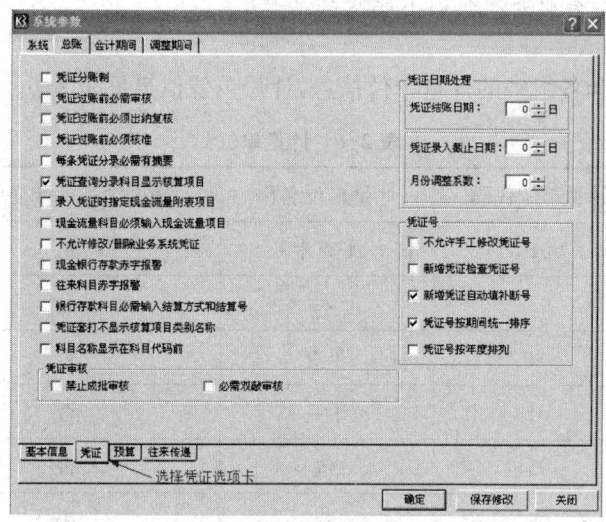

图 2-2　凭证相关参数设置

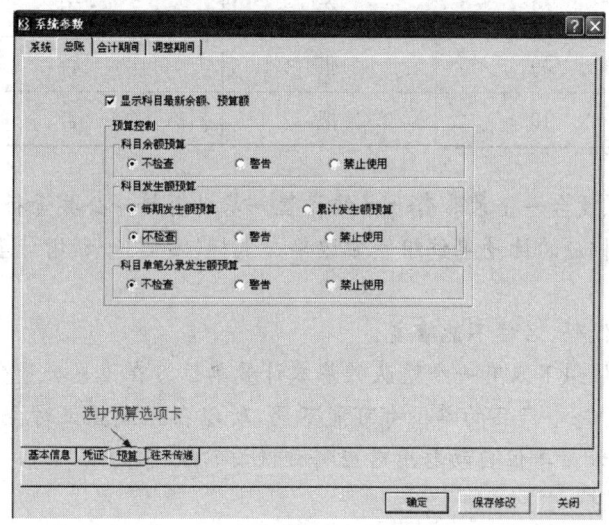

图 2-3　预算相关参数设置

（三）系统参数设置

1. 币别

增加一个记账本位币：人民币。

操作流程： K3 主控台→登录账套→系统设置→基础资料→公共资料→币别→新增。

注意：

（1）一般不对记账本位币进行修改。

（2）若币别已有业务发生则不能修改。

2. 凭证字

设置凭证字：记。

操作流程： K3 主控台→登录账套→系统设置→基础资料→公共资料→凭证字→新增。

注意：若凭证字已有业务发生则不能修改。

3. 计量单位

增加计量单位组和各组中的计量单位信息，计量单位信息见表2-6。

表2-6　计量单位

计量单位组	计量单位代码	计量单位名称	是否为基本计量单位	系数
主要组	01	平方米	是	1
	02	米	是	1
辅助材料组	03	千克	否	1
	04	千克	否	1
周转材料组	05	包	否	1
	06	盒	否	1
	07	米	否	1
	08	套	否	1
库存商品组	09	张	否	1
	10	把	否	1

操作流程：K3主控台→登录账套→系统设置→基础资料→公共资料→计量单位→新增。

计量单位：选中相应的计量单位组→右边单击鼠标（右键）→新增计量单位。

注意：

（1）计量单位的代码、名称不能重复。

（2）一个计量单位组下只有一个默认的基本计量单位。在设置数量金额核算时只能有一种默认计量单位，由于每个产品的单位有可能不同，所以在生成凭证时会产生错误，这时要在生成凭证选项中选择计量单位自动取用对应科目预设的缺省单位。

4. 结算方式的维护

企业使用的结算方式有：支票、本票、银行汇票和商业汇票，结算方式见表2-7。

表2-7　结算方式

代码	名称	代码	名称
01	支票	04	银行承兑汇票
02	银行汇票	05	商业承兑汇票
03	本票		

5. 科目的修改与新增

操作流程：K3主控台→登录账套→系统设置→基础资料→公共资料→科目→新增和属性。

（1）新增库存现金、银行存款和其他货币资金的明细科目，明细科目见表2-8。

表 2-8　新增科目

科目代码	科目名称	科目属性	期末调汇
1001	库存现金	现金科目/日记账	否
1002	银行存款	银行科目/日记账	否
1002.01	建设银行	银行科目/日记账	否
1002.02	中国银行	银行科目/日记账	否
1012	其他货币资金	无	否
1012.01	银行本票存款	无	否
1012.02	银行汇票存款	无	否

（2）对往来会计科目进行维护（适用总账系统使用），往来会计科目见表 2-9。

表 2-9　往来科目维护

科目代码	科目名称	科目属性	核算项目
1121	应收票据	往来业务核算	客户核算
1121.01	银行承兑汇票	往来业务核算	客户核算
1121.02	商业承兑汇票	往来业务核算	客户核算
1122	应收账款	往来业务核算	客户核算
1123	预付账款	往来业务核算	供应商核算
1133	其他应收款	往来业务核算	职员核算
2201	应付票据	往来业务核算	供应商核算
2201.01	银行承兑汇票	往来业务核算	供应商核算
2201.02	商业承兑汇票	往来业务核算	供应商核算
2202	应付账款	往来业务核算	供应商核算
2203	预收账款	往来业务核算	客户核算

（3）存货科目的维护，存货科目见表 2-10。

表 2-10　存货科目

科目代码	科目名称	数量金额核算	单位
1403	原材料	否	
1403.01	原材料及主要材料	否	
1403.01.01	复合板	是	平方米
1403.01.02	防火板	是	平方米
1403.01.03	冷轧钢板	是	平方米
1403.01.04	方钢管	是	米

（续表）

科目代码	科目名称	数量金额核算	单位
1403.02	辅助材料	否	
1403.02.01	螺丝	是	千克
1403.02.02	螺母	是	千克
1403.02.03	酚醛清漆	是	千克
1403.02.04	脚垫套	是	千克
1409	周转材料	否	
1409.01	A4 打印纸	是	包
1409.02	墨盒	是	盒
1409.03	电线	是	米
1409.04	小型工具	是	套
1405	库存商品	否	
1405.01	桌子	是	张
1405.02	椅子	是	把

（4）其他科目的维护，主要包括生产成本、制造费用和期间费用，具体内容见表 2-11。

表 2-11　其他科目

科目代码	科目名称	类别
5001	生产成本	成本
5001.01	基本生产成本	成本
5001.01.01	开料车间	成本
5001.01.02	整理车间	成本
5001.01.03	组装车间	成本
5001.01.04	机修车间	成本
5101	制造费用	成本
5101.01	开料车间	成本
5101.01.01	房租	成本
5101.01.02	水费	成本
5101.01.03	电费	成本
5101.01.04	折旧费	成本
5101.01.05	机物料消耗	成本
5101.01.06	福利费	成本
5101.01.07	工资	成本

(续表)

科目代码	科目名称	类别
5101.01.08	修理费	成本
5101.01.09	社会保险费	成本
5101.01.10	住房公积金	成本
5101.01.11	工会经费	成本
5101.01.12	职工教育经费	成本
5101.02	整理车间	成本
5101.02.01	房租	成本
5101.02.02	水费	成本
5101.02.03	水电费	成本
5101.02.04	折旧费	成本
5101.02.05	机物料消耗	成本
5101.02.06	福利费	成本
5101.02.07	工资	成本
5101.02.08	修理费	成本
5101.02.09	社会保险费	成本
5101.02.10	住房公积金	成本
5101.02.11	工会经费	成本
5101.02.12	职工教育经费	成本
5101.03	组装车间	成本
5101.03.01	房租	成本
5101.03.02	水费	成本
5101.03.03	电费	成本
5101.03.04	折旧费	成本
5101.03.05	机物料消耗	成本
5101.03.06	福利费	成本
5101.03.07	工资	成本
5101.03.08	修理费	成本
5101.03.09	社会保险费	成本
5101.03.10	住房公积金	成本
5101.03.11	工会经费	成本
5101.03.12	职工教育经费	成本
6601	销售费用	期间费用
6601.01	差旅费	期间费用
6601.02	业务招待费	期间费用

（续表）

科目代码	科目名称	类别
6601.03	折旧费	期间费用
6601.04	工资	期间费用
6601.05	房租	期间费用
6601.06	水电费	期间费用
6601.07	交通费	期间费用
6602	管理费用	期间费用
6602.01	差旅费	期间费用
6602.02	业务招待费	期间费用
6602.03	折旧费	期间费用
6602.04	工资	期间费用
6602.05	房租	期间费用
6602.06	水电费	期间费用
6602.07	交通费	期间费用
6602.08	其他	期间费用
6603	财务费用	期间费用
6603.01	利息	期间费用
6603.02	银行手续费	期间费用
6603.03	调汇	期间费用

注：① 一个科目可平行下挂1 024个核算项目类（即多项目核算）。
　　② 科目已有业务发生，科目不可删除和修改科目下挂的核算项目类别。
　　③ 科目有业务发生，币别只能改为核算所有币别。
　　④ 应收票据、应收账款、预付账款、应付票据、应付账款、预收账款、管理费用，这几个科目是点击修改，然后在往来业务核算处打"√"。

6. 新增相关核算项目

（1）新增客户信息见表2-12。

表2-12　客户信息

客户代码	客户名称	客户代码	客户名称
1	东南区	1.08	广安市第二中学
1.01	成都市立成中学	1.09	凯里市文华中学
1.02	昆明市利华中学	1.10	成都市立成中学
1.03	玉溪市美业中学	2	西南区
1.04	楚雄市第三小学	2.01	百色市新华中学
1.06	遵义市华山中学	2.02	南宁市大尚中学
1.07	曲靖市文渊中学		

（2）新增部门信息见表2-13。

表 2-13　部门信息

代码	名称	备注	代码	名称	备注
1	经理办公室		7	运输部	
2	人事部		8	开料车间	
3	后勤部		9	整理车间	
4	财务部		10	组装车间	
5	采购部		11	机修车间	
6	业务部				

（3）新增职员信息见表2-14。

表 2-14　职员信息

代码	姓名	部门	岗位
001	赵维刚	经理办公室	总经理
002	刘 航	经理办公室	副总经理
003	张如会	经理办公室	副总经理
004	刘婷婷	人事部	部门经理
005	张 燕	人事部	业务人员
006	刘 美	人事部	业务人员
007	李 佳	后勤部	部门经理
008	徐甜甜	后勤部	业务人员
009	李 丽	后勤部	业务人员
010	王微田	财务部	部门经理
011	陈 凯	财务部	业务人员
012	朱志超	财务部	业务人员
013	张丽洁	财务部	业务人员
014	高晓琳	财务部	业务人员
015	于 则	财务部	业务人员
016	冯绘婷	财务部	业务人员
017	孔力岚	财务部	业务人员
018	李钟强	采购部	部门经理
019	熊小西	采购部	业务人员
020	高 量	采购部	业务人员
021	钱 余	采购部	业务人员

（续表）

代码	姓名	部门	岗位
022	王一忠	采购部	业务人员
023	陈任金	销售部	部门经理
024	秦国庆	销售部	业务人员
025	王莲心	销售部	业务人员
026	于丽丽	销售部	业务人员
027	陈亮利	销售部	业务人员
028	杨赵荣	销售部	业务人员
029	李 蓝	销售部	业务人员
030	王森各	运输部	部门经理
031	杨光娥	运输部	业务人员
032	严友语	运输部	业务人员
033	何 莉	运输部	业务人员
034	赵华句	开料车间	生产工人
035	冯 杰	开料车间	生产工人
036	曹原静	开料车间	生产工人
037	周轩容	开料车间	生产工人
038	孔树询	开料车间	生产工人
039	马林龄	开料车间	生产工人
040	张 云	开料车间	生产工人
041	李永军	开料车间	生产工人
042	王 红	开料车间	生产工人
043	高 宇	开料车间	生产工人
044	程 成	开料车间	生产工人
045	张俊生	开料车间	生产工人
046	李宇龙	开料车间	生产工人
047	王 涵	开料车间	生产工人
048	刘思思	开料车间	生产工人
049	唐小英	开料车间	生产工人
050	程 雪	开料车间	生产工人
051	徐山英	开料车间	生产工人
052	马 杰	开料车间	生产工人
053	曹 皓	开料车间	生产工人

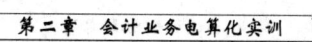

（续表）

代码	姓名	部门	岗位
054	李紫燕	开料车间	生产工人
055	许又杰	开料车间	生产工人
056	吴小娟	开料车间	生产工人
057	高圆近	开料车间	生产工人
058	王舒荣	开料车间	生产工人
059	郑 译	开料车间	生产工人
060	谭阳明	开料车间	生产工人
061	郑会林	开料车间	生产工人
062	谭琼晶	开料车间	生产工人
063	张莹莹	开料车间	生产工人
064	蒋 遥	开料车间	生产工人
065	朱 耀	开料车间	生产工人
066	李祥叶	开料车间	生产工人
067	陈 亮	开料车间	生产工人
068	丁 谦	开料车间	生产工人
069	袁雨英	开料车间	管理人员
070	林相南	开料车间	管理人员
071	丁 红	开料车间	管理人员
072	文 峰	开料车间	管理人员
073	王星美	开料车间	管理人员
074	章 陶	整理车间	生产工人
075	王凯量	整理车间	生产工人
076	陈 廷	整理车间	生产工人
077	秦 荣	整理车间	生产工人
078	杨松原	整理车间	生产工人
079	严 新	整理车间	生产工人
080	可连琴	整理车间	生产工人
081	陶雨花	整理车间	生产工人
082	何李连	整理车间	生产工人
083	张国宏	整理车间	生产工人
084	吴 综	整理车间	生产工人
085	王洋兵	整理车间	生产工人

（续表）

代码	姓名	部门	岗位
086	韩曼红	整理车间	生产工人
087	刘云涛	整理车间	生产工人
088	高敬临	整理车间	生产工人
089	冯雄民	整理车间	生产工人
090	鲁会华	整理车间	生产工人
091	杜亚超	整理车间	生产工人
092	任智慧	整理车间	生产工人
093	王 以	整理车间	生产工人
094	袁保铭	整理车间	生产工人
095	许优坤	整理车间	生产工人
096	赵 枚	整理车间	生产工人
097	钱 扬	整理车间	生产工人
098	赵小夏	整理车间	生产工人
099	冯黎明	整理车间	生产工人
100	曹 领	整理车间	生产工人
101	周 斌	整理车间	生产工人
102	孔 泛	整理车间	生产工人
103	马 文	整理车间	生产工人
104	张会临	整理车间	管理人员
105	李广才	整理车间	管理人员
106	王 准	整理车间	管理人员
107	高 勇	整理车间	管理人员
108	程 辉	组装车间	生产工人
109	张海兵	组装车间	生产工人
110	李 宾	组装车间	生产工人
111	李侃炎	组装车间	生产工人
112	刘 为	组装车间	生产工人
113	高科新	组装车间	生产工人
114	程 驰	组装车间	生产工人
115	徐中贵	组装车间	生产工人
116	马力辉	组装车间	生产工人
117	卫 郝	组装车间	生产工人
118	李副飞	组装车间	生产工人

(续表)

代码	姓名	部门	岗位
119	许景成	组装车间	生产工人
120	吴永琴	组装车间	生产工人
121	高仁元	组装车间	生产工人
122	王 春	组装车间	生产工人
123	郑建清	组装车间	生产工人
124	黄于武	组装车间	生产工人
125	李金星	组装车间	生产工人
126	谭优方	组装车间	生产工人
127	张高利	组装车间	生产工人
128	蒋信应	组装车间	生产工人
129	朱国良	组装车间	生产工人
130	周立谢	组装车间	生产工人
131	陈新余	组装车间	生产工人
132	丁有义	组装车间	生产工人
133	袁 珍	组装车间	管理人员
134	李世伟	组装车间	管理人员
135	丁炫才	组装车间	管理人员
136	陈 锋	组装车间	管理人员
137	叶 红	组装车间	管理人员
138	王 微	组装车间	管理人员
139	林振南	机修车间	生产工人
140	李雄富	机修车间	生产工人
141	唐敏建	机修车间	生产工人
142	王文松	机修车间	生产工人
143	袁 浩	机修车间	生产工人
144	许发明	机修车间	生产工人
145	赵致向	机修车间	生产工人
146	王建锋	机修车间	生产工人
147	赵 萍	机修车间	生产工人
148	冯 武	机修车间	生产工人
149	高 梅	机修车间	管理人员
150	周乐联	机修车间	管理人员

（4）新增供应商信息见表2-15。

表 2-15　供应商信息

代码	名称	应交税费	应付账款	预付账款
1	四川成都丰旺建材有限公司	2221.01.01	2 202.00	1 123.00
2	广州汇丰不锈钢有限公司	2221.01.01	2 202.00	1 123.00
3	云南玉溪三青油漆有限公司	2221.01.01	2 202.00	1 123.00
4	广西恒利建材有限公司	2221.01.01	2 202.00	1 123.00
5	贵阳华贵涂料有限公司	2221.01.01	2 202.00	1 123.00
6	四川万和建材有限公司	2221.01.01	2 202.00	1 123.00
7	广西吉祥建材有限公司	2221.01.01	2 202.00	1 123.00
8	四川永涛不锈钢有限公司	2221.01.01	2 202.00	1 123.00
9	贵州冠扬建材有限公司	2221.01.01	2 202.00	1 123.00
10	云南文山鼎力油漆有限公司	2221.01.01	2 202.00	1 123.00
11	广西金宇建材有限公司	2221.01.01	2 202.00	1 123.00
12	贵州福康不锈钢有限公司	2221.01.01	2 202.00	1 123.00
13	四川宏远不锈钢有限公司	2221.01.01	2 202.00	1 123.00

（5）新增物料信息见表 2-16。

表 2-16　物料信息

代码	名称	存货科目代码	计价方法	销售收入科目	销售成本科目
1	原材料	1403			
1.01	原材料及主要材料	1403.01			
1.01.02	复合板	1403.01.01	计划成本法	6051	6402
1.01.03	防火板	1403.01.02	计划成本法	6051	6402
1.01.04	冷轧钢板	1403.01.03	计划成本法	6051	6402
1.01.05	方钢管	1403.01.04	计划成本法	6051	6402
1.02	辅助材料	1403.02			
1.02.01	螺丝	1403.02.01	计划成本法	6051	6402
1.02.02	螺母	1403.02.02	计划成本法	6051	6402
1.02.03	酚醛清漆	1403.02.03	计划成本法	6051	6402
1.02.04	脚垫套	1403.02.04	计划成本法	6051	6402
2	周转材料	1409			
2.01	A4 打印纸	1409.01	计划成本法	6051	6402
2.01	墨盒	1409.02	计划成本法	6051	6402
2.03	电线	1409.03	计划成本法	6051	6402

（续表）

代码	名称	存货科目代码	计价方法	销售收入科目	销售成本科目
2.04	小型工具	1409.04	计划成本法	6051	6402
3	库存商品	1405			
3.01	桌子	1405.01	加权平均法	6001	6401
3.02	椅子	1405.02	加权平均法	6001	6401

7. 核算项目的定义及作用

核算项目不是明细科目,但可充当明细科目使用;核算项目可以简化科目体系,并减少月末统计汇总的工作量。

操作流程:

（1）核算项目类操作流程:K3主控台→进入相应账套→系统设置→基础资料→公共资料→核算项目管理→新增核算项目。

（2）核算项目操作流程:选择核算项目类→右边单击鼠标(右键)→新增核算项目。

注意:

（1）核算项目代码分级通过"."实现。

（2）若核算项目已有业务发生即不可删除。

（3）易引发的错误:不可将最底层实际使用的核算项目设置为"上级组",否则在实际业务发生时将不列入选择项进行选择。

（四）固定资产系统

1. 设置系统参数

操作流程:系统设置→系统设置→固定资产→系统参数。

注意:

（1）固定资产的启用期间。

（2）允许改变基础资料编码。

2. 基础数据设置

操作流程:财务会计→固定资产管理→基础资料→变动方式类别。

注意:如果固定资产业务需自动生成记账凭证,必须进行固定资产变动方式中"对方科目代码""凭证字""凭证摘要""核算项目"的设置。

3. 历史卡片录入

操作流程:财务会计→固定资产→业务处理→新增卡片(新增卡片后,固定资产的启用日期不可再更改)。

1）录入说明

（1）卡片上的费用科目一定是最明细科目。

（2）卡片可以多币别管理。

（3）卡片中预计使用期间指的是月份数。

（4）初始化状态,固定资产折旧方法如果是平均年限法,要选择(按净值和剩余使用期间)的平均年限法。

2）初始数据录入说明

（1）启用期间前的卡片均为期初数据。

（2）入账日期：固定资产购入后登账日期。

（3）折旧费用分配科目：固定资产提折旧所记入的费用科目，必须指定最明细科目。

（4）原币金额：固定资产购入入账的金额。

（5）购进原值：固定资产购入时的原值，一般与原币金额相等；若购入为二手货时则不相等。

（6）已使用期间数：从固定资产购入至启用期间止提了多少期的折旧。

（7）本年已提折旧：该固定资产当前年度所提折旧。

（8）结束初始化：主窗口→工具→结束初始化。

（9）反初始化：系统设置→初始化→固定资产→初始化→反初始化。

注意：初始化有误，可通过几种方法进行修改：a、反初始化 b、变动 c、折旧管理。

4. 实验数据

1）固定资产卡片类别管理

根据下列给定的企业固定资产资料，进行固定资产的卡片设置。固定资产类别资料见表2-17。

操作流程：财务会计→固定资产管理→基础资料→卡片类别管理。

表2-17　固定资产类别

代码	名称	使用年限	净产值率	计量单位	预设折旧方法	固定资产科目	累计折旧	是否计提折旧
001	房屋及建筑物	50	5%	栋	动态平均年限法	1 601	1 602	不管使用状态如何一定提折旧
002	交通工具	10	3%	辆	工作量法	1 601	1 602	由使用状态决定是否提折旧
003	生产设备	10	3%	台	双倍余额递减法	1 601	1 602	由使用状态决定是否提折旧
004	办公设备	5	5%	台	平均年限法（基于入账原值和入账预计）	1 601	1 602	由使用状态决定是否提折旧

2）存放地点

存放地点资料见表2-18。

操作流程：财务会计→固定资产管理→基础资料→存放地点维护。

表2-18　存放地点信息

代码	名　　称	代码	名　　称
01	办公室	04	车库
02	仓库	05	其他
03	生产部		

3）固定资产期初数据

固定资产期初数据见表2-19。

操作流程：财务会计→固定资产管理→业务处理→新增卡片。

表 2-19　固定资产信息

单位：元

部门地点	编号	名称	规格	单位	数量	单价	原始价值	投入使用时间/使用年限	已提折旧	预计净残值率
行政部门	1	办公楼		栋	1	6 500 000.00	6 500 000.00	2015 年/20 年	1 080 625.00	5%
	2	材料仓库		间	1	2 000 000.00	2 000 000.00	2015 年/20 年	332 500.00	5%
	3	成品仓库		间	1	2 000 000.00	2 000 000.00	2015 年/20 年	332 500.00	5%
	4	空调		台	3	2 800.00	8 400.00	2015 年/10 年	2 793.00	5%
	5	电脑		台	10	4 000.00	40 000.00	2015 年/5 年	26 600.00	5%
	6	打印一体机		台	2	5 000.00	10 000.00	2015 年/5 年	6 650.00	5%
合计							10 558 400.00			
开料车间	7	厂房		间	1	3 000 000.00	3 000 000.00	2015 年/20 年	498 750.00	5%
	8	数控开料机	Z14795	台	3	150 000.00	450 000.00	2015 年/10 年	149 625.00	5%
	9	红外传侧孔机	X2475	台	2	52 000.00	104 000.00	2015 年/10 年	34 580.00	5%
	10	F10 五面钻	SKWN	台	2	230 000.00	460 000.00	2015 年/10 年	152 950.00	5%
	11	F4 双轴加排钻	Y-1325	台	2	230 000.00	460 000.00	2015 年/10 年	152 950.00	5%
	12	F5 圆盘换刀加工中心	XK3S1	台	3	46 000.00	138 000.00	2015 年/10 年	45 885.00	5%
	13	F6 四工序自动上下料	ZK-1726	台	2	98 000.00	196 000.00	2015 年/10 年	65 170.00	5%
	14	冲床	JB23	台	3	40 000.00	120 000.00	2015 年/10 年	39 900.00	5%
合计							4 928 000.00		1 139 810.00	
整理车间	12	厂房		间	1	3 000 000.00	3 000 000.00	2015 年/20 年	498 750.00	5%
	13	冷压机	XY2143	台	3	15 000.00	45 000.00	2015 年/10 年	14 962.50	5%
	14	镂铣机	M11	台	2	2 000.00	4 000.00	2015 年/10 年	1 330.00	5%
	15	烤漆房		间	1	37 000.00	74 000.00	2015 年/10 年	24 605.00	5%
	16	立铣机	801	台	2	4 500.00	9 000.00	2015 年/10 年	2 992.50	5%
	17	压刨机	X56	台	2	2 300.00	4 600.00	2015 年/10 年	1 529.50	5%
	18	砂光机	WU414	台	5	340.00	1 700.00	2015 年/10 年	565.25	5%
合计							3 138 300.00		544 734.75	
组装车间	19	厂房		间	1	3 000 000.00	3 000 000.00	2015 年/20 年	498 750.00	5%
	20	比台钻	240W	台	5	300.00	1 500.00	2015 年/10 年	498.75	5%
	21	全自动封边机	H772148	台	3	60 000.00	180 000.00	2015 年/10 年	59 850.00	5%
	22	手动封边机	Z73756	台	2	4 000.00	8 000.00	2015 年/10 年	2 660.00	5%
	23	钉枪	DQ-1	把	10	200.00	2 000.00	2015 年/5 年	1 330.00	5%
	24	电钻135、	DW-2	把	10	135.00	1 350.00	2015 年/5 年	897.75	5%
	25	气钻	BX-38	把	10	480.00	4 800.00	2015 年/5 年	3 192.00	5%
合计							3 197 650.00		567 178.50	

(续表)

部门地点	编号	名称	规格	单位	数量	单价	原始价值	投入使用时间/使用年限	已提折旧	预计净残值率
机修车间	26	厂房		间	1	1 000 000.00	100 000.00	2015 年/20 年	166 250.00	5%
	27	钉枪	DQ-1	把	10	200.00	2 000.00	2015 年/5 年	1 330.00	5%
	28	电钻	DW-2	把	10	135.00	1 350.00	2015 年/5 年	897.75	5%
	29	气钻	BX-38	把	10	480.00	4 800.00	2015 年/5 年	3 192.00	5%
合计							1 008 150.00		171 669.75	
销售部门	30	营业用房		间	1	1 500 000.00	1 500 000.00	2015 年/20 年	249 375.00	5%

三、初始化数据的录入

操作流程：K3 主控台→进入账套→系统设置→初始化→总账→初始数据录入。

操作要点：

(1) 如果年初启用(1 月份)，只要准备每个科目的年初数即可；如果是年中启用(非 1 月份)，需要准备每个科目的期初余额、本年累计借方发生、本年累计贷方发生、损益类科目实际发生。

(2) 系统初始化可与日常业务同步进行，但是必须在凭证过账前结束初始化。

(3) 如果需要录入外币科目金额时，要注意切换相应币别。

(4) 录入下设核算项目的科目的金额时，要点击核算项目栏的"√"进入特定界面输入。

(5) 录入数量金额辅助核算的科目金额时，点击该科目将会弹出数量栏，在数量栏内录入数量。

(6) 试算平衡时要注意，如有外币业务则必须切换成综合本位币去试算；综合本位币状态下只能查看所有币别科目的初始数据，不能进行录入修改等操作。

(7) 切换币别为综合本位币，进行试算平衡检查。

(8) 试算平衡结束初始化工作：初始余额录入→文件→结束初始化。

(9) 系统反初始化(取消结束标志)：初始余额录入→文件→取消结束标志。

各账户初始余额见表 2-20。

表 2-20 初始余额表

总账科目	二级明细科目	三级明细科目	单位	数量	单价	金额(元)	明细账页格式
库存现金						4 913.58	三栏式
银行存款						11 603 108.26	三栏式
其他货币资金						1 800.00	三栏式
	银行本票存款						三栏式
	银行汇票存款	广西恒利建材有限公司				1 800.00	三栏式
交易性金融资产						112 200.00	三栏式

（续表）

总账科目	二级明细科目	三级明细科目	单位	数量	单价	金额（元）	明细账页格式
	股票投资					112 200.00	三栏式
应收票据						1 403 000.00	三栏式
	银行承兑汇票	广西南宁大尚中学				540 000.00	三栏式
	商业承兑汇票	贵州省遵义市华山中学				863 000.00	三栏式
应收账款						636 505.00	三栏式
	四川省成都市立成中学					128 920.00	三栏式
	云南省昆明利华中学					65 000.00	三栏式
	云南省玉溪市美业中学					92 000.00	三栏式
	云南省楚雄三小					200 585.00	三栏式
	广西百色新华中学					150 000.00	三栏式
其他应收款						4 990.00	三栏式
	销售部林坤明					2 500.00	三栏式
	采购部王升元					1 500.00	三栏式
	组装车间刘维					990.00	三栏式
预付账款						300 000.00	三栏式
	云南省玉溪市三青油漆有限公司					300 000.00	三栏式
坏账准备						−3 207.48	三栏式
原材料						7 072 000.00	三栏式
	原料及主要材料					5 930 000.00	三栏式
		复合板	平方米	21 000	100.00	2 100 000.00	数量金额
		防火板	平方米	21 000	120.00	2 520 000.00	数量金额
		冷轧钢板	平方米	4 500	80.00	360 000.00	数量金额
		方钢管	米	190 000	5.00	950 000.00	数量金额
	辅助材料					1 142 000.00	三栏式
		螺丝	千克	4 000	15.00	60 000.00	数量金额
		螺母	千克	4 000	13.00	52 000.00	数量金额
		酚醛清漆	千克	110 000	9.00	990 000.00	数量金额
		脚垫套	千克	3 200	12.50	40 000.00	数量金额
周转材料						1 000.00	三栏式
	A4 打印纸		包	15	20.00	300.00	数量金额
	墨盒		盒	2	108.00	216.00	数量金额
	电线		米	130	3.20	416.00	数量金额

(续表)

总账科目	二级明细科目	三级明细科目	单位	数量	单价	金额（元）	明细账页格式
	小型工具		套	1	68.00	68.00	数量金额
材料成本差异						2 760.00	三栏式
	原材料成本差异					2 703.00	三栏式
	周转材料成本差异					57.00	三栏式
库存商品						94 050.00	三栏式
	桌子		张	380	152.00	57 760.00	数量金额
	椅子		把	380	95.50	36 290.00	数量金额
长期股权投资						362 500.00	三栏式
	其他投资	犁华煤业公司				250 000.00	三栏式
	其他投资	万基矿业				112 500.00	三栏式
固定资产						24 330 500.00	三栏式
	房屋及建筑物					22 000 000.00	三栏式
		办公楼				6 500 000.00	数量金额
		材料仓库				2 000 000.00	数量金额
		成品仓库				2 000 000.00	数量金额
		开料车间厂房				3 000 000.00	数量金额
		整理车间厂房				3 000 000.00	数量金额
		组装车间厂房				3 000 000.00	数量金额
		机修车间厂房				1 000 000.00	数量金额
		销售部营业用房				1 500 000.00	数量金额
	生产设备					2 272 100.00	三栏式
		数控开料机	台	3	150 000.00	450 000.00	数量金额
		红外传侧孔机	台	2	52 000.00	104 000.00	数量金额
		F10 五面钻	台	2	230 000.00	460 000.00	数量金额
		F4 双轴加排钻	台	2	230 000.00	460 000.00	数量金额
		F5 圆盘换刀加工中心	台	3	46 000.00	138 000.00	数量金额
		F6 四工序自动上下料	台	2	98 000.00	196 000.00	数量金额
		冲床	台	3	40 000.00	120 000.00	数量金额
		冷压机	台	3	15 000.00	45 000.00	数量金额
		镂铣机	台	2	2 000.00	4 000.00	数量金额
		烤漆房	间	2	37 000.00	74 000.00	数量金额
		立铣机	台	2	4 500.00	9 000.00	数量金额
		压刨机	台	2	2 300.00	4 600.00	数量金额

(续表)

总账科目	二级明细科目	三级明细科目	单位	数量	单价	金额（元）	明细账页格式
		砂光机	台	5	340.00	1 700.00	数量金额
		比台钻	台	5	300.00	1 500.00	数量金额
		全自动封边机	台	3	60 000.00	180 000.00	数量金额
		手动封边机	台	2	4 000.00	8 000.00	数量金额
		钉枪	把	10	200.00	2 000.00	数量金额
		电钻	把	10	135.00	1 350.00	数量金额
		气钻	把	10	480.00	4 800.00	数量金额
		钉枪	把	10	200.00	2 000.00	数量金额
		电钻	把	10	135.00	1 350.00	数量金额
		气钻	把	10	480.00	4 800.00	数量金额
	管理设备					81 240.00	数量金额
		空调	台	3		8 400.00	数量金额
		电脑	台	10		40 000.00	数量金额
		打印一体机	台	2		10 000.00	数量金额
累计折旧						−4 454 436.00	三栏式
在建工程						229 500.00	三栏式
无形资产	专有技术					6 000.00	三栏式
生产成本						51 551.76	三栏式
	基本生产成本	直接人工				2 204.38	多栏式
	基本生产成本	直接材料				48 373.68	多栏式
	基本生产成本	制造费用				973.69	多栏式
制造费用	开料车间						多栏式
	整理车间						多栏式
资产合计						41 758 735.11	
短期借款	中国建设银行					7 000 000.00	三栏式
应付票据						723 355.00	三栏式
	商业承兑汇票	贵阳华贵涂料有限公司				230 000.00	三栏式
	银行承兑汇票	四川永涛不锈钢有限公司				493 355.00	三栏式
应付账款						950 711.00	三栏式
	成都丰旺建材公司					392 875.00	三栏式
	广州汇丰不锈钢有限公司					419 050.00	三栏式
	四川万和建材有限公司					138 786.00	三栏式
其他应付款						871 212.50	三栏式

（续表）

总账科目	二级明细科目	三级明细科目	单位	数量	单价	金额（元）	明细账页格式
应付职工薪酬						508 419.26	三栏式
	工资					508 419.26	三栏式
	职工福利						三栏式
	工会经费						三栏式
	职工教育经费						三栏式
	社会保险费						三栏式
		养老保险					三栏式
		医疗保险					三栏式
		失业保险					三栏式
	住房公积金						三栏式
应交税费						322 586.55	三栏式
	应交企业所得税						三栏式
	应交个人所得税						三栏式
	应交增值税						三栏式
	应交城市维护建设税					20 528.24	三栏式
	应交教育费附加					8 789.31	三栏式
	应交增值税						增值税账页
	未交增值税					293 260.50	三栏式
长期借款						18 000 000.00	三栏式
	中国建设银行					8 000 000.00	三栏式
	中国工商银行					10 000 000.00	三栏式
实收资本						10 000 000.00	三栏式
	李梅					1 500 000.00	三栏式
	张伟					500 000.00	三栏式
	云南天宇投资有限公司					8 000 000.00	三栏式
资本公积						843 555.02	三栏式
盈余公积						827 126.00	三栏式
	法定盈余公积					743 802.00	三栏式
	任意盈余公积					83 324.00	三栏式
利润分配						1 711 769.78	三栏式
	未分配利润					1 711 769.78	三栏式
本年利润							三栏式
权益合计						41 758 735.11	

第三节　会计业务日常核算

一、总账日常处理方法

会计业务的日常管理主要包括记账凭证的录入、审核、过账等,查看各种会计账表,进行往来业务的核销,利用自动转账功能结转各种费用,以及利用损益结转功能进行期末损益的结转。

1. 新增凭证

操作流程: K3 主控台→登录账套→财务会计→总账系统→凭证处理→凭证录入。

注意: 在录入红字金额明,可以先输"负号"后再输入数字 。

2. 修改、删除凭证

操作流程: K3 主控台→进入相应账套→财务会计→总账系统→凭证处理→凭证查询。

(1) 修改:需选中错误凭证然后点击"修改"按钮。

(2) 删除:如果凭证未保存想删除,需点击"还原"按钮;如果凭证已经保存想删除,需在凭证查询中删除。

3. 凭证审核

操作流程: K3 主控台→进入相应账套→财务会计→总账系统→凭证处理→凭证查询。

(1) 单张审核:选中需审核的凭证→点击"审核"按钮→进入凭证后再点击"审核"按钮即可。

(2) 成批审核:"编辑"→"成批审核"或右击→"成批审核"。

4. 操作时注意的问题

(1) 审核和制单人不能为同一人。

(2) 审核以后的凭证不能直接修改和删除。

(3) 原审核人员才可以取消审核(反审核)。

5. 凭证过账

操作流程: K3 主控台→进入相应账套→财务会计→总账系统→凭证处理→凭证过账。

6. 操作中要注意的问题

1) 凭证不能过账的原因

(1) 初始化未完成。

(2) 无过账权限。

(3) 凭证不是当期的。

2) 用户冲突解决方法

操作流程: 系统→金蝶 K3 客户端工具包→系统工具→网络控制工具→弹出登录界面后登录,然后删除所列任务。

3) 凭证错误后的修改方法

(1) 未审核、未过账:直接在查询中选中错误凭证修改即可。

(2) 已审核、未过账:查询中取消审核章后即可修改。(反审核)

(3) 已审核、已过账:在查询中冲销错误凭证;在查询中对错误凭证先进行反过账,后反审核即可修改。

7. 账簿的查询

操作流程： K3 主控台→登录账套→财务会计→总账系统→账簿→选择各类账簿（如：总分类账）。

注意：

(1) 账证一体化：只能查询，不能直接修改。

(2) 总账和明细账都可以跨年度和月份进行查询。

(3) 第一次使用多栏账要手工设计。

8. 固定资产日常处理（单独使用固定资产系统）

1）新增

(1) 新增固定资产卡片。

操作流程： 财务会计→固定资产→业务处理→新增卡片。

(2) 生成记账凭证。

操作流程： 主窗口→业务处理→凭证管理（按单和汇总）。

注意：

(1) 固定资产的凭证可以在固定资产系统审核，但不能过账。

(2) 卡片生成的凭证金额有误时，要先删凭证，然后到卡片中修改金额。

2）清理（报废）

操作流程： 财务会计→固定资产→业务处理→变动处理。只能对以前期间的资产进行。

注意：

(1) 做清理时，可以单个清理，也可以部分清理。

(2) 如果想对清理过的卡片删除，要再点"清理"，在清理的界面点"删除"。

3）固定资产变动

操作流程： 财务会计→固定资产→业务处理→变动处理。

注意：

(1) 只能对以前期间的资产进行。

(2) 如果是折旧要素变动，折旧方法要改为动态平均法。

(3) 一张卡片多次变动，可以生成多条记录。

4）计提折旧

操作流程： 财务会计→固定资产→期末处理→计提折旧。

注意： 折旧后若发现折旧金额有误，可通过"折旧管理"进行修改，并且未过账的计提折旧凭证能够自动修改金额。

5）自动对账

操作流程： 财务会计→固定资产→期末处理→自动对账。

自动对账的科目包括固定资产、累计折旧、减值准备。

6）卡片打印

操作流程： 财务会计→固定资产→业务处理→卡片查询→文件→卡片打印。

二、日常业务处理

企业专门设置一名业务处理的录入人员，对各会计岗位作出的业务录入到 K3 会计软件系统中去，业务内容见表 2-21。

表 2-21 经济业务事项表

序号	业 务
1	1 日,财会部陈凯报销会计用品购置费 598.90 元,审核无误后现金付讫
2	1 日,开料车间生产产品领用以下材料:复合板 7 420 平方米,防火板 7 420 平方米
3	1 日,企业从四川丰旺建材有限公司采购复合板 2 000 平方米,并支付运费 5 000 元(不含税),货款用银行承兑汇票支付,期限为 3 个月,运费用转账支票支付,材料未到
4	1 日,签发现金支票一张,提取备用金 5 000 元备用
5	1 日,销售部王莲心出差预借差旅费 4 000 元,以库存现金支付
6	2 日,签发现金支票一张,提取备用金 6 000 元备用
7	2 日,收到从广西恒利建材有限公司购买的螺丝和螺母各 10 千克,企业用现金支付货款,材料当天已验收入库
8	3 日,12 月 1 日购入的复合板和防火板到达并验收入库
9	3 日,企业向广东汇丰不锈钢有限公司购入方钢管 2 000 米,运费 2 500 元(不含税),取得增值税专用发票,货款以转账支票支付,运费用库存现金支付,材料未到
10	3 日,企业向贵州冠扬建材有限公司购入螺丝 15 千克,螺母 10 千克,货款用现金支付,材料未到
11	3 日,销售部王莲心出差归来,报销差旅费 4 130 元,现金支付
12	3 日,销售给遵义市华山中学桌子 1 700 张,单价 190 元,椅子 1 700 把,单价 120 元,收到商业承兑汇票一张(340 000 元),期限 3 个月,余款暂欠,收账期为 1 个月,货已发出
13	3 日,整理车间生产产品领用以下材料:方钢管 65 100 米,冷轧钢板 1 540 平方米,酚醛清漆 37 800 千克
14	4 日,12 月 3 日购入的方钢管到达并验收入库
15	4 日,12 月 3 日购入的螺丝和螺母到达并验收入库
16	4 日,组装车间生产产品领用以下材料:螺丝 1 400 千克,螺母 1 400 千克,脚垫套 1 120 千克
17	5 日,采购部职工钱余申请预付四川万和建材有限公司材料款,款项 40 000 元,已签发转账支票支付
18	5 日,采购员高量申请商业承兑汇票一张,金额 412 201.4 元,期限 3 个月,向四川宏远不锈钢有限公司购买冷轧钢板 4 600 平方米,材料已验收入库
19	5 日,开出转账支票支付销售部车辆维修费 2 260 元
20	5 日,收到组装车间刘维因过失造成的损失赔偿金 990 元
21	5 日,向南宁市大尚中学销售桌子 1 310 张,单价 190 元,销售椅子 1 310 把,单价 120 元,货已发出,收到一张商业承兑汇票,期限 3 个月,货已发出
22	5 日,组装车间完工入库桌子 4 300 张、椅子 4 300 把
23	6 日,从劳保用品店现金购入防尘口罩 200 个,每个 5 元,已验收入库

序号	业　　务
24	7 日，公司将广西南宁大尚中学于 10 月 27 日出票的 3 个月期限的银行承兑汇票到银行办理贴现，票面值为 120 000 元，贴现率 4%，已办妥有关贴现手续，款项已存入银行
25	7 日，开料车间生产产品领用以下材料：复合板 6 890 平方米，防火板 6 890 平方米
26	8 日，销售给本市昆明市利华中学桌子 1 320 张，单价 190 元，销售椅子 1 320 把，单价 120 元，收到对方交来银行承兑汇票
27	8 日，整理车间生产产品领用以下材料：方钢管 60 450 米，冷轧钢板 1 430 平方米，酚醛清漆 35 100 千克
28	9 日，开料车间领用办公用品 A4 打印纸 10 包、墨盒 4 盒
29	9 日，签发现金支票一张，提取备用金 4 000 元备用
30	9 日，前收到广西南宁大尚中学的银行承兑汇票 250 000 元到期，向银行办妥收款手续
31	9 日，原 10 月 09 日贵州省遵义市华山中学付款期为 2 个月的商业承兑汇票到期，到银行办理托收，如数收到票款 863 000 元
32	9 日，召开职工大会，会议费 1 920 元，转账支票支付
33	9 日，组装车间生产产品领用以下材料：螺丝 1 300 千克，螺母 1 300 千克，脚垫套 1 040 千克
34	10 日，从云南三青油漆有限公司购入酚醛清漆 1 300 千克，货款未付，账期为 1 个月，材料当天已验收入库
35	10 日，开出转账支票支付地方电视台广告费 16 800 元
36	10 日，销售给玉溪市美业私立中学桌子 1 640 张，单价 190 元，椅子 1 640 把，单价 120 元，运杂费 4 200 元（不含税）由本公司车辆运输，收到银行汇票货款和运费共计 579 070 元，已办妥收款手续
37	10 日，组装车间完工入库桌子 4 300 张、椅子 4 300 把
38	11 日，整理车间领用办公用品 A4 打印纸 8 包、墨盒 4 盒
39	11 日，支付上月未交税金，增值税 293 260.5 元，城市维护建设税 20 528.24 元，教育费附加 8 789.31 元
40	12 日，从广西吉祥建材有限公司购入课桌、椅脚垫套 2 000 千克，货款未付，账期为 1 个月，材料当天已验收入库
41	12 日，发放上月工资 508 419.26 元
42	12 日，签发转账支票一张购买本月印花税票 3 110 元
43	14 日，办公室申请购买办公用电脑两台，签发现金支票支付，共 9 831 元，电脑尚未收到
44	14 日，开料车间生产产品领用以下材料：复合板 2 650 平方米，防火板 2 650 平方米
45	15 日，聘请专家进行产品质量检测，用现金支付报酬 1 500 元
46	15 日，整理车间生产产品领用以下材料：方钢管 23 250 米，冷轧钢板 550 平方米，酚醛清漆 13 500 千克

序号	业　　务
47	15 日,组装车间完工入库桌子 4 300 张、椅子 4 300 把
48	16 日,从四川万和建材有限公司采购复合板 3 000 平方米,单价 100.5 元,购入防火板 3 000 平方米,单价 118.00 元,取得增值税专用发票,余款用商业承兑汇票支付,期限为 3 个月,材料未到
49	16 日,售给楚雄市第三小学桌子 1 490 张,单价 190 元,椅子 1 490 把,单价 120 元,收到一张商业承兑汇票,期限 3 个月,货已发出
50	16 日,销售部职工于丽丽出差预借差旅费 5 000 元,以库存现金支付
51	16 日,用银行存款支付办公室办公设备修理费 2 800 元
52	16 日,组装车间生产产品领用以下材料:螺丝 500 千克,螺母 500 千克,脚垫套 400 千克
53	17 日,16 日从四川万和建材有限公司采购的复合板和防火板到达复合板验收入库时发现短缺 5 平方米且属自然损耗,防火板全部到达验收入库
54	17 日,签发现金支票一张,提取备用金 3 000 元备用
55	18 日,楚雄市第三小学反馈 16 日购买的桌子出现质量问题,经双方协商,同意折让 4% 销售,开具红字发票
56	18 日,开料车间生产产品领用以下材料:复合板 3 710 平方米,防火板 3 710 平方米
57	18 日,以银行存款支付产品广告费用 80 000 元
58	18 日,用银行存款支付生产车间办公用品费 4 970 元
59	19 日,报废旧电脑两台,报废时账面价值为 1 340 每台,累计折旧 2 660 元,收取残料变价收入现金 1 000 元
60	19 日,采购员钱余申请商业承兑汇票一张,金额为 267 810.00 元,期限 3 个月,向贵州福康不锈钢有限公司购买冷轧钢板 3 000 平方米,材料当天已验收入库
61	19 日,副总经理刘航因公出差,预借差旅费 800 元,付以现金
62	19 日,收到银行付款通知,9 月 19 日借入的短期借款 300 000 元已到期,年利率 4.35%,一次性还本付息;计提 2019 年 9 月 1 日借入短期借款 500 万元,及 2019 年 11 月 1 日借入短期借款的当月利息;计提从中国建设银行借入长期借款 800 万元的利息,及从中国工商银行借入长期借款 1 000 万元的利息
63	19 日,销售部职工于丽丽出差归来报销差旅费 4 800 元,退回 200 元现金,同时核销原出差借款 5 000 元
64	20 日,企业向四川永涛不锈钢有限公司购入方钢管 1 700 米,运费 1 700 元(不含税价),货款以转账支票支付,运费用库存现金支付,材料未到
65	20 日,销售给百色市新华中学桌子 860 张,单价 190 元,椅子 860 把,单价 120 元,收到商业承兑汇票一张(200 000 元),期限 2 个月,余款暂欠,收账期为 1 个月
66	20 日,整理车间生产产品领用以下材料:方钢管 32 550 米,冷轧钢板 770 平方米,酚醛清漆 18 900 千克

(续表)

序号	业　　　务
67	20 日,组装车间完工入库桌子 4 300 张、椅子 4 300 把
68	21 日,从贵州华贵涂料有限公司购入酚醛清漆 1 000 千克,单价 8.80 元,货款未付,账期为 1 个月,材料当天已验收入库
69	21 日,刘航出差回来,向公司报销差旅费 700 元,余款交回现金
70	21 日,向成都市立成中学销售学生用桌子 970 张,单价 190 元,销售学生用椅子 970 把,单价 120 元,采用委托收款结算,已收到货款入账。货已发出并办妥托收承付结算手续
71	21 日,销售给成都市立成中学桌子 1 500 张,单价 190 元,椅子 1 500 把,单价 120 元,收到对方签发并承兑的商业承兑汇票一张,期限 3 个月,货已发出
72	21 日,组装车间生产产品领用以下材料:螺丝 700 千克,螺母 700 千克,脚垫套 560 千克
73	22 日,支付下年度财产保险费 30 000 元
74	23 日,12 月 20 日购入的方钢管到达并验收入库
75	23 日,在财产清查中发现原材料复合板短缺 200 元(假设暂不考虑增值税)
76	25 日,销售给南宁市大尚中学桌子 1 740 张,单价 190 元,椅子 1 740 把,单价 120 元,运杂费 600 元(不含税)由本公司车辆运输,已办妥收款手续
77	25 日,组装车间领用办公用品 A4 打印纸 9 包、墨盒 4 盒
78	25 日,组装车间完工入库桌子 4 300 张、椅子 4 300 把
79	25 日经查,23 日盘亏材料属于定额范围内的自然损耗,经批准进行转销
80	25 日签发现金支票一张,提取备用金 5 000 元备用
81	26 日,从广西金宇建材有限公司购入课桌、椅脚垫套 2 500 千克,单价 12.00 元,用银行汇票支付货款,材料尚未入库
82	26 日,销售给曲靖市文渊中学桌子 1 000 张,单价 190 元,椅子 1 000 把,单价 120 元,收到银行汇票已办妥收款手续
83	26 日财会部张丽洁报销会计用品购置费 678 元,审核无误后现金付讫
84	26 日向希望小学捐款 60 000 元
85	27 日,企业向昆明文化用品有限公司购入 50 包 A4 打印纸,单价 26 元,15 盒墨盒,单价 105 元
86	27 日,销售给广安市第二中学桌子 1 320 张,单价 190 元,椅子 1 320 把,单价 120 元,收到商业承兑汇票
87	27 日,组装车间完工入库桌子 4 300 张、椅子 4 300 把
88	27 日计提并支付水费及电费
89	28 日,12 月 26 日购入的课桌、椅脚垫套到达并验收入库
90	28 日,销售给凯里市文华中学桌子 1 870 张,单价 190 元,椅子 1 870 把,单价 120 元,收到对方签发并承兑的银行承兑汇票一张,期限 3 个月,货已发出

（续表）

序号	业　　务
91	29 日，遵义市华山中学购买桌子 900 张，单价 190 元，销售椅子 900 把，单价 120 元，收到对方交来银行承兑汇票
92	30 日，销售给昆明市利华中学桌子 2 000 张，单价 190 元，椅子 2 000 把，单价 120 元，收到银行汇票已办妥收款手续
93	30 日，销售给玉溪市美业中学桌子 2 260 张，单价 190 元，椅子 2 260 把，单价 120 元，收到对方交来银行承兑汇票
94	30 日，组装车间完工入库桌子 4 000 张、椅子 4 000 把
95	31 日，根据领料单编制原材料发出汇总表和周转材料发出汇总表，计算原材料和周转材料成本差异率并结转材料成本差异
96	31 日，收到费用会计转来的内部水费分割单，结转各生产车间的水费
97	31 日，收到费用会计转来的内部电费分割单，结转各生产车间的电费
98	31 日，结转各生产车间的折旧费
99	31 日，按照各部门的修理工时分配本月机修车间发生的生产费用，开料车间 905 小时，整理车间 1 163 小时，组装车间 1 132 小时，采用直接分配法（分配率保留两位小数）
100	31 日，结转各生产车间的制造费用
101	31 日，按照材料定额消耗比例法分配开料车间的直接材料费用，并按照产品定额工时比例法分配直接人工费用和制造费用（本月投入生产桌子 29 880 张，椅子 29 880 把）
102	31 日，结转开料车间的生产成本
103	31 日，按照材料定额消耗比例法分配整理车间的直接材料费用，并按照产品定额工时比例法分配直接人工费用和制造费用（本月投入生产桌子 29 880 张，椅子 29 880 把）
104	31 日，结转整理车间的生产成本
105	31 日，按照材料定额消耗比例法分配组装车间的直接材料费用，并按照产品定额工时比例法分配直接人工费用和制造费用（组装车间期初在产品桌子 220 张，椅子 220 把；组装车间期末在产品桌子 300 张，椅子 300 把）
106	31 日，分配组装车间的生产费用，并计算产品成本
107	31 日，结转本月完工产品桌子和椅子的成本
108	31 日，采用全月一次加权平均法，计算并结转各产品销售成本（本月销量：桌子 21 880 张，椅子 21 880 把）
109	31 日支付管理部门电话费 3 560 元
110	31 日，根据职工工资表计算本月应付工资并计提各项基金；计提企业负担的养老保险 118 860 元，计提企业负担的基本医疗保险 59 430 元，计提企业负担的失业保险 4 160.1 元，计提企业负担的生育险 5 943 元，计提企业负担的工伤保险 11 886 元，计提企业负担的住房公积金 47 544 元，计提企业负担的工会经费 11 886 元，计提企业负担的职工教育经费 17 829 元

（续表）

序号	业　　务
111	31 日,根据工资结算汇总表结转本月代扣款项共计 111 728.4 元,其中,工会经费 2 971.50 元,养老保险 47 544 元,医疗保险 11 886 元,失业保险 1 782.90 元,住房公积金 47 544 元
112	31 日,进行固定资产折旧
113	31 日,结转本月未交增值税
114	31 日,计提应交城建税及教育费附加
115	31 日,计算所得税费用
116	31 日,将损益类账户余额结转至"本年利润"账户
117	31 日,将本年利润账户余额结转至"本年利润——未分配利润"账户
118	31 日,按全年税后利润的 10% 计提本年法定盈余公积,按 5% 计提任意盈余公积,并按 10% 向投资者分配利润

第四节　会计业务期末处理

一、期末调汇

操作流程: K3 主控台→进入账套→财务会计→总账系统→结账→期末调汇。

注意:

(1) 所有凭证必须过账。

(2) 只有设置为参与"期末调汇"的科目,才能使用该功能。

二、自动转账

操作流程: K3 主控台→进入账套→财务会计→总账系统→结账→自动转账。

注意:

(1) 转出科目可以非明细科目。

(2) 转入科目一定是明细科目,可包含未过账凭证。

三、结转损益

操作流程: K3 主控台→进入账套→财务会计→总账系统→结账→结转损益。

注意:

(1) 所有凭证必须过账。

(2) 系统参数中本年利润科目要进行选择。

(3) 易引发的错误:若在系统参数中未选择"本年利润"科目,则报"未指定本年利润科目或科目不存在,不能进行结转损益"的错误。

四、期末结账

操作流程：K3 主控台→进入账套→财务会计→总账系统→结账→期末结账。

注意：不能结账的原因有以下四种。

(1) 有未过账的凭证。

(2) 无权限。

(3) 其他子系统未结账。

(4) 与其他用户冲突。

第五节 会计报表编制

一、概述

金蝶 K/3 各模块不仅为用户提供了丰富的通用的报表，而且提供了 K/3 报表子系统帮助用户快速、准确地编制各种个性化报表。K/3 报表子系统提供了数百个灵活的取数公式，对这些数据加工处理可得到许多有用的信息。系统提供针对具体报表的授权管理，报表的建立者可进行报表的授权，将自己建立的报表按需要授予不同的权限给指定的用户。

二、报表的编制

报表的编制有两种方法：一是利用模板中的报表做修改（因预设的模板并不可能完全适用于所有单位），修改后保存为本单位适用的报表；另一种方法是完全新建各张报表，定义好取数公式后再保存。用户可根据自己的实际情况选择任一种处理方法。本书主要介绍第一种方法。

报表的处理主要是取数公式的设置和报表的格式。进入到报表后，要设置报表各单元格的取数公式并合理设置报表格式。取数公式和报表的格式设置好以后就可进行报表数据重算，并从账上取出数据得出报表。

（一）取数公式的设置

1. 账上取数

操作流程：公式 F(x)→常用函数→ACCT。

账上取数公式设置见图 2-4。

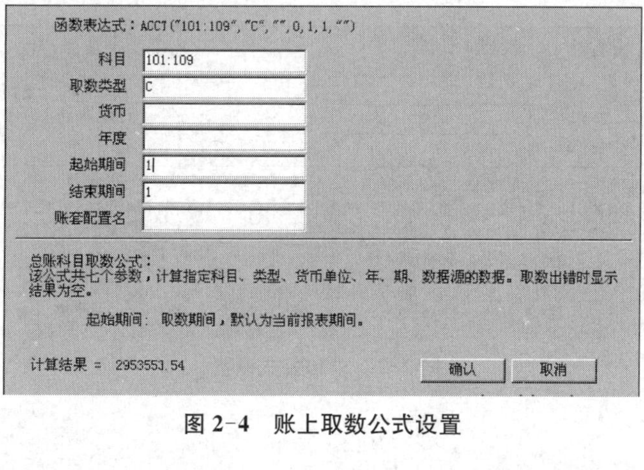

图 2-4 账上取数公式设置

科目和取数类型都可以按 F7 选择,资产负债表的年初数取数类型为 C,期末数取数类型为 Y。如果某会计科目下设核算项目辅助核算,在选完科目代码后请选择相应的核算项目。取数科目向导设置见图 2-5。

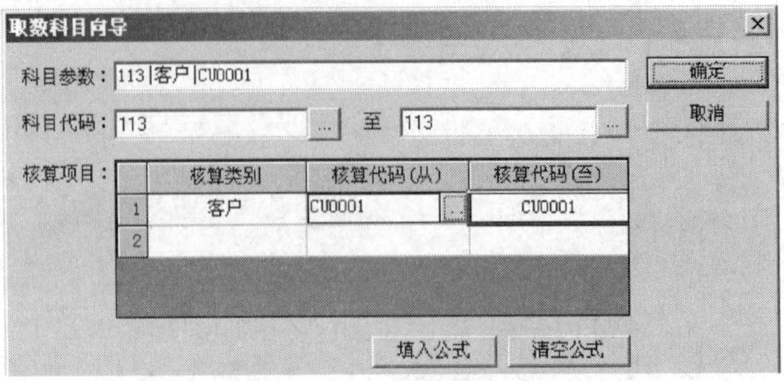

图 2-5　取数科目向导设置

2. 表间取数

操作流程: FX→常用函数→REF→F。

表间取数见图 2-6。

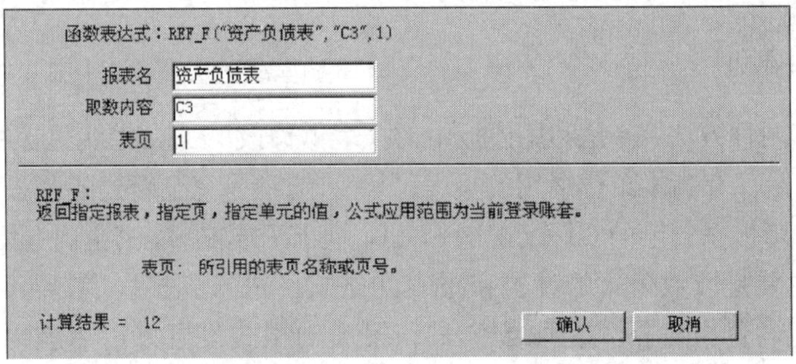

图 2-6　表间取数设置

3. 求和公式

操作流程: FX→常用函数→SUM。

此公式可做连续单元格或不连续单元格的求和,求和公式设置见图 2-7。

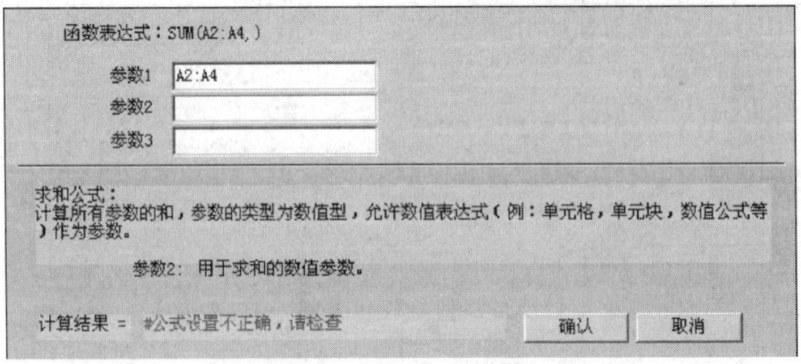

图 2-7　求和公式设置

（二）报表格式的设置

1. 总行数、总列数的定义

为便于在篇幅比较大的报表翻动时查看，可定义报表的总行数及总列数及冻结行数及冻结列数。在缺省行高中可定义整张报表所有行的行高，前提是要先选择整张报表。具体设置见图2-8。

操作流程：格式→表属性→行列。

2. 页眉、页脚的定义

操作流程：格式→表属性→页眉页脚。

注意：如果在页眉或页脚中出现超过一段文字时，要用到分段符，确定文字在页眉或页脚的位置。

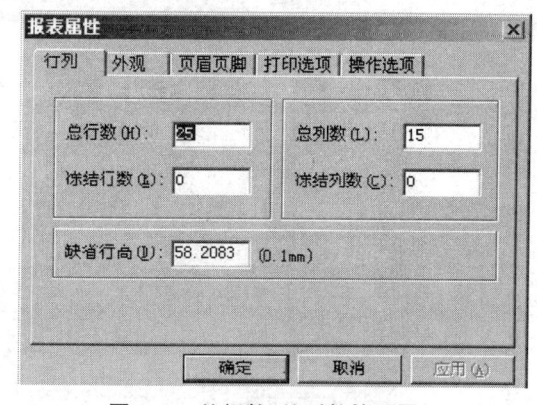

图 2-8　总行数、总列数的设置

3. 单元格的融合（即合并）

操作流程：格式→单元融合。

4. 斜线的定义

操作流程：格式→定义斜线。

5. 强制分页

在一张纸打印不下一张报表的情况下，可通过强制分页来指定报表的分页位置。

操作流程：格式→行属性→强制分页。

6. 多表页的管理

可在一张报表中设置多表页，每一表页设置一个报表期间，可以放置一个月份的报表便于查看。设置多表页后，要在工具菜单中的报表时间参数为每一个表页指定一个报表时间参数。

操作流程：格式→表页管理。

7. 标题行数及标题列数

如设定了标题行或标题列，则相应需要选择全页眉、页脚，即每张报表上都可打印完整的页眉、页脚。

操作流程：格式→表属性→打印选项。

（三）批量填充的设置

批量填充用于减少用户单个公式定义的重复性的工作量，对于有规律的公式的定义，在科目框中选择所需的会计科目，如科目下设核算项目，可先在核算类别中选择核算项目类别，然后在核算项目框中选择具体的核算项目资料，同时设定好相应的取数类型及期间后点击增加，将其增加到生成项目框中。如果是从左到右填充，请选择左下角的横向填充。批量填充设置见图2-9。

（四）业务处理流程

1. 公式取数参数的设置

在设置公式取数参数时，在工具栏下选择公式取数参数，具体方法见图2-10。

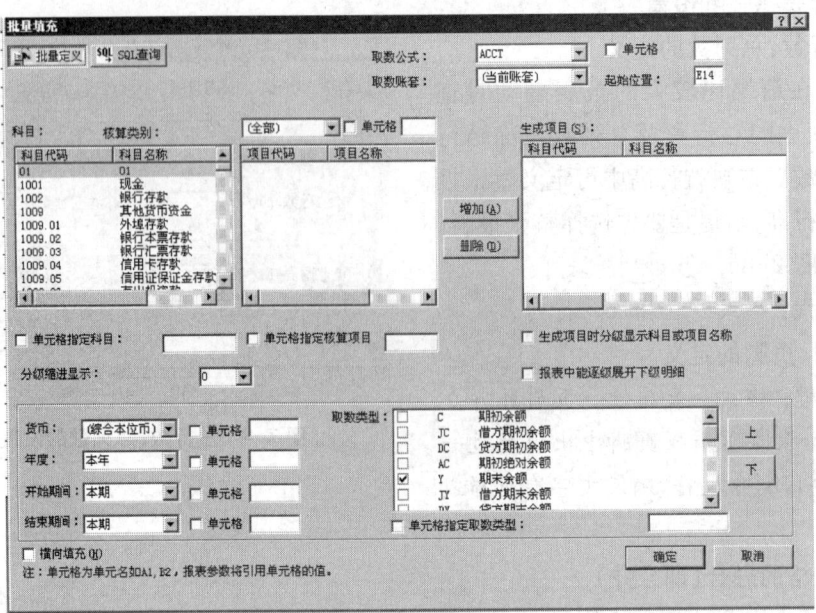

图 2-9　批量填充设置

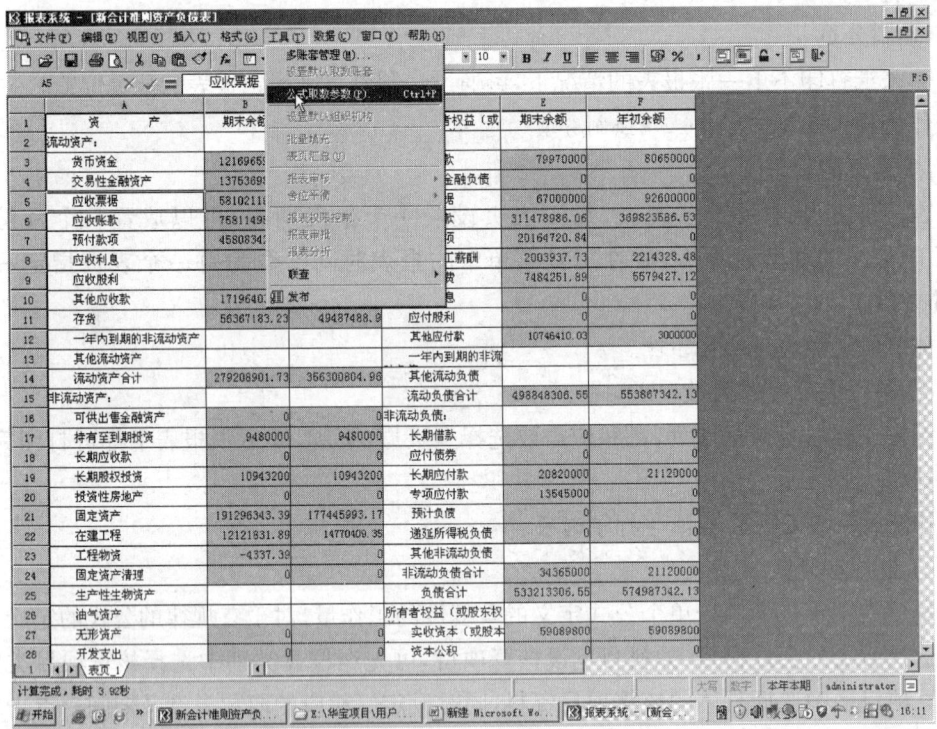

图 2-10　公式取数参数设置

2. 会计期间的设置

在设置会计期间时,选择缺省的年度、开始期间、结束期间,具体方法见图 2-11。

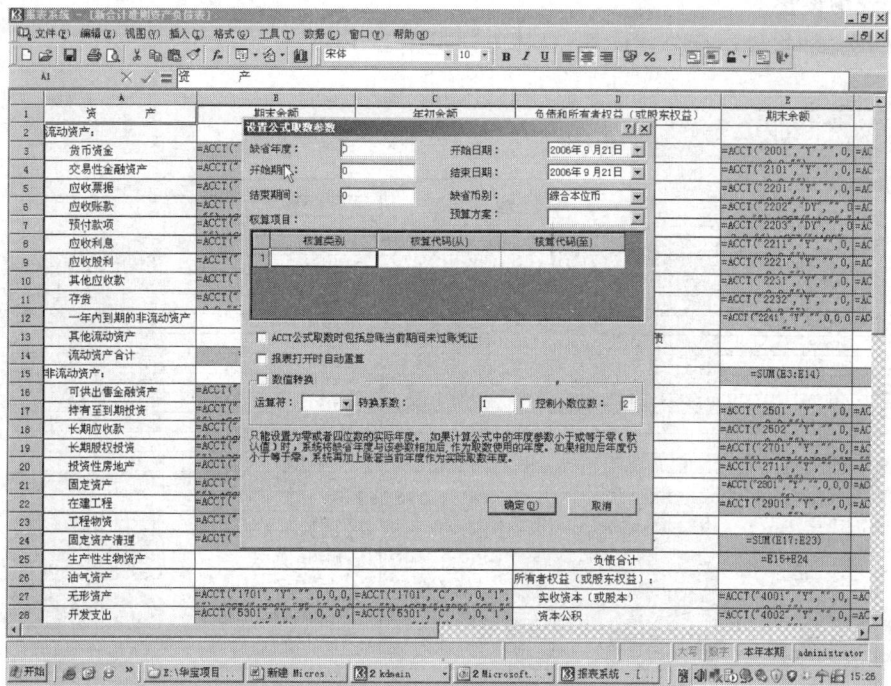

图 2-11　会计期间设置

3. 报表重算的设置

报表重算的设置方法见图 2-12。

图 2-12　报表重算设置

4. 公式的设置

在设置公式时,先运行公式向导,具体方法见图 2-13。

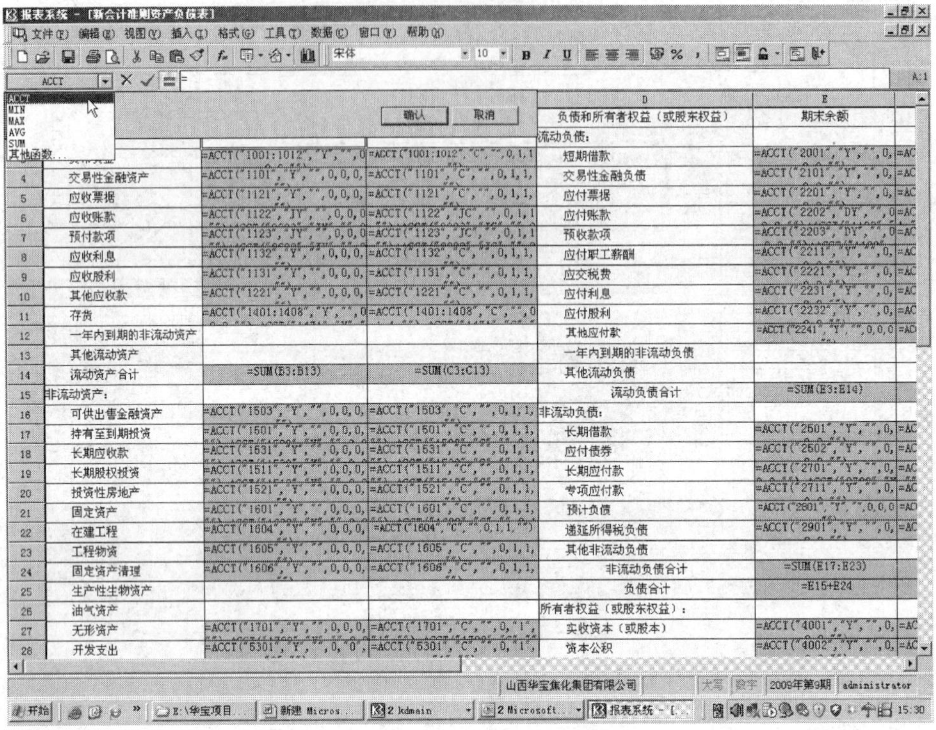

图 2-13 公式设置

5. 科目金额函数取数的设置

科目金额函数取数方法和程序分别见图 2-14～图 2-16。

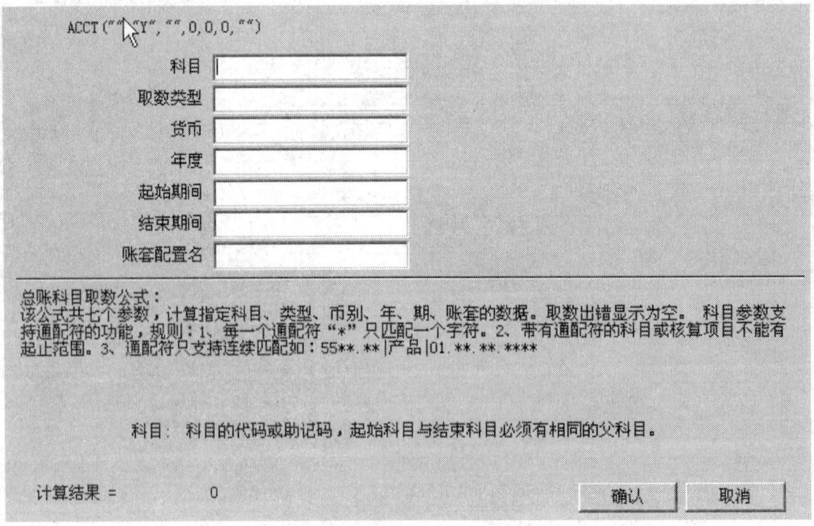

图 2-14 科目金额函数取数设置

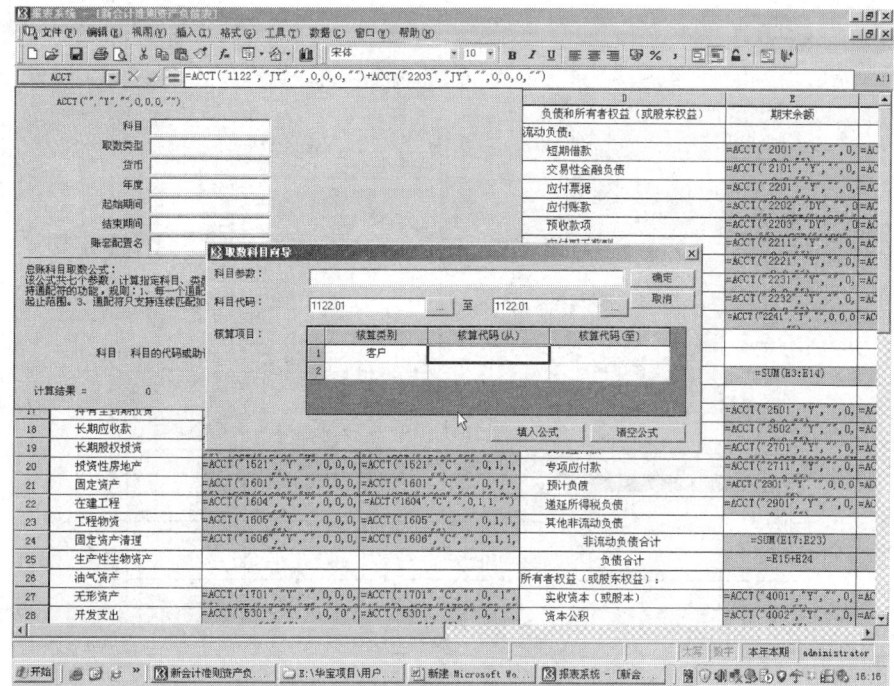

图 2-15　取数科目向导设置

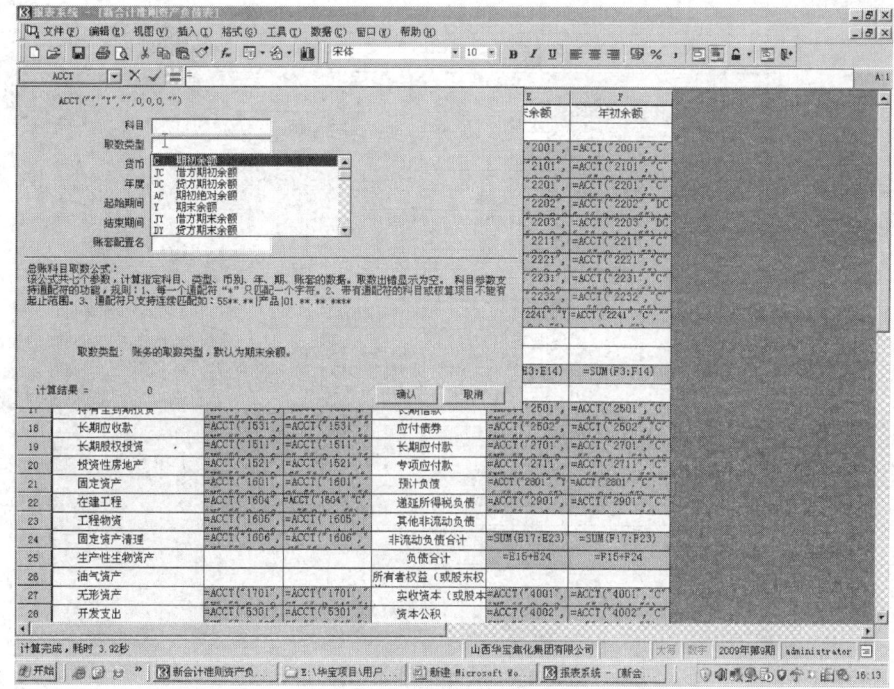

图 2-16　取数科目公式设置

6. 从外部引入文件

从外部引入文件首先要授权用户，然后才可以引入，具体操作见图 2-17 和图 2-18。

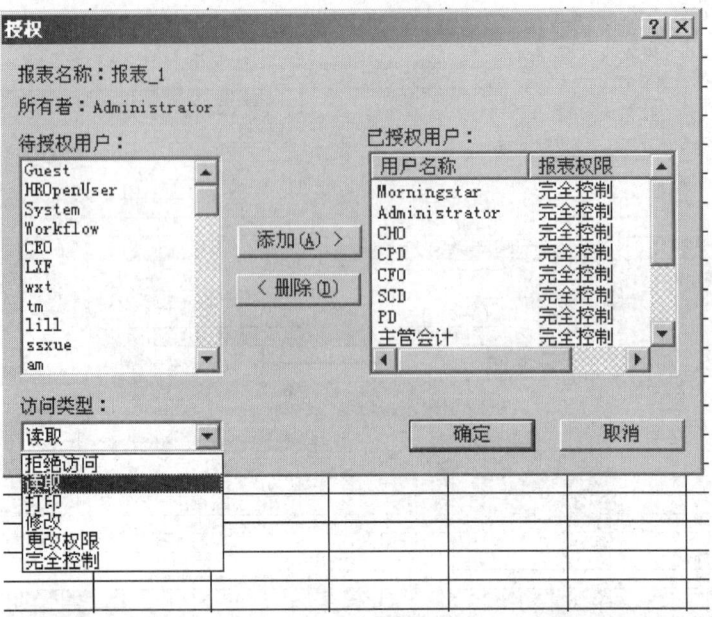

图 2-17 授权用户

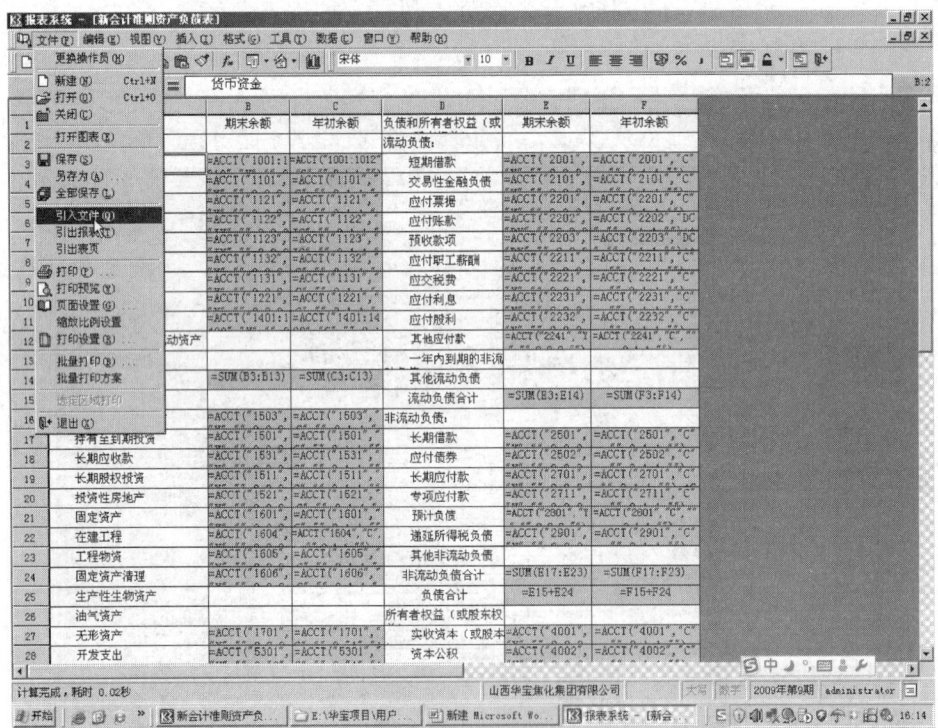

图 2-18 从外部引入文件

第三章 经济业务的原始凭证

一、采购部门发生的经济业务原始凭证

凭 1-1-1

凭 1-1-2

凭 1-1-3

凭 1-1-4

凭 1-1-5

付款申请书

年　月　日

用途及情况	金　额												收款单位(人)：
	亿	千	百	十	万	千	百	十	元	角	分		账　号：
													开户行：

金额(大写)合计：	电汇:□ 信汇:□ 汇票:□ 转账:□ 其他:□

总经理		财务部门	经理		业务部门	经　理	
			会计			经办人	

- - - - - ✂ - ✂ - - - - -

凭 1-1-6

银行承兑汇票 （存根）　　3　　$\frac{GE}{02}$　68791083

出票日期　　　　年　月　日
（大写）

上海证券印制有限公司 · 2005年印制

出票人全称		收款人	全　　称												此联由出票人存查
出票人账号			账　　号												
付款行全称			开户银行												
出票金额	人民币（大写）			亿	千	百	十	万	千	百	十	元	角	分	
汇票到期日（大写）		付款行	行号												
承兑协议编号			地址												
	备注：		复核：　经办：												

凭 1-1-7

转账支票存根	中国建设银行 转账支票	30109821

转账支票存根
30109824
00023437

附加信息 _____

出票日期　年　月　日
收款人：
金　额：
用　途：
单位主管　　会计

中国建设银行 转账支票
30109821
00023437

出票日期（大写）　　年　　月　　日　　付款行名称：
收款人：　　　　　　　　　　　出票人账号：
人民币
（大写）　　　　　　　　　　　亿千百十万千百十元角分
用途　　　　　　　　　　　　　密码
上列款项请从　　　　　　　　　行号
我账户内支付
出票人签章　　　　　　　复核　　　记账

付款期限自出票之日起十天

---✂---------------------------------✂---

凭 1-2-1

5001082141

増値税专用发票　　　№ **60972954**

抵扣联

此联不作报销、转账凭证使用

开票日期：2019年12月02日

购货单位	名称：云南大宇家具制造有限责任公司	密码区	02+408-7*85-13/<5/47-5-500-8+5>16>**89980*-8-9+33434/53
	纳税人识别号：530102673678066		
	地址、电话：云南省昆明市龙泉路6666号　0871-68741258		
	开户行及账号：中国建设银行昆明龙泉路支行 6222022123242500114		

货物或应税劳务名称	规格型号	单位	数量	单价	金额	税率	税额
螺丝		千克	10	15.40	154.00	13%	20.02
螺母		千克	10	13.20	132.00	13%	17.16
合　　计					¥286.00		¥37.18

价税合计（大写）	⊗叁佰贰拾叁元壹角捌分	（小写）¥323.18

销货单位	名称：广西恒利建材有限公司	备注	
	纳税人识别号：914501002481531197		914501002481531197
	地址、电话：广西壮族自治区南宁市南环路4号　0771-65516380		发票专用章
	开户行及账号：中国建设银行南宁南环路支行 4213853615449788		

收款人：　　　复核：　　　开票人：　　　销货单位：(章)

第二联：抵扣联 购货方扣税凭证

国税函〔2008〕562号洛南华森实业公司

附加信息：

收款人签章
年　月　日

身份证件名称：　　　　发证机关：

号码

（贴粘单处）

根据《中华人民共和国票据法》等法律法规的规定，签发空头支票由中国人民银行处以票面金额5%但不低于1000元的罚款。

凭 1-2-2

5001082141　　增值税专用发票　　№ **60972954**

发票联

此联不得报销、转账凭证使用　　开票日期：2019年12月02日

密码区：02+408-7*85-13/<5/47-5-500-8+5+>16>**89980*-8-9+33434/53

购货单位	名　称：云南大宇家具制造有限责任公司
	纳税人识别号：530102673678066
	地址、电话：云南省昆明市龙泉路6666号 0871-68741258
	开户行及账号：中国建设银行昆明龙泉路支行 6222022123242500114

货物或应税劳务名称	规格型号	单位	数量	单价	金额	税率	税额
螺丝		千克	10	15.40	154.00	13%	20.02
螺母		千克	10	13.20	132.00	13%	17.16
合　计					￥286.00		￥37.18

价税合计（大写）⊗叁佰贰拾叁元壹角捌分　　（小写）￥323.18

销货单位	名　称：广西恒利建材有限公司
	纳税人识别号：914501002481531197
	地址、电话：广西壮族自治区南宁市南环路4号 0771-65516380
	开户行及账号：中国建设银行南宁南环路支行 4213853615449788

收款人：　　复核：　　开票人：　　销货单位（章）

第三联：发票联 购货方记账凭证

国税函[2008]1562号海南华泰实业公司

广西恒利建材有限公司 914501002481531197 发票专用章

---✂--------------------✂---

凭 1-2-3

付款申请书

年 月 日

用途及情况	金额											收款单位（人）：
	亿	千	百	十	万	千	百	十	元	角	分	
												账　号：
												开户行：
金额（大写）合计：												电汇：□ 信汇：□ 汇票：□ 转账：□ 其他：□

总经理		财务部门	经理		业务部门	经　理	
			会计			经办人	

凭 1-2-4

收　料　单

年　月　日　　　　　　　　　　　　　　　　　　　　　　编码：

材料编号	材料名称	规　格	材质	单位	数　量		实际单价	材料金额	运杂费	合计（材料实际成本）
					发货票	实收				
供货单位				结算方法			合同号		计划单价	材料/计划成本
备　注										

主管：　　　　　质量检验员：　　　　　仓库验收：　　　　　经办人：

第一联：仓库(黑色)　　第二联：记账(红色)　　第三联：送料人(绿色)

------✄--✄------

凭 1-3

收　料　单

年　月　日　　　　　　　　　　　　　　　　　　　　　　编码：

材料编号	材料名称	规　格	材质	单位	数　量		实际单价	材料金额	运杂费	合计（材料实际成本）
					发货票	实收				
供货单位				结算方法			合同号		计划单价	材料/计划成本
备　注										

主管：　　　　　质量检验员：　　　　　仓库验收：　　　　　经办人：

第一联：仓库(黑色)　　第二联：记账(红色)　　第三联：送料人(绿色)

凭 1-4-1

5001082142

增值税专用发票
抵扣联

此联不作报销、转账凭证使用

№ **60972955**

开票日期:2019年12月03日

购货单位	名 称:云南大宇家具制造有限责任公司
	纳税人识别号:530102673678066
	地址、电话:云南省昆明市龙泉路6666号 0871-68741258
	开户行及账号:中国建设银行昆明龙泉路支行 6222022123242500114

密码区:02+408-7*85-13/<5/47-5-500-8+5+>16>**89980*-8-9+33434/53

货物或应税劳务名称	规格型号	单位	数量	单价	金 额	税率	税 额
方钢管		米	2000	5.50	11000.00	13%	1430.00
合 计					¥11000.00		¥1430.00

价税合计(大写)	⊗ 壹万贰仟肆佰叁拾元整	(小写)¥12430.00

销货单位	名 称:广东汇丰不锈钢有限公司	备注
	纳税人识别号:914401015846725045	
	地址、电话:广东省广州市天河区文康路29号 020-28817588	
	开户行及账号:中国建设银行广州文康路支行 4213226455481764178	

收款人: 复核: 开票人: 销货单位:(章)

第二联:抵扣联 购货方扣税凭证

国税函[2008]562号海南华森实业公司

广东汇丰不锈钢有限公司 914401015846725045 发票专用章

- - - ✂ - ✂ - - -

凭 1-4-2

5001082142

增值税专用发票
发票联

此联不作报销、转账凭证使用

№ **60972955**

开票日期:2019年12月03日

购货单位	名 称:云南大宇家具制造有限责任公司
	纳税人识别号:530102673678066
	地址、电话:云南省昆明市龙泉路6666号 0871-68741258
	开户行及账号:中国建设银行昆明龙泉路支行 6222022123242500114

密码区:02+408-7*85-13/<5/47-5-500-8+5+>16>**89980*-8-9+33434/53

货物或应税劳务名称	规格型号	单位	数量	单价	金 额	税率	税 额
方钢管		米	2000	5.50	11000.00	13%	1430.00
合 计					¥11000.00		¥1430.00

价税合计(大写)	⊗ 壹万贰仟肆佰叁拾元整	(小写)¥12430.00

销货单位	名 称:广东汇丰不锈钢有限公司	备注
	纳税人识别号:914401015846725045	
	地址、电话:广东省广州市天河区文康路29号 020-28817588	
	开户行及账号:中国建设银行广州文康路支行 4213226455481764178	

收款人: 复核: 开票人: 销货单位:(章)

第三联:发票联 购货方记账凭证

国税函[2008]562号海南华森实业公司

广东汇丰不锈钢有限公司 914401015846725045 发票专用章

凭 1-4-3

凭 1-4-4

凭 1-4-5

付款申请书

年 月 日

用途及情况		金　额											收款单位(人)：	
		亿	千	百	十	万	千	百	十	元	角	分	账　号：	
													开户行：	
金额(大写)合计：											电汇：□ 信汇：□ 汇票：□ 转账：□ 其他：□			
总经理		财务部门	经理			业务部门		经　理						
			会计					经办人						

- - - ✂ - ✂ - - -

凭 1-4-6

附加信息：

收款人签章
年　月　日

身份证件名称：　　　发证机关：
号码

（贴粘单处）

根据《中华人民共和国票据法》等法律法规的规定，签发空头支票由中国人民银行处以票面金额 5%但不低于 1000 元的罚款。

凭1-5-1

凭1-5-2

凭 1-5-3

付款申请书

年 月 日

用途及情况	金　额										收款单位(人):
	亿	千	百	十	万	千	百	十	元	角	分	账　号:
												开户行:

金额(大写)合计:	电汇:□ 信汇:□ 汇票:□ 转账:□ 其他:□

总经理		财务部门	经理		业务部门	经　理	
			会计			经办人	

✂ - ✂

凭 1-6

收　料　单

年　月　日　　　　　　　　　　　　　　　　　　编码:

材料编号	材料名称	规　格	材质	单位	数　量		实际单价	材料金额	运杂费	合计(材料实际成本)
					发货票	实收				
供货单位				结算方法			合同号	计划单价	材料/计划成本	
备　注										

主管:　　　　　质量检验员:　　　　　仓库验收:　　　　　经办人:

第一联:仓库(黑色)　第二联:记账(红色)　第三联:送料人(绿色)

凭 1-7

收 料 单

年　　月　　日　　　　　　　　　　　　　　　　　　　　　　　　　编码：

材料编号	材料名称	规　格	材质	单位	数　量		实际单价	材料金额	运杂费	合计（材料实际成本）
					发货票	实收				
供货单位				结算方法			合同号	计划单价	材料/计划成本	
备　注										

主管：　　　　　质量检验员：　　　　　　仓库验收：　　　　　　经办人：

第一联：仓库（黑色）　第二联：记账（红色）　第三联：送料人（绿色）

- - - ✂ - ✂ - - -

凭 1-8-1

凭 1-8-2

5001082144

增值税专用发票

发票联

此联不能报销和税凭证使用

№ **60972958**

开票日期:2019年12月05日

购货单位	名 称:云南大宇家具制造有限责任公司 纳税人识别号:530102673678066 地址、电话:云南省昆明市龙泉路6666号 0871-68741258 开户行及账号:中国建设银行昆明龙泉路支行 6222022123242500114					密码区	02+408-7*85-13/<5/47-5-500-8+5+>16>**89980*-8-9+33434/53			
货物或应税劳务名称	规格型号	单位	数量	单价		金 额	税率	税 额		
冷轧钢板		平方米	4600	79.30		364780.00	13%	47421.40		
合 计						¥364780.00		¥47421.40		
价税合计(大写)	⊗ 肆拾壹万贰仟贰佰零壹元肆角整						(小写)¥412201.40			
销货单位	名 称:四川宏远不锈钢有限公司 纳税人识别号:91510103422424538J 地址、电话:四川省成都市百花大道591号 028-82154730 开户行及账号:中国建设银行成都百花大道支行 4213548765412354					备注	四川宏远不锈钢有限公司 91510103422424538J 发票专用章			

收款人: 复核: 开票人: 销货单位:(章)

国税局 [2008]562号 海南华杰实业公司

第三联:发票联 购货方记账凭证

- - - ✂ - ✂ - - -

凭 1-8-3

商业承兑汇票(卡片) **1**

39008791

出票日期
(大写) 年 月 日

付款人	全称		收款人	全称												
	账号			账号												
	开户银行			开户银行												
出票金额	人民币 (大写)					亿	千	百	十	万	千	百	十	元	角	分
汇票到期日 (大写)			付款人 开户行	行号												
交易合同号码				地址												
		备注:														
出票人签章																

此联承兑人留存

凭 1-8-4

收 料 单

年　月　日　　　　　　　　　　　　　　　　　　　　　　　　　　编码：

材料编号	材料名称	规　格	材质	单位	数　量		实际单价	材料金额	运杂费	合　计（材料实际成本）
					发货票	实收				
供货单位				结算方法			合同号	计划单价		材料/计划成本
备　注										

主管：　　　　　　　质量检验员：　　　　　　　仓库验收：　　　　　　　经办人：

第一联：仓库(黑色)　第二联：记账(红色)　第三联：送料人(绿色)

凭 1-9-1

付款申请书

年　月　日

用途及情况	金　额										收款单位(人)：
	亿	千	百	十	万	千	百	十	元	角	分	账　号：
												开户行：
金额(大写)合计：									电汇:□ 信汇:□ 汇票:□ 转账:□ 其他:□
总经理		财务部门	经理		业务部门	经　理	
			会计			经办人	

凭 1-9-2

转账支票存根	中国建设银行 转账支票	30109821
30109824		
00023440		00023440

中国建设银行 转账支票

出票日期（大写）　　年　　月　　日　　付款行名称：

收款人：　　　　　　　　　　　　　　出票人账号：

人民币（大写）　　　　　　　　　　　　亿千百十万千百十元角分

用途　　　　　　　　　　　　　密码

上列款项请从　　　　　　　　　　行号

我账户内支付

出票人签章　　　　　复核　　记账

转账支票存根（左侧存根栏）

附加信息

出票日期　年　月　日

收款人：

金额：

用途：

单位主管　　会计

付款期限自出票之日起十天

凭 1-10-1

5001082145　　　　　**增值税专用发票**　　　　№ 60972959

抵扣联

此联不作报销、扣税凭证使用　　　　开票日期：2019年12月10日

购货单位	名　称：云南大宇家具制造有限责任公司	密码区	02+408-7*85-13/<5/47-5-500-8+5+>16)**89980*-8-9+33434/53
	纳税人识别号：530102673678066		
	地址、电话：云南省昆明市龙泉路6666号 0871-68741258		
	开户行及账号：中国建设银行昆明龙泉路支行 6222022123242500114		

货物或应税劳务名称	规格型号	单位	数量	单价	金额	税率	税额
酚醛清漆		千克	1300	8.70	11310.00	13%	1470.30
合　　计					￥11310.00		￥1470.30

价税合计（大写）	⊗ 壹万贰仟柒佰捌拾元零叁角整	（小写）￥12780.30

销货单位	名　称：云南三青油漆有限公司	备注
	纳税人识别号：915304023215840531	
	地址、电话：云南省玉溪市文熙路54号 0877-75448223	
	开户行及账号：中国工商银行玉溪文熙路支行 6222983476542079772	

云南三青油漆有限公司
915304023215840531
发票专用章

收款人：　　　　复核：　　　　开票人：　　　　销货单位：（章）

国税函[2008]562号 海南华森实业公司

第二联：抵扣联 购货方扣税凭证

附加信息：

收款人签章
年　月　日

身份证件名称：　　　　　发证机关：

号码

（贴粘单处）

根据《中华人民共和国票据法》等法律法规的规定，签发空头支票由中国人民银行处以票面金额 5%但不低于 1000 元的罚款。

凭 1-10-2

5001082145

增值税专用发票

发票联

此联不作报销、扣税凭证使用

№ 60972959

开票日期: 2019年12月10日

购货单位	名 称:	云南大宇家具制造有限责任公司					密码区	02+408-7*85-13/<5/47-5-500-8+5+>16)**89980*-8-9+33434/53		
	纳税人识别号:	530102673678066								
	地址、电话:	云南省昆明市龙泉路6666号 0871-68741258								
	开户行及账号:	中国建设银行昆明龙泉路支行 6222022123242500114								

货物或应税劳务名称	规格型号	单位	数量	单价	金额	税率	税额
酚醛清漆		千克	1300	8.70	11310.00	13%	1470.30
合 计					¥11310.00		¥1470.30

价税合计(大写) ⊗壹万贰仟柒佰捌拾元零叁角整 (小写) ¥12780.30

销货单位	名 称:	云南三青油漆有限公司	备注
	纳税人识别号:	915304023215840531	
	地址、电话:	云南省玉溪市文熙路54号 0877-75448223	
	开户行及账号:	中国工商银行玉溪文熙路支行 6222983476542079772	

915304023215840531
发票专用章

收款人: 复核: 开票人: 销货单位:(章)

第三联: 发票联 购货方记账凭证

国税函[2008]562号 海南华森实业公司

✂ - ✂

凭 1-10-3

收 料 单

年 月 日   编码:_____

材料编号	材料名称	规 格	材质	单位	数 量		实际单价	材料金额	运杂费	合计(材料实际成本)
					发货票	实收				
供货单位				结算方法			合同号		计划单价	材料/计划成本
备 注										

主管: 质量检验员: 仓库验收: 经办人:

· ·

第一联:仓库(黑色)   第二联:记账(红色)   第三联:送料人(绿色)

凭 1-11-1

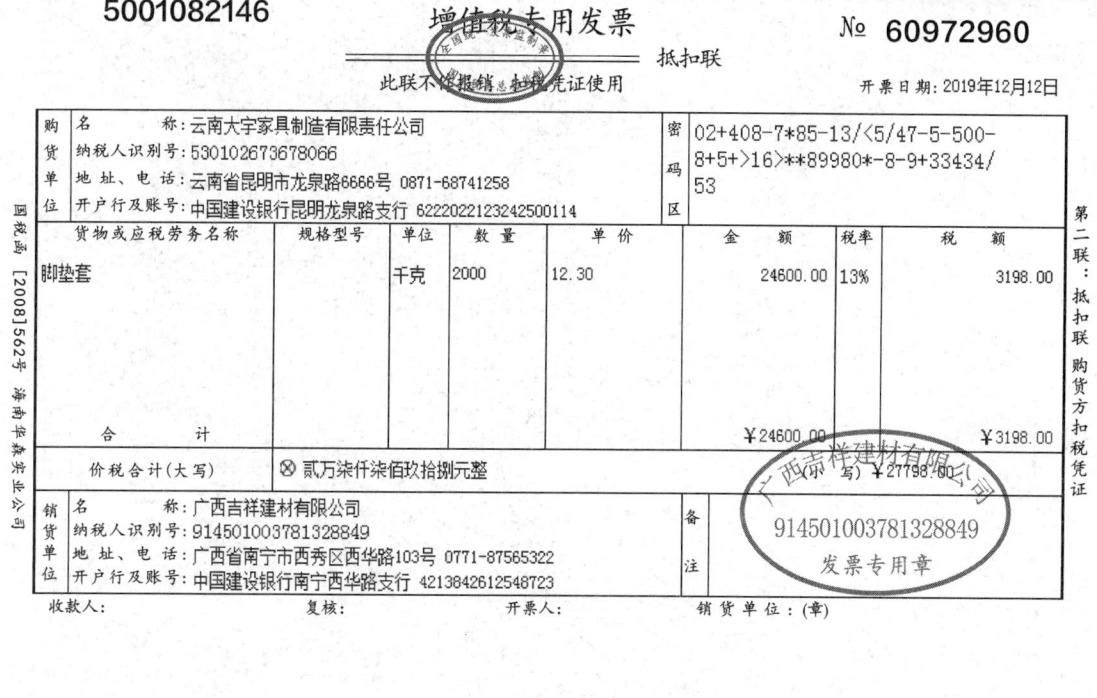

5001082146

增值税专用发票

抵扣联

此联不作报销、扣税凭证使用

№ 60972960

开票日期：2019年12月12日

购货单位	名 称：	云南大宇家具制造有限责任公司
	纳税人识别号：	530102673678066
	地址、电话：	云南省昆明市龙泉路6666号 0871-68741258
	开户行及账号：	中国建设银行昆明龙泉路支行 6222022123242500114

密码区：02+408-7*85-13/<5/47-5-500-8+5+>16>**89980*-8-9+33434/53

货物或应税劳务名称	规格型号	单位	数量	单价	金 额	税率	税 额
脚垫套		千克	2000	12.30	24600.00	13%	3198.00
合 计					￥24600.00		￥3198.00
价税合计（大写）	⊗ 贰万柒仟柒佰玖拾捌元整				（小写）￥27798.00		

销货单位	名 称：	广西吉祥建材有限公司
	纳税人识别号：	914501003781328849
	地址、电话：	广西省南宁市西秀区西华路103号 0771-87565322
	开户行及账号：	中国建设银行南宁西华路支行 4213842612548723

备注：
广西吉祥建材有限公司 914501003781328849 发票专用章

收款人： 复核： 开票人： 销货单位：（章）

第二联：抵扣联 购货方扣税凭证

---✂--- ---✂---

凭 1-11-2

5001082146

增值税专用发票

发票联

此联不作报销、扣税凭证使用

№ 60972960

开票日期：2019年12月12日

购货单位	名 称：	云南大宇家具制造有限责任公司
	纳税人识别号：	530102673678066
	地址、电话：	云南省昆明市龙泉路6666号 0871-68741258
	开户行及账号：	中国建设银行昆明龙泉路支行 6222022123242500114

密码区：02+408-7*85-13/<5/47-5-500-8+5+>16>**89980*-8-9+33434/53

货物或应税劳务名称	规格型号	单位	数量	单价	金 额	税率	税 额
脚垫套		千克	2000	12.30	24600.00	13%	3198.00
合 计					￥24600.00		￥3198.00
价税合计（大写）	⊗ 贰万柒仟柒佰玖拾捌元整				（小写）￥27798.00		

销货单位	名 称：	广西吉祥建材有限公司
	纳税人识别号：	914501003781328849
	地址、电话：	广西省南宁市西秀区西华路103号 0771-87565322
	开户行及账号：	中国建设银行南宁西华路支行 4213842612548723

备注：
广西吉祥建材有限公司 914501003781328849 发票专用章

收款人： 复核： 开票人： 销货单位：（章）

第三联：发票联 购货方记账凭证

凭 1-11-3

收 料 单

年　月　日

编码：

材料编号	材料名称	规 格	材质	单位	数　量		实际单价	材料金额	运杂费	合计（材料实际成本）
					发货票	实收				

供货单位			结算方法		合同号	计划单价	材料/计划成本
备 注							

主管：　　　　质量检验员：　　　　　仓库验收：　　　　　经办人：

第一联：仓库(黑色)　　第二联：记账(红色)　　第三联：送料人(绿色)

✂ --- ✂

凭 1-12-1

5001082147

增值税专用发票

抵扣联

№ 60972961

此联不作报销、扣税凭证使用

开票日期：2019年12月16日

购买方	名　称：云南大宇家具制造有限责任公司						密码区	02+408-7*85-13/<5/47-5-500-8+5+>16)**89980*-8-9+33434/53		
	纳税人识别号：530102673678066									
	地址、电话：云南省昆明市龙泉路6666号 0871-68741258									
	开户行及账号：中国建设银行昆明龙泉路支行 6222022123242500114									

货物或应税劳务、服务名称	规格型号	单位	数量	单价	金　额	税率	税　额
复合板		平方米	3000	100.50	301500.00	13%	39195.00
防火板		平方米	3000	118.00	354000.00	13%	46020.00
合　　计					¥655500.00		¥85215.00
价税合计(大写)	柒拾肆万零柒佰壹拾伍元整				(小 写)¥740715.00		

销售方	名　称：四川万和建材有限公司						备注	
	纳税人识别号：915105003421462538							
	地址、电话：四川省泸州市解放路801号 0830-37564872							
	开户行及账号：中国工商银行泸州解放路支行 6222345618995402							

收款人：　　　　　　复核：　　　　　　　开票人：　　　　　　　销售方：(章)

凭 1-12-2

5001082147

增值税专用发票

此联不作报销抵扣凭证使用

发票联

№ 60972961

开票日期：2019年12月16日

购买方	名 称：云南大宇家具制造有限责任公司 纳税人识别号：530102673678066 地 址、电话：云南省昆明市龙泉路6666号 0871-68741258 开户行及账号：中国建设银行昆明龙泉路支行 6222022123242500114	密码区	02+408-7*85-13/〈5/47-5-500-8+5+〉16〉**89980*-8-9+33434/53

货物或应税劳务、服务名称	规格型号	单位	数量	单价	金 额	税率	税 额
复合板		平方米	3000	100.50	301500.00	13%	39195.00
防火板		平方米	3000	118.00	354000.00	13%	46020.00
合 计					¥655500.00		¥85215.00
价税合计（大写）	柒拾肆万零柒佰壹拾伍元整					（小 写）¥740715.80	

销售方	名 称：四川万和建材有限公司 纳税人识别号：915105003421462538 地 址、电话：四川省泸州市解放路801号 0830-37564872 开户行及账号：中国工商银行泸州解放路支行 6222345618995402	备注	四川万和建材有限公司 915105003421462538 发票专用章

收款人：　　　　复核：　　　　开票人：　　　　销售方：（章）

第三联：发票联 购货方记账凭证

- - - - ✂ - ✂ - - - -

凭 1-12-3

商业承兑汇票（卡片）　　　1

39008792

出票日期
（大写）　　　　　年　月　日

付款人	全称		收款人	全称	
	账号			账号	
	开户银行			开户银行	

出票金额	人民币 （大写）		亿	千	百	十	万	千	百	十	元	角	分

汇票到期日 （大写）				
交易合同号码		付款人 开户行	行号 地址	

备注：

出票人签章

此联承兑人留存

凭 1-13-1

收 料 单

年 月 日   编码：

材料编号	材料名称	规 格	材质	单位	数 量		实际单价	材料金额	运杂费	合计（材料实际成本）
					发货票	实收				
供货单位				结算方法			合同号	计划单价		材料/计划成本
备 注										

主管：   质量检验员：   仓库验收：   经办人：

第一联：仓库(黑色)   第二联：记账(红色)   第三联：送料人(绿色)

凭 1-13-2

材料损耗报告单

企业名称：   年 月 日   单位：元

存货名称	计量单位	单价	数 量		盘盈		盘亏		差异原因
			发票数	验收数	数量	金额	数量	金额	
财务部门建议处理意见：									
单位主管部门批复处理意见：									

批准人：   审批人：   部门负责人：   制单：

凭1-14-1

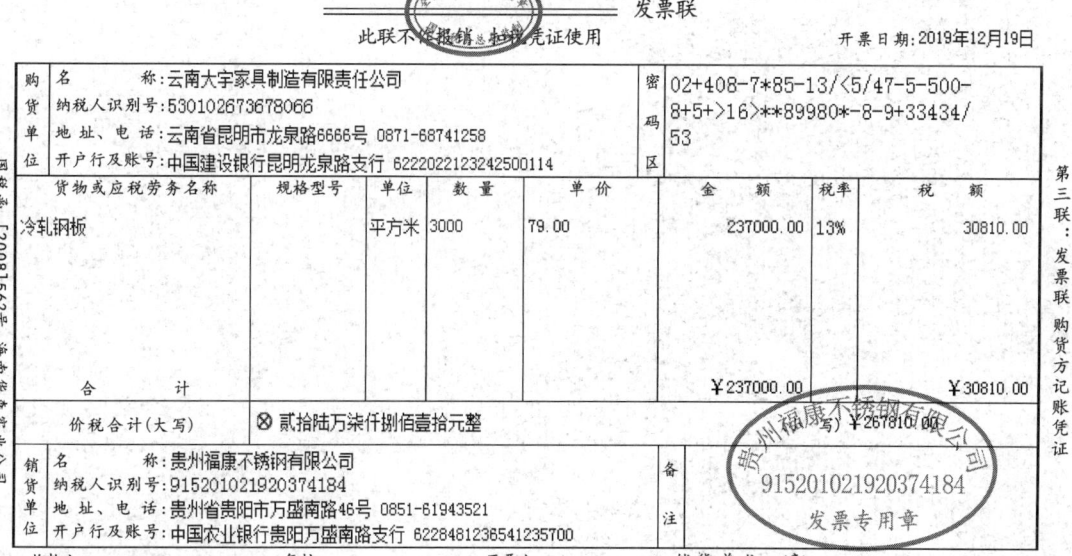

5001082148

增值税专用发票

此联不得报销、转账凭证使用   抵扣联

№ **60972963**

开票日期：2019年12月19日

购货单位	名　称：云南大宇家具制造有限责任公司
	纳税人识别号：530102673678066
	地址、电话：云南省昆明市龙泉路6666号 0871-68741258
	开户行及账号：中国建设银行昆明龙泉路支行 6222022123242500114

密码区：02+408-7*85-13/<5/47-5-500-8+5+>16)**89980*-8-9+33434/53

第二联：抵扣联 购货方扣税凭证

国税函[2008]562号 海南华泰实业公司

货物或应税劳务名称	规格型号	单位	数量	单价	金额	税率	税额
冷轧钢板		平方米	3000	79.00	237000.00	13%	30810.00
合　计					¥237000.00		¥30810.00

价税合计（大写）　⊗ 贰拾陆万柒仟捌佰壹拾元整　　　（小写）¥267810.00

销货单位	名　称：贵州福康不锈钢有限公司	备注
	纳税人识别号：915201021920374184	
	地址、电话：贵州省贵阳市万盛南路46号 0851-61943521	
	开户行及账号：中国农业银行贵阳万盛南路支行 6228481236541235700	

贵州福康不锈钢有限公司
915201021920374184
发票专用章

收款人：　　　复核：　　　开票人：　　　销货单位：（章）

✂ - ✂

凭1-14-2

5001082148

增值税专用发票

此联不得报销、转账凭证使用   发票联

№ **60972963**

开票日期：2019年12月19日

购货单位	名　称：云南大宇家具制造有限责任公司
	纳税人识别号：530102673678066
	地址、电话：云南省昆明市龙泉路6666号 0871-68741258
	开户行及账号：中国建设银行昆明龙泉路支行 6222022123242500114

密码区：02+408-7*85-13/<5/47-5-500-8+5+>16)**89980*-8-9+33434/53

第三联：发票联 购货方记账凭证

国税函[2008]562号 海南华泰实业公司

货物或应税劳务名称	规格型号	单位	数量	单价	金额	税率	税额
冷轧钢板		平方米	3000	79.00	237000.00	13%	30810.00
合　计					¥237000.00		¥30810.00

价税合计（大写）　⊗ 贰拾陆万柒仟捌佰壹拾元整　　　（小写）¥267810.00

销货单位	名　称：贵州福康不锈钢有限公司	备注
	纳税人识别号：915201021920374184	
	地址、电话：贵州省贵阳市万盛南路46号 0851-61943521	
	开户行及账号：中国农业银行贵阳万盛南路支行 6228481236541235700	

贵州福康不锈钢有限公司
915201021920374184
发票专用章

收款人：　　　复核：　　　开票人：　　　销货单位：（章）

凭 1-14-3

商业承兑汇票(卡片)　　　1

39008793

出票日期
（大写）　　　　　　　　年　　月　　日

付款人	全称		收款人	全称	
	账号			账号	
	开户银行			开户银行	

出票金额	人民币 （大写）		亿	千	百	十	万	千	百	十	元	角	分

汇票到期日 （大写）		付款人 开户行	行号	
交易合同号码			地址	

	备注：
出票人签章	

此联承兑人留存

- - - ✂ - ✂ - - -

凭 1-14-4

收 料 单

年　　月　　日　　　　　　　　　　　　　　　　　　　　　　编码：

材料编号	材料名称	规 格	材质	单位	数量		实际单价	材料金额	运杂费	合计 （材料实际成本）
					发货票	实收				
供货单位			结算方法			合同号		计划单价	材料/计划成本	
备 注										

主管：　　　　　质量检验员：　　　　　　　仓库验收：　　　　　　　经办人：

第一联：仓库(黑色)　　第二联：记账(红色)　　第三联：送料人(绿色)

凭 1-15-1

凭 1-15-2

凭 1-15-3

5001082149

增值税专用发票

抵扣联

此联不能报销使用 记账凭证使用

№ 60972965

开票日期：2019年12月20日

购货单位	名　称：云南大宇家具制造有限责任公司 纳税人识别号：530102673678066 地址、电话：云南省昆明市龙泉路6666号 0871-68741258 开户行及账号：中国建设银行昆明龙泉路支行 6222022123242500114					密码区	02+408-7*85-13/〈5/47-5-500-8+5+〉16〉**89980*-8-9+33434/53		

货物或应税劳务名称	规格型号	单位	数量	单价	金　额	税率	税　额
运输费		米	1700	1.00	1700.00	9%	153.00
合　计					￥1700.00		￥153.00
价税合计（大写）	⊗ 壹仟捌佰伍拾叁元整				（小写）￥1883.00		

销货单位	名　称：四川永涛不锈钢有限公司 纳税人识别号：915101002354987267 地址、电话：四川省成都市长田工业园区D区 028-23157212 开户行及账号：中国工商银行成都长田路支行 6222245613572182	备注

收款人：　　　复核：　　　开票人：　　　销货单位：（章）

第二联：抵扣联 购货方扣税凭证

国税函 [2008]562号 海南华彩实业公司

------------------------------ ✂ ------------------------------

凭 1-15-4

5001082149

增值税专用发票

发票联

此联不能报销使用 记账凭证使用

№ 60972965

开票日期：2019年12月20日

购货单位	名　称：云南大宇家具制造有限责任公司 纳税人识别号：530102673678066 地址、电话：云南省昆明市龙泉路6666号 0871-68741258 开户行及账号：中国建设银行昆明龙泉路支行 6222022123242500114					密码区	02+408-7*85-13/〈5/47-5-500-8+5+〉16〉**89980*-8-9+33434/53		

货物或应税劳务名称	规格型号	单位	数量	单价	金　额	税率	税　额
运输费		米	1700	1.00	1700.00	9%	153.00
合　计					￥1700.00		￥153.00
价税合计（大写）	⊗ 壹仟捌佰伍拾叁元整				（小写）￥1883.00		

销货单位	名　称：四川永涛不锈钢有限公司 纳税人识别号：915101002354987267 地址、电话：四川省成都市长田工业园区D区 028-23157212 开户行及账号：中国工商银行成都长田路支行 6222245613572182	备注

收款人：　　　复核：　　　开票人：　　　销货单位：（章）

第三联：发票联 购货方记账凭证

国税函 [2008]562号 海南华彩实业公司

凭 1-15-5

付款申请书
年 月 日

用途及情况	金 额											收款单位(人):
	亿	千	百	十	万	千	百	十	元	角	分	账 号:
												开户行:

金额(大写)合计:		电汇:□ 信汇:□ 汇票:□ 转账:□ 其他:□

总经理		财务部门	经理	业务部门	经理
			会计		经办人

凭 1-15-6

附加信息：

收款人签章
年　月　日

身份证件名称：　　　　发证机关：

号码 | | | | | | | | | | | | | | | | |

（贴粘单处）

根据《中华人民共和国票据法》等法律法规的规定，签发空头支票由中国人民银行处以票面金额 5%但不低于 1000 元的罚款。

凭 1-16-1

5001082150

增值税专用发票

抵扣联

№ 60972966

此联不作报销、扣税凭证使用

开票日期：2019年12月21日

购货单位	名　称：云南大宇家具制造有限责任公司
	纳税人识别号：530102673678066
	地址、电话：云南省昆明市龙泉路6666号 0871-68741258
	开户行及账号：中国建设银行昆明龙泉路支行 6222022123242500114

密码区：02+408-7*85-13/<5/47-5-500-8+5+>16>**89980*-8-9+33434/53

货物或应税劳务名称	规格型号	单位	数量	单价	金　额	税率	税　额
酚醛清漆		千克	1000	8.80	8800.00	13%	1144.00
合　计					¥8800.00		¥1144.00

价税合计（大写）　⊗玖仟玖佰肆拾肆元整　　（小写）¥9944.00

销货单位	名　称：贵州华贵涂料有限公司	备注
	纳税人识别号：91520102284504161J	
	地址、电话：贵州省贵阳市民族大道23号 0851-85257414	
	开户行及账号：中国农业银行贵阳民族大道支行 6228480648769198	

收款人：　　　复核：　　　开票人：　　　销货单位：（章）

第二联：抵扣联 购货方扣税凭证

凭 1-16-2

5001082150

增值税专用发票

发票联

№ 60972966

此联不作报销、扣税凭证使用

开票日期：2019年12月21日

购货单位	名　称：云南大宇家具制造有限责任公司
	纳税人识别号：530102673678066
	地址、电话：云南省昆明市龙泉路6666号 0871-68741258
	开户行及账号：中国建设银行昆明龙泉路支行 6222022123242500114

密码区：02+408-7*85-13/<5/47-5-500-8+5+>16>**89980*-8-9+33434/53

货物或应税劳务名称	规格型号	单位	数量	单价	金　额	税率	税　额
酚醛清漆		千克	1000	8.80	8800.00	13%	1144.00
合　计					¥8800.00		¥1144.00

价税合计（大写）　⊗玖仟玖佰肆拾肆元整　　（小写）¥9944.00

销货单位	名　称：贵州华贵涂料有限公司	备注
	纳税人识别号：91520102284504161J	
	地址、电话：贵州省贵阳市民族大道23号 0851-85257414	
	开户行及账号：中国农业银行贵阳民族大道支行 6228480648769198	

收款人：　　　复核：　　　开票人：　　　销货单位：（章）

第三联：发票联 购货方记账凭证

凭 1-16-3

收 料 单

年　月　日　　　　　　　　　　　　　　　　　　　　　　　　编码：

| 材料编号 | 材料名称 | 规 格 | 材质 | 单位 | 数　量 | | 实际单价 | 材料金额 | 运杂费 | 合计（材料实际成本） |
					发货票	实收				
供货单位				结算方法			合同号	计划单价		材料/计划成本
备　注										

主管：　　　　　质量检验员：　　　　　　　仓库验收：　　　　　　经办人：

第一联：仓库（黑色）　第二联：记账（红色）　第三联：送料人（绿色）

凭 1-17

收 料 单

年　月　日　　　　　　　　　　　　　　　　　　　　　　　　编码：

| 材料编号 | 材料名称 | 规 格 | 材质 | 单位 | 数　量 | | 实际单价 | 材料金额 | 运杂费 | 合计（材料实际成本） |
					发货票	实收				
供货单位				结算方法			合同号	计划单价		材料/计划成本
备　注										

主管：　　　　　质量检验员：　　　　　　　仓库验收：　　　　　　经办人：

第一联：仓库（黑色）　第二联：记账（红色）　第三联：送料人（绿色）

凭 1-18-1

凭 1-18-2

凭1-18-3

中国建设银行　　　　　　　结 算 业 务 申 请 书

申请日期　　年Y　月M　日D　　　　　　AB09773075

业务类型：电汇 T/T□　信汇 N/T□　汇票申请书 D/D□　本票申请书 P/N□　其他 Other□

申请人	全　称		收款人	全　称	
	账号或地址			账号或地址	
	开户银行			开户银行	

		亿千百十万千百十元角分
金额	人民币（大写）	

上列相关款项请从我账户内支付：

支付密码

电汇时需选择：　附加信息及用途：

普通□
加急□

申请人签章

会计主管：　　　授权：　　　复核：　　　记账：

第一联　此联银行作记账凭证

A-025-3000-3-2006-深圳光华印制有限公司

- - - ✂ - - - - - - - - - - - - - - ✂ - - -

凭1-19

收 料 单

年　月　日　　　　　　　　　　　　　编码：

材料编号	材料名称	规　格	材质	单位	数　量		实际单价	材料金额	运杂费	合计（材料实际成本）
					发货票	实收				
供货单位			结算方法			合同号		计划单价	材料/计划成本	
备　注										

主管：　　　质量检验员：　　　仓库验收：　　　经办人：

第一联:仓库(黑色)　第二联:记账(红色)　第三联:送料人(绿色)

二、生产部门发生的经济业务原始凭证

凭 2−1

领 料 单

（四联式）

领料部门：   字第   号

用   途：   年 月 日

材料			单位	数量		成本										材料账页
						单价	总价									
编号	名称	规格		请领	实发		百	十	万	千	百	十	元	角	分	

第一联：领料联

主管：   会计：   记账：   保管：   发料：   领料：

✂ ────────────────────────────── ✂

凭 2−2

领 料 单

（四联式）

领料部门：   字第   号

用   途：   年 月 日

材料			单位	数量		成本										材料账页
						单价	总价									
编号	名称	规格		请领	实发		百	十	万	千	百	十	元	角	分	

第一联：领料联

主管：   会计：   记账：   保管：   发料：   领料：

凭 2-3

领 料 单

（四联式）

领料部门：　　　　　　　　　　　　　　　　　　　字第　　号
用　途：　　　　　　　　年　月　日

材料			单位	数量		成本										材料账页	第一联：领料联
						单价	总价										
编号	名称	规格		请领	实发		百	十	万	千	百	十	元	角	分		

主管：　　　　会计：　　　　记账：　　　　保管：　　　　发料：　　　　领料：

凭 2-4

入 库 单

年　月　日　　　　　　　　　　　　　　单号＿＿＿＿＿

交来单位及部门		发票号码或生产单号码			验收仓库		入库日期		业务联
编号	名称及规格		单位	数量		单价	金额	备注	
				交库	实收				
合　计									

部门经理：　　　　会计：　　　　仓库：　　　　经办人：

凭2-5

领 料 单

领料部门：　　　　　　　　　　　（四联式）　　　　　　　　　字第　　号
用　途：　　　　　　　　　　年　月　日

材料			单位	数量		成本										材料账页	第一联：领料联
						单价	总价										
编号	名称	规格		请领	实发		百	十	万	千	百	十	元	角	分		

主管：　　　会计：　　　记账：　　　保管：　　　发料：　　　领料：

- - - ✂ - ✂ - - -

凭2-6

领 料 单

领料部门：　　　　　　　　　　　（四联式）　　　　　　　　　字第　　号
用　途：　　　　　　　　　　年　月　日

材料			单位	数量		成本										材料账页	第一联：领料联
						单价	总价										
编号	名称	规格		请领	实发		百	十	万	千	百	十	元	角	分		

主管：　　　会计：　　　记账：　　　保管：　　　发料：　　　领料：

凭 2-7

领 料 单

领料部门： （四联式） 字第 号

用　途： 年　月　日

材料			单位	数量		成本											材料账页	
						单价	总价											
编号	名称	规格		请领	实发		百	十	万	千	百	十	元	角	分			第一联：领料联

主管： 会计： 记账： 保管： 发料： 领料：

- - ✄ - ✄ - - -

凭 2-8

领 料 单

领料部门： （四联式） 字第 号

用　途： 年　月　日

材料			单位	数量		成本											材料账页	
						单价	总价											
编号	名称	规格		请领	实发		百	十	万	千	百	十	元	角	分			第一联：领料联

主管： 会计： 记账： 保管： 发料： 领料：

凭 2-9

入 库 单

年　月　日　　　　　　　　　单号_____

交来单位及部门		发票号码或生产单号码			验收仓库		入库日期		业务联
编号	名称及规格	单位	数量		单价	金额	备注		
			交库	实收					
合　计									

部门经理：　　　　会计：　　　　　仓库：　　　　经办人：

- - - ✂ - ✂ - - -

凭 2-10

领 料 单

领料部门：　　　　　　　（四联式）　　　　　　　字第　　号
用　途：　　　　　　　年　月　日

材料			单位	数量		成本										材料账页	第一联：领料联
						单价	总价										
编号	名称	规格		请领	实发		百	十	万	千	百	十	元	角	分		

主管：　　　会计：　　　记账：　　　保管：　　　发料：　　　领料：

凭 2-11

领 料 单

领料部门：　　　　　　　　　　　（四联式）　　　　　　　　　字第　　号
用　　途：　　　　　　　　　　　年　月　日

材料			单位	数量		成本										材料账页
						单价	总价									
编号	名称	规格		请领	实发		百	十	万	千	百	十	元	角	分	

第一联：领料联

主管：　　　　会计：　　　　记账：　　　　保管：　　　　发料：　　　　领料：

- - - ✄ - ✄ - - -

凭 2-12

领 料 单

领料部门：　　　　　　　　　　　（四联式）　　　　　　　　　字第　　号
用　　途：　　　　　　　　　　　年　月　日

材料			单位	数量		成本										材料账页
						单价	总价									
编号	名称	规格		请领	实发		百	十	万	千	百	十	元	角	分	

第一联：领料联

主管：　　　　会计：　　　　记账：　　　　保管：　　　　发料：　　　　领料：

凭 2-13

入　库　单

年　月　日　　　　　　　　　　　　单号_____

交来单位及部门		发票号码或生产单号码			验收仓库		入库日期		

编号	名称及规格	单位	数量		单价	金额	备注
			交库	实收			
合　　计							

部门经理：　　　　　会计：　　　　　仓库：　　　　　经办人：

业务联

- - - ✂ - ✂ - - -

凭 2-14

领　料　单

（四联式）　　　　　　　　　字第　　号

领料部门：

用　途：　　　　　　　年　月　日

材料			单位	数量		成本										材料账页
						单价	总价									
编号	名称	规格		请领	实发		百	十	万	千	百	十	元	角	分	

主管：　　　　会计：　　　　记账：　　　　保管：　　　　发料：　　　　领料：

第一联：领料联

凭 2-15

领 料 单

领料部门：　　　　　　　　　　　　（四联式）　　　　　　　　　　　字第　　号
用　途：　　　　　　　　　　　　　年　月　日

材料			单位	数量		成本										材料账页	
						单价	总价										
编号	名称	规格		请领	实发		百	十	万	千	百	十	元	角	分		

第一联：领料联

主管：　　　　会计：　　　　记账：　　　　保管：　　　　发料：　　　　领料：

凭 2-16

领 料 单

领料部门：　　　　　　　　　　　　（四联式）　　　　　　　　　　　字第　　号
用　途：　　　　　　　　　　　　　年　月　日

材料			单位	数量		成本										材料账页	
						单价	总价										
编号	名称	规格		请领	实发		百	十	万	千	百	十	元	角	分		

第一联：领料联

主管：　　　　会计：　　　　记账：　　　　保管：　　　　发料：　　　　领料：

凭 2-17

入 库 单

年 月 日　　　　　　　　　　单号_____

交来单位 及部门		发票号码或 生产单号码		验收 仓库		入库 日期		业 务 联
编号	名称及规格	单位	数量		单价	金额	备注	
			交库	实收				
合　计								

部门经理:　　　　会计:　　　　　仓库:　　　　　经办人:

- - - - ✂ - ✂ - - - -

凭 2-18

领 料 单

领料部门:　　　　　　　　　　（四联式）　　　　　　　　　字第　　号
用　途:　　　　　　　　　　年　月　日

材料			单位	数量		成本										材料账页	第 一 联 : 领 料 联
						单价	总价										
编号	名称	规格		请领	实发		百	十	万	千	百	十	元	角	分		

主管:　　　　会计:　　　　　记账:　　　　　保管:　　　　　发料:　　　　　领料:

凭 2-19

领 料 单

（四联式）

领料部门：　　　　　　　　　　　　　　　　　　　字第　号
用　途：　　　　　　　　　　年　月　日

材料			单位	数量		成本										材料账页
						单价	总价									
编号	名称	规格		请领	实发		百	十	万	千	百	十	元	角	分	

第一联：领料联

主管：　　　　会计：　　　　记账：　　　　保管：　　　　发料：　　　　领料：

凭 2-20

入 库 单

年　月　日　　　　　　　　　　　单号_____

交来单位及部门		发票号码或生产单号码		验收仓库		入库日期	
编号	名称及规格	单位	数量		单价	金额	备注
			交库	实收			
	合　计						

业务联

部门经理：　　　　会计：　　　　仓库：　　　　经办人：

凭2-21

入 库 单

年　月　日　　　　　　　　　　　　　　　　单号_____

交来单位及部门		发票号码或生产单号码			验收仓库		入库日期		
编号	名称及规格		单位	数量		单价	金额	备注	业务联
				交库	实收				
合　计									

部门经理：　　　　　会计：　　　　　　仓库：　　　　　　经办人：

- - - ✂ - ✂ - - -

凭2-22

入 库 单

年　月　日　　　　　　　　　　　　　　　　单号_____

交来单位及部门		发票号码或生产单号码			验收仓库		入库日期		
编号	名称及规格		单位	数量		单价	金额	备注	业务联
				交库	实收				
合　计									

部门经理：　　　　　会计：　　　　　　仓库：　　　　　　经办人：

凭 2-23-1

材料发出汇总表

领料部门：开料车间　　　　　　　　2019 年 12 月 31 日　　　　　　　　第　号

材料		单位	数量		单价	计划成本
编号	名称		请领	实发		
1						
2						
合计						

主管：　　　　会计：　　　　　保管：　　　　　发料：　　　　　领料：

------ ✂ -- ✂

凭 2-23-2

材料发出汇总表

领料部门：整理车间　　　　　　　　2019 年 12 月 31 日　　　　　　　　第　号

材料		单位	数量		单价	计划成本
编号	名称		请领	实发		
1						
2						
合计						

主管：　　　　会计：　　　　　保管：　　　　　发料：　　　　　领料：

------ ✂ -- ✂

凭 2-23-3

材料发出汇总表

领料部门：组装车间　　　　　　　　2019 年 12 月 31 日　　　　　　　　第　号

材料		单位	数量		单价	计划成本
编号	名称		请领	实发		
1						
2						
合计						

主管：　　　　会计：　　　　　保管：　　　　　发料：　　　　　领料：

凭 2-23-4

周转材料发出汇总表

领料部门：开料车间　　　　　　　　2019 年 12 月 31 日　　　　　　　　　　第　号

材料		单位	数量		单价	计划成本
编号	名称		请领	实发		
1						
2						
合计						

主管：　　　　会计：　　　　　保管：　　　　　发料：　　　　　领料：

✄ ------------------------------ ✄

凭 2-23-5

周转材料发出汇总表

领料部门：整理车间　　　　　　　　2019 年 12 月 31 日　　　　　　　　　　第　号

材料		单位	数量		单价	计划成本
编号	名称		请领	实发		
1						
2						
合计						

主管：　　　　会计：　　　　　保管：　　　　　发料：　　　　　领料：

✄ ------------------------------ ✄

凭 2-23-6

周转材料发出汇总表

领料部门：组装车间　　　　　　　　2019 年 12 月 31 日　　　　　　　　　　第　号

材料		单位	数量		单价	计划成本
编号	名称		请领	实发		
1						
2						
合计						

主管：　　　　会计：　　　　　保管：　　　　　发料：　　　　　领料：

凭 2-23-7

材料成本差异计算表

2019 年 12 月 31 日

项目	期初结存材料成本差异	本期购入材料成本差异	期初结存材料计划成本	本期购入材料计划成本	材料成本差异率
原材料					
周转材料					

凭 2-24

生产车间水费明细表

2019 年 12 月 31 日

项目	开料车间	整理车间	组装车间	机修车间	合计
水费	2 750.23	2 980.12	2 564.14	2 153.20	10 447.69

凭 2-25

生产车间电费明细表

2019 年 12 月 31 日

项目	开料车间	整理车间	组装车间	机修车间	合计
电费	2 501.55	2 737.64	2 863.30	2 396.07	10 498.56

凭 2-26

生产车间折旧费明细表

2019 年 12 月 31 日

项目	开料车间	整理车间	组装车间	机修车间	合计
折旧费	27 138.33	12 969.88	13 504.25	4 087.38	57 699.84

凭 2-27-1

机修车间成本计算表

2019 年 12 月 31 日

成本项目	直接材料	直接人工	制造费用	合计
机修车间	—			
合计				

凭 2-27-2

机修车间生产费用分配表

2019 年 12 月 31 日

生产车间	修理工时	分配率(%)	分配金额
开料车间			
整理车间			
组装车间			
合 计			

凭 2-28

制造费用结转表

2019 年 12 月 31 日

应借科目	应贷科目	金额
合 计		

凭 2-29-1

直接材料费用分配表

车间：开料车间   2019 年 12 月 31 日

产品	单位材料消耗定额	定额消耗总量	实际消耗量	分配率	分配额
桌子			—		
椅子			—		
合计					

凭 2-29-2

直接人工费用分配表

车间：开料车间   2019 年 12 月 31 日

产品	单位产品工时定额	生产总工时定额	分配率	分配额
桌子				
椅子				
合计				

凭 2-29-3

制造费用分配表

车间：开料车间   2019 年 12 月 31 日

产品	单位产品工时定额	生产总工时定额	分配率	分配额
桌子				
椅子				
合计				

凭 2-30-1

开料车间生产费用分配表

2019 年 12 月 31 日

产品	直接材料	直接人工	制造费用	合计
桌子				
椅子				
合计				

凭 2-30-2

开料车间成本计算表

产品：桌子　　　　　　　　　　　　2019 年 12 月 31 日

成本项目	直接材料	直接人工	制造费用	合计
上步转来	—	—	—	
本步分配转入				
合计				
完工转出				
期末在产品	—	—	—	

凭 2-30-3

开料车间成本计算表

产品：椅子　　　　　　　　　　　　2019 年 12 月 31 日

成本项目	直接材料	直接人工	制造费用	合计
上步转来	—	—	—	
本步分配转入				
合计				
完工转出				
期末在产品	—	—	—	

凭 2-31-1

直接材料费用分配表

车间：整理车间　　　　　　　　　　2019 年 12 月 31 日

产品	单位材料消耗定额	定额消耗总量	实际消耗量	材料分配率	材料分配额
桌子			—		
椅子			—		
合计					

凭 2-31-2

直接人工费用分配表

车间：整理车间　　　　　　　2019 年 12 月 31 日

产品	产品工时定额	生产总工时定额	分配率	分配额
桌子				
椅子				
合计				

凭 2-31-3

制造费用分配表

车间：整理车间　　　　　　　2019 年 12 月 31 日

产品	产品工时定额	生产总工时定额	分配率	分配额
桌子				
椅子				
合计				

凭 2-32-1

整理车间生产费用分配表

2019 年 12 月 31 日

产品	直接材料	直接人工	制造费用	合计
桌子				
椅子				
合计				

凭 2-32-2

整理车间成本计算表

产品：桌子　　　　　　　2019 年 12 月 31 日

成本项目	直接材料	直接人工	制造费用	合计
上步转来				
本步分配转入				
合计				
完工转出				
期末在产品	—	—	—	

凭 2-32-3

整理车间成本计算表

产品：椅子　　　　　　　　　　2019 年 12 月 31 日

成本项目	直接材料	直接人工	制造费用	合计
上步转来				
本步分配转入				
合计				
完工转出				
期末在产品	—	—	—	

- - - ✂ - ✂ - - -

凭 2-33-1

直接材料费用分配表

车间：组装车间　　　　　　　　2019 年 12 月 31 日

产品	单位材料消耗定额	定额消耗总量	实际消耗量	材料分配率	材料分配额
桌子			—		
椅子			—		
合计					

- - - ✂ - ✂ - - -

凭 2-33-2

完工产品直接人工费用分配表

车间：组装车间　　　　　　　　2019 年 12 月 31 日

产品	单位产品工时定额	生产总工时定额	分配率	分配额
桌子				
椅子				
合计				

凭 2-33-3

完工产品制造费用分配表

车间：组装车间　　　　　　　2019 年 12 月 31 日

产品	单位产品工时定额	生产总工时定额	分配率	分配额
桌子				
椅子				
合计				

凭 2-34-1

组装车间完工产品生产费用分配表

2019 年 12 月 31 日

产品	直接材料	直接人工	制造费用	合　计
桌子				
椅子				
合计				

凭 2-34-2

组装车间成本计算表

产品：桌子　　　　　　　　　2019 年 12 月 31 日

成本项目	直接材料	直接人工	制造费用	合　计
期初				
上步转来				
本步分配转入				
合计				
完工入库				
期末在产品				

凭 2-34-3

组装车间成本计算表

产品：椅子　　　　　2019 年 12 月 31 日

成本项目	直接材料	直接人工	制造费用	合计
期初				
上步转来				
本步分配转入				
合计				
完工入库				
期末在产品				

- - - ✖ - ✖

凭 2-35-1

完工产品成本汇总表

2019 年 12 月 31 日

产品	产量	直接材料	直接人工	制造费用	合计
桌子					
椅子					
合计					

- - - ✖ - ✖

凭 2-35-2

完工产品单位成本计算表

2019 年 12 月 31 日

产品	产量	完工产品总成本	完工产品单位成本
桌子			
椅子			

三、销售部门发生的经济业务原始凭证

凭 3-1-1

5001082152

增值税专用发票

此联不作报销、扣税凭证使用

№ 60972968

开票日期：

购买方	名　　称： 纳税人识别号： 地　址、电　话： 开户行及账号：				密码区				
货物或应税劳务、服务名称	规格型号	单位	数　量	单　价	金　　额		税率	税　额	
合　　　计									
价税合计(大写)					(小　写)				
销售方	名　　称： 纳税人识别号： 地　址、电　话： 开户行及账号：				备注				

收款人：　　　　　复核：　　　　　开票人：　　　　　销售方：(章)

第一联：记账联 销售方记账凭证

---✂--- --- --- --- --- --- --- --- ✂---

凭 3-1-2

出　库　单

出货单位：　　　　　　　　　年　月　日　　　　　　　　　单号：

提货单位 或领货部门		销售 单号		发出 仓库	/	出库 日期		
编号	名称及规格	单位	数量		单价	金额		
			应发	实发				业务联
合　　计								

部门经理：　　　　　会计：　　　　　仓库：　　　　　经办人：

凭 3-1-3

销　售　单

购货单位：　　　　　　　　地址和电话：　　　　　　　　单据编号：
纳税识别号：　　　　　　　开户行及账号：　　　　　　　制单日期：

编码	产品名称	规格	单位	单价	数量	金额	备注	
								业
								务
								联
合计	人民币(大写)：							

总经理：　　　　销售经理：　　　　经手人：　　　　会计：　　　　签收人：

凭 3-1-4

商业承兑汇票(卡片)　　　2

39008791

出票日期
（大写）　　　贰零壹玖年　壹拾贰月　零贰日

付款人	全称	遵义市华山中学	收款人	全称	云南大宇家具制造有限责任公司											此联收款人开户行随托收凭证寄付款行作借方凭证附件
	账号	6228481929482883315		账号	6222022123242500114											
	开户银行	中国农业银行遵义岭南路支行		开户银行	中国建设银行昆明龙泉路支行											
出票金额		人民币(大写) 叁拾肆万元整				亿	千	百	十	万	千	百	十	元	角	分
									¥	3	4	0	0	0	0	0	0
汇票到期日（大写）		贰零贰零年叁月零贰日	付款人开户行	行号	301300709010											
交易合同号码		093118		地址	贵州省遵义市岭南路98号											

备注：

（遵义市华山中学财务专用章 125203004351218445）

（邻王印鬼）

出票人签章

凭 3-2-1

5001082153	增值税专用发票	№ 60972969

此联不作报销、扣税凭证使用

开票日期：

| 购买方 | 名　　称：
纳税人识别号：
地址、电话：
开户行及账号： | 密码区 | | | | | 第一联：记账联 销售方记账凭证 |

货物或应税劳务、服务名称	规格型号	单位	数量	单价	金　额	税率	税　额
合　　　　计							
价税合计(大写)					(小　写)		

| 销售方 | 名　　称：
纳税人识别号：
地址、电话：
开户行及账号： | 备注 | |

收款人：　　　　　　复核：　　　　　　开票人：　　　　　　销售方：(章)

- - - ✂ - - - - - - - - - - - - - - - - - - ✂ - -

凭 3-2-2

出　库　单

出货单位：　　　　　　　　　　年　月　日　　　　　　　　　　单号：

提货单位或领货部门		销售单号		发出仓库		出库日期		业务联
编号	名称及规格		单位	数量		单价	金额	
				应发	实发			
合　　计								

部门经理：　　　　　　会计：　　　　　　仓库：　　　　　　经办人：

凭 3-2-3

销 售 单

购货单位：　　　　　　　　地址和电话：　　　　　　　　单据编号：
纳税识别号：　　　　　　　开户行及账号：　　　　　　　制单日期：

编码	产品名称	规格	单位	单价	数量	金额	备注	
								业
								务
								联
合计	人民币(大写)：							

总经理：　　　　　销售经理：　　　　　经手人：　　　　　会计：　　　　　签收人：

- - - ✂ - ✂ - -

凭 3-2-4

商业承兑汇票（卡片）　　　2

39008792

出票日期
（大写）　　　贰零壹玖年　壹拾贰月　零肆日

付款人	全称	南宁市大尚中学	收款人	全称	云南大宇家具制造有限责任公司
	账号	6222325323548509224		账号	6222022123242500114
	开户银行	中国工商银行南宁市希望路支行		开户银行	中国建设银行昆明龙泉路支行

出票金额　人民币（大写）　肆拾伍万捌仟捌佰玖拾叁元整

亿	千	百	十	万	千	百	十	元	角	分
			¥	4	5	8	8	9	3	0	0

汇票到期日（大写）　贰零贰零年叁月零肆日

交易合同号码　093119

付款人开户行　行号　301300709016
地址　广西壮族自治区南宁市希望路205号

备注：

南宁市大尚中学
124501004877724660
财务专用章

晓杨印晓

出票人签章

凭 3-3-1

5001082154　　　　增值税专用发票　　　№ 60972970

此联不作报销、转账凭证使用

开票日期：

购买方	名　　称： 纳税人识别号： 地　址、电话： 开户行及账号：						密码区			
货物或应税劳务、服务名称	规格型号	单位	数量	单价		金　　额	税率	税　　额		
合　　计										
价税合计(大写)					(小　写)					
销售方	名　　称： 纳税人识别号： 地　址、电话： 开户行及账号：						备注			

收款人：　　　　　复核：　　　　　开票人：　　　　　销售方：(章)

第一联：记账联 销售方记账凭证

- - - ✂ - ✂ - - -

凭 3-3-2

出 库 单

出货单位：　　　　　　　年　月　日　　　　　　　　单号：

提货单位 或领货部门		销售单号		发出仓库		出库日期	
编号	名称及规格	单位	数量		单价	金额	
			应发	实发			
							业务联
合　　计							

部门经理：　　　　　会计：　　　　　仓库：　　　　　经办人：

凭 3-3-3

银行承兑汇票（卡片）　　2

68791081

| 出票日期（大写） | | 贰零壹玖年　壹拾贰月　零陆日 | | | |

出票人全称	昆明市利华中学	收款人	全称	云南大宇家具制造有限责任公司
出票人账号	4213076835251854721		账号	6222022123242500114
付款行名称	中国建设银行昆明城北路支行		开户银行	中国建设银行昆明龙泉路支行

出票金额	人民币（大写）　肆拾陆万贰仟叁佰玖拾陆元整	亿 千 百 十 万 千 百 十 元 角 分 ¥ 4 6 2 3 9 6 0 0

汇票到期日（大写）	贰零贰零年叁月零陆日	付款行	行号	301300709008
承兑协议编号	09021341		地址	云南省昆明市城北路 28 号

本汇票请你行承兑，此项汇票款我单位按承兑协议于到期的足额交存你行，到期请予支付。

密押

（昆明市利华中学 财务专用章 125301001948535264）　（新赵印铭）　（中国建设银行昆明城北路支行 汇票专用章）

出票人签章　　备注：　　复核　　记账

凭 3-3-4

销　售　单

购货单位：　　　　　　地址和电话：　　　　　　单据编号：
纳税识别号：　　　　　开户行及账号：　　　　　制单日期：

编码	产品名称	规格	单位	单价	数量	金额	备注
合计	人民币(大写)：						

总经理：　　　销售经理：　　　经手人：　　　会计：　　　签收人：

业务联

凭 3-4-1

5001082155 　　　增值税专用发票 　　　№ 60972971

此联不作报销、扣税凭证使用

开票日期：

购买方	名　　称： 纳税人识别号： 地　址、电话： 开户行及账号：					密码区				
货物或应税劳务、服务名称	规格型号	单位	数　量	单　价		金　额	税率	税　额		
合　　计										
价税合计(大写)					(小　写)					
销售方	名　　称： 纳税人识别号： 地　址、电话： 开户行及账号：					备注				

收款人：　　　　复核：　　　　开票人：　　　　销售方：(章)

第一联：记账联 销售方记账凭证

- - - ✂ - ✂ - - -

凭 3-4-2

出　库　单

出货单位：　　　　　　　　年　月　日　　　　　　　　单号：

提货单位 或领货部门		销售 单号		发出 仓库		出库 日期		
编号	名称及规格	单位	数量		单价	金额		业务联
			应发	实发				
合　　计								

部门经理：　　　　会计：　　　　仓库：　　　　经办人：

凭 3-4-3

银行汇票（卡片）　　　　1

50159327
245781314

<table>
<tr><td rowspan="9">提示付款期限自出票之日起壹个月</td><td colspan="2">出票日期
（大写）　贰零壹玖年　壹拾贰月　零柒日</td><td colspan="2">代理付款行：中国建设银行昆明龙泉路支行　行号：30130070900</td><td rowspan="9">此联出票行结清汇出汇款借方凭证</td></tr>
<tr><td colspan="4">收款人：云南大宇家具制造有限责任公司</td></tr>
<tr><td colspan="4">出票金额 人民币（大写）伍拾柒万玖仟零柒拾元整</td></tr>
<tr><td colspan="2">实际结算金额 人民币（大写）伍拾柒万玖仟零柒拾元整</td><td colspan="2">亿千百十万千百十元角分
￥５７９０７０００</td></tr>
<tr><td colspan="2">申请人：玉溪市美业中学</td><td colspan="2">账号：6222138246812079282</td></tr>
<tr><td colspan="2">出票行：中国工商银行玉溪北城路支行　行号：301300709011</td><td colspan="2"></td></tr>
<tr><td colspan="2">备 注：贷款</td><td colspan="2"></td></tr>
<tr><td colspan="2"></td><td colspan="2"></td></tr>
<tr><td colspan="2">复核　　　经办</td><td colspan="2">复核　　　记账</td></tr>
</table>

- - - ✂ - - - - - - - - - - - - - ✂ - - -

凭 3-4-4

建设银行 进账单　（收账通知）　　3

年　月　日

<table>
<tr><td rowspan="3">出票人</td><td>全　称</td><td></td><td rowspan="3">收款人</td><td>全　称</td><td></td><td rowspan="8">此联收款人开户银行交给收款人的收账通知</td></tr>
<tr><td>账　号</td><td></td><td>账　号</td><td></td></tr>
<tr><td>开户银行</td><td></td><td>开户银行</td><td></td></tr>
<tr><td>金额</td><td>人民币
（大写）</td><td></td><td colspan="3">亿千百十万千百十元角分</td></tr>
<tr><td colspan="2">票据种类</td><td>票据张数</td><td colspan="3"></td></tr>
<tr><td colspan="2">票据号码</td><td></td><td colspan="3"></td></tr>
<tr><td colspan="4"></td><td colspan="2"></td></tr>
<tr><td colspan="4">复核　　　记账</td><td colspan="2">开户银行签章</td></tr>
</table>

凭 3-4-5

销 售 单

购货单位：		地址和电话：			单据编号：		
纳税识别号：		开户行及账号：			制单日期：		

编码	产品名称	规格	单位	单价	数量	金额	备注
合计	人民币（大写）：						

总经理：　　　　销售经理：　　　　　经手人：　　　　　会计：　　　　　签收人：

业务联

- - - ✂ - ✂ - - -

凭 3-5-1

5001082156　　　　增值税专用发票　　　№ **60972972**

此联不作报销扣税凭证使用　　　　　　　　　开票日期：

购买方	名　称： 纳税人识别号： 地　址、电话： 开户行及账号：					密码区		第一联：记账联 销售方记账凭证

货物或应税劳务、服务名称	规格型号	单位	数量	单价	金额	税率	税额
合　　计							
价税合计（大写）					（小写）		

销售方	名　称： 纳税人识别号： 地　址、电话： 开户行及账号：					备注	

收款人：　　　　　复核：　　　　　开票人：　　　　　销售方：(章)

税总函〔××××〕×××号 ××××××××× 公司

凭 3-5-2

出 库 单

出货单位：　　　　　　　　　　年　月　日　　　　　　　　　　单号：

提货单位或领货部门		销售单号		发出仓库		出库日期			业务联
编号	名称及规格		单位	数量		单价	金额		
				应发	实发				
合　计									

部门经理：　　　　　会计：　　　　　　仓库：　　　　　　经办人：

- - - ✂ - ✂ - - -

凭 3-5-3

销 售 单

购货单位：　　　　　　　地址和电话：　　　　　单据编号：
纳税识别号：　　　　　　开户行及账号：　　　　制单日期：

编码	产品名称	规格	单位	单价	数量	金额	备注	业务联
合计	人民币(大写)：							

总经理：　　　　销售经理：　　　　经手人：　　　　会计：　　　　签收人：

凭 3-5-4

商业承兑汇票(卡片) 2

39008794

出票日期
（大写）　　　贰零壹玖年　壹拾贰月　零壹拾日

付款人	全称	楚雄市第三小学	收款人	全称	云南大宇家具制造有限责任公司
	账号	4213346620774817641		账号	6222022123242500114
	开户银行	中国建设银行楚雄雄宝路支行		开户银行	中国建设银行昆明龙泉路支行

出票金额	人民币 （大写）伍拾贰万壹仟玖佰肆拾柒元整	亿	千	百	十	万	千	百	十	元	角	分
				¥	5	2	1	9	4	7	0	0

汇票到期日 （大写）	贰零贰零年叁月零壹拾日	付款人 开户行	行号	301300709012
交易合同号码	093121		地址	云南省楚雄市雄宝路 70 号

备注：

（印章：楚雄市第三小学 125323013516845530 财务专用章）

（印章：林王晓印）

出票人签章

凭 3-6-1

开具红字增值税专用发票信息表

填开日期：　　　年　月　日

销售方	名　称		购买方	名称		
	纳税人识别号			纳税人识别号		

开具红字专用发票内容	货物(劳务服务)名称	数量	单价	金额	税率	税额
	合计	—	—		—	

说明	一、购买方□ 　　对应蓝字专用发票抵扣增值税销项税额情况： 　　　1. 已抵扣□ 　　　2. 未抵扣□ 　　　(1) 无法认证□ 　　　(2) 纳税人识别号认证不符□ 　　　(3) 增值税专用发票代码、号码认证不符□ 　　　(4) 所购货物或劳务、服务不属于增值税扣税项目范围□ 　　对应蓝字专用发票的代码：_____ 号码：_____ 二、销售方□ 　　　(1) 购买方拒收发票□ 　　　(2) 发票尚未交付□ 　　对应蓝字专用发票的代码：_____ 号码：_____
红字发票信息表编号	

凭 3-6-2

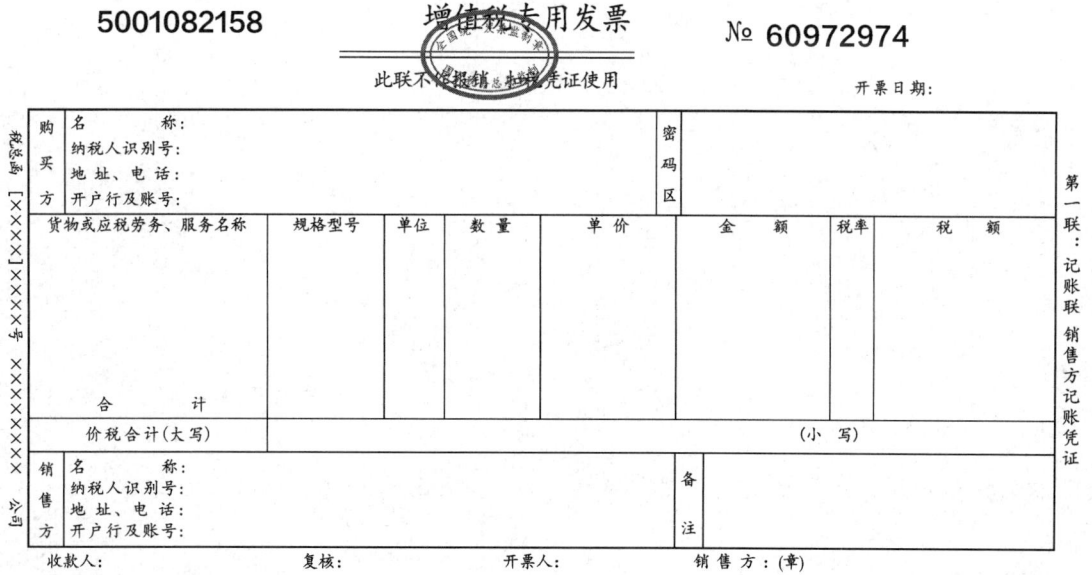

凭 3-7-1

5001082158 　　　增值税专用发票 　　 № 60972974

此联不作报销、扣税凭证使用 　　　　　　 开票日期：

购买方	名　　　称：						密码区			
	纳税人识别号：									
	地　址、电话：									
	开户行及账号：									
货物或应税劳务、服务名称	规格型号	单位	数 量	单 价		金　额	税率	税　额		
合　　　计										
价税合计(大写)							(小 写)			
销售方	名　　　称：						备注			
	纳税人识别号：									
	地　址、电话：									
	开户行及账号：									

收款人： 　　　　复核： 　　　　开票人： 　　　　销售方：(章)

凭 3-7-2

出 库 单

出货单位：　　　　　　　　　　　　　　年　月　日　　　　　　　　　　　　单号：

提货单位 或领货部门		销售 单号		发出 仓库		出库 日期			业 务 联
编号	名称及规格		单位	数量		单价	金额		
				应发	实发				
合　　计									

部门经理：　　　　　　　会计：　　　　　　　仓库：　　　　　　　经办人：

- - - ✂ - ✂ - - -

凭 3-7-3

销 售 单

购货单位：　　　　　　　　地址和电话：　　　　　　　单据编号：
纳税识别号：　　　　　　　开户行及账号：　　　　　　制单日期：

编码	产品名称	规格	单位	单价	数量	金额	备注	业 务 联
合计	人民币(大写)：							

总经理：　　　　　销售经理：　　　　　经手人：　　　　　会计：　　　　　签收人：

凭 3-7-4

商业承兑汇票（卡片）　　　2

39008795

| 出票日期（大写） | 贰零壹玖年　壹拾贰月　壹拾伍日 |

付款人	全称	百色市新华中学	收款人	全称	云南大宇家具制造有限责任公司
	账号	6228481654243219985		账号	6222022123242500114
	开户银行	中国农业银行百色城望路支行		开户银行	中国建设银行昆明龙泉路支行

出票金额	人民币（大写）贰拾万元整	亿 千 百 十 万 千 百 十 元 角 分
		￥ 2 0 0 0 0 0 0 0

汇票到期日（大写）	贰零贰零年叁月壹拾伍日	付款人开户行	行号	301300709013
交易合同号码	093122		地址	广西壮族自治区百色市城望路56号

备注：

（百色市新华中学 124523054843281347 财务专用章）

（明张印明）

出票人签章

此联收款人开户行随托收凭证寄付款行作借方凭证附件

- - - ✂ - ✂ - - -

凭 3-8-1

5001082159　　　增值税专用发票　　　№ 60972975

此联不得报销、抵税凭证使用

开票日期：

购买方	名　　称：					密码区			
	纳税人识别号：								
	地　址、电话：								
	开户行及账号：								
货物或应税劳务、服务名称	规格型号	单位	数量	单价	金　额	税率	税　额
合　　计							
价税合计（大写）				（小写）			
销售方	名　　称：					备注			
	纳税人识别号：								
	地　址、电话：								
	开户行及账号：								

收款人：　　　　　复核：　　　　　开票人：　　　　　销售方：（章）

第一联：记账联　销售方记账凭证

凭3-8-2

出　库　单

出货单位：　　　　　　　　　　　　年　月　日　　　　　　　　　　　　单号：

提货单位 或领货部门		销售 单号		发出 仓库		出库 日期		
编号	名称及规格	单位	数量		单价	金额		业 务 联
			应发	实发				
合　计								

部门经理：　　　　　会计：　　　　　　仓库：　　　　　经办人：

- - - ✂ - ✂ - -

凭3-8-3

商业承兑汇票（卡片）　　　2

39008793

出票日期
（大写）　　　贰零壹玖年　壹拾贰月　零伍日

付款人	全称	成都市立成中学	收款人	全称	云南大宇家具制造有限责任公司
	账号	6222023803013302560		账号	6222022123242500114
	开户银行	中国工商银行成都民丰路支行		开户银行	中国建设银行昆明龙泉路支行

出票金额	人民币 （大写）伍拾贰万伍仟肆佰伍拾元整	亿	千	百	十	万	千	百	十	元	角	分
				¥	5	2	5	4	5	0	0	0

汇票到期日 （大写）	贰零贰零年 叁月 零伍日	付款人 开户行	行号	301300709015
交易合同号码	093120		地址	四川省成都市民丰路 29 号

备注：

成都市立成中学
125101084501332580
财务专用章

高
方名
印

出票人签章

凭 3-8-4

销　售　单

| 购货单位： | | 地址和电话： | | | 单据编号： | | |
| 纳税识别号： | | 开户行及账号： | | | 制单日期： | | |

编码	产品名称	规格	单位	单价	数量	金额	备注
合计	人民币(大写)：						

业务联

总经理：　　　　销售经理：　　　　经手人：　　　　会计：　　　　签收人：

凭 3-9-1

5001082160　　　　　　№ **60972976**

此联不得报销及抵税凭证使用

开票日期：

购买方	名　称： 纳税人识别号： 地　址、电话： 开户行及账号：					密码区		
	货物或应税劳务、服务名称	规格型号	单位	数量	单价	金　额	税率	税　额
	合　　计							
	价税合计(大写)					(小写)		
销售方	名　称： 纳税人识别号： 地　址、电话： 开户行及账号：					备注		

第一联：记账联　销售方记账凭证

收款人：　　　　复核：　　　　开票人：　　　　销售方：(章)

凭 3-9-2

出　库　单

出货单位：　　　　　　　　　　　年　月　日　　　　　　　　　　　单号：

提货单位或领货部门		销售单号		发出仓库		出库日期		
编号	名称及规格		单位	数量		单价	金额	业务联
				应发	实发			
合　计								

部门经理：　　　　　　会计：　　　　　　仓库：　　　　　　经办人：

- - - ✂ - ✂ - - -

凭 3-9-3

销　售　单

购货单位：　　　　　　　　地址和电话：　　　　　　单据编号：
纳税识别号：　　　　　　　开户行及账号：　　　　　制单日期：

编码	产品名称	规格	单位	单价	数量	金额	备注	
								业务联
合计	人民币(大写)：							

总经理：　　　　　销售经理：　　　　　经手人：　　　　　会计：　　　　　签收人：

凭 3-9-4

建设银行　委托收款　凭证(支款通知)

委托日期　2019 年 12 月 19 日　流水号

付款人	全　　称	成都市立成中学	收款人	全　　称	云南大宇家具制造有限责任公司
	账号或地址	6222023803013302560		账号或地址	6222022123242500114
	开户银行	中国工商银行成都民丰路支行		开户银行	中国建设银行昆明龙泉路支行

委收金额	人民币(大写)	叁拾叁万玖仟柒佰玖拾壹元整	￥339791.00

款项内容		合同号	301300709	凭证张数	1
货款		注意事项: 1. 上列款项为见票全额付款 2. 上列款项若有误请与收款单位协商解决			

备注:

会计　　　　复核　　　　记账　　　　支付日期 2019 年 12 月 19 日

此联交付款人作支款通知

✂----------------------✂

凭 3-10-1

5001082161　　　增值税专用发票　　　№ 60972977

此联不准报销 凭证使用　　　　　　　　开票日期:

购买方	名　　称: 纳税人识别号: 地址、电话: 开户行及账号:					密码区		
货物或应税劳务、服务名称	规格型号	单位	数量	单价	金　额	税率	税　额
合　　计							
价税合计(大写)					(小写)		
销售方	名　　称: 纳税人识别号: 地址、电话: 开户行及账号:					备注		

收款人:　　　　　复核:　　　　　开票人:　　　　　销售方:(章)

第一联:记账联 销售方记账凭证

凭 3-10-2

出 库 单

出货单位：　　　　　　　　　　　年　月　日　　　　　　　　　　　单号：

提货单位 或领货部门		销售 单号		发出 仓库		出库 日期		
编号	名称及规格	单位	数量		单价	金额	业
			应发	实发			务
							联
合　　计							

部门经理：　　　　　会计：　　　　　　仓库：　　　　　　经办人：

- - - ✂ - ✂ - - -

凭 3-10-3

<table>
<tr><td colspan="12">银行汇票(卡片)　　　　　　　　　　　1</td></tr>
<tr><td colspan="12" style="text-align:right">50159328
245781315</td></tr>
</table>

提示付款期限自出票之日起壹个月	出票日期 （大写）　贰零壹玖年　壹拾贰月　贰拾壹日	代理付款行：中国建设银行昆明龙泉路支行　行号：30130070900												此联出票行结清汇出汇款借方凭证
	收款人：云南大宇家具制造有限责任公司													
	出票金额　人民币 　　　　　（大写）陆拾壹万零壹佰柒拾陆元整													
			亿	千	百	十	万	千	百	十	元	角	分	
	实际结算金额　人民币 　　　　　　　（大写）陆拾壹万零壹佰柒拾陆元整				¥	6	1	0	1	7	6	0	0	
	申请人：南宁市大尚中学　　　　　　　　账号：6222325323548509224													
	出票行：中国工商银行南宁希望路支行　　行号：301300709016													
	备　注：贷款													
	复核　　　　　　　经办	复核　　　　　记账												

凭 3-10-4

建设银行 进账单 （收账通知）　　3

年　月　日

出票人	全　　称		收款人	全　　称											
	账　　号			账　　号											
	开户银行			开户银行											
金额	人民币 （大写）				亿	千	百	十	万	千	百	十	元	角	分
票据种类		票据张数													
票据号码															
	复核　　　记账			开户银行签章											

此联收款人开户银行交给收款人的收账通知

✂ - ✂

凭 3-10-5

销　售　单

购货单位：　　　　　　　　地址和电话：　　　　　　　　单据编号：
纳税识别号：　　　　　　　开户行及账号：　　　　　　　制单日期：

编码	产品名称	规格	单位	单价	数量	金额	备注
合计	人民币(大写)：						

业务联

总经理：　　　　　销售经理：　　　　　经手人：　　　　　会计：　　　　　签收人：

凭 3-11-1

5001082162　　　　　　　　增值税专用发票　　　№ 60972978

此联不能报销和税凭证使用　　　　　　　开票日期：

购买方	名　　　称：							密码区			
	纳税人识别号：										
	地　址、电话：										
	开户行及账号：										
货物或应税劳务、服务名称	规格型号	单位	数　量	单　价		金　额	税率	税　额	
合　计									
价税合计(大写)						(小　写)			
销售方	名　　　称：							备注	
	纳税人识别号：								
	地　址、电话：								
	开户行及账号：								

收款人：　　　　　复核：　　　　　开票人：　　　　　销售方：(章)

第一联：记账联 销售方记账凭证

- - ✄ - ✄ - -

凭 3-11-2

出　库　单

出货单位：　　　　　　　　　年　月　日　　　　　　　　　单号：

提货单位或领货部门		销售单号		发出仓库		出库日期		
编号	名称及规格	单位	数量		单价	金额		业务联
			应发	实发				
合　计								

部门经理：　　　　　会计：　　　　　仓库：　　　　　经办人：

凭 3-11-3

银行汇票(卡片)　　　　　　**1**

50159329
245781316

出票日期（大写）贰零壹玖年　壹拾贰月　贰拾贰日	代理付款行：中国建设银行昆明龙泉路支行　行号：30130070900

提示付款期限自出票之日起壹个月

收款人：云南大宇家具制造有限责任公司

出票金额　人民币（大写）　叁拾伍万零叁佰元整

实际结算金额　人民币（大写）　叁拾伍万零叁佰元整

亿	千	百	十	万	千	百	十	元	角	分
			¥	3	5	0	3	0	0	0	0

申请人：曲靖市文渊中学　　　　　账号：6222723623152275983

出票行：中国工商银行曲靖罗林路支行　行号：301300709017

备　注：贷款

复核　　　汇票专用章　　经办

转讫
（9）

复核　　　记账

此联出票行结清汇出汇款借方凭证

- - - - ✂ - - - - - - - - - - - - - - - - - - ✂ - - - -

凭 3-11-4

建设银行 **进账单**　（收账通知）　　　**3**

年　月　日

出票人	全　称		收款人	全　称	
	账　号			账　号	
	开户银行			开户银行	

金额	人民币（大写）	亿	千	百	十	万	千	百	十	元	角	分

票据种类		票据张数	
票据号码			

复核　　　记账　　　　　　　　　　开户银行签章

此联收款人开户银行交给收款人的收账通知

凭 3-11-5

销 售 单

购货单位：　　　　　　　　地址和电话：　　　　　　　单据编号：
纳税识别号：　　　　　　　开户行及账号：　　　　　　制单日期：

编码	产品名称	规格	单位	单价	数量	金额	备注
合计	人民币（大写）：						

总经理：　　　　销售经理：　　　　　经手人：　　　　会计：　　　　签收人：

业务联

凭 3-12-1

5001082163　　　　　　增值税专用发票　　　No. 60972979

此联不作报销、扣税凭证使用　　　　　　　　　开票日期：

	名　　称：					密	
购买方	纳税人识别号： 地　址、电话： 开户行及账号：					码区	
	货物或应税劳务、服务名称	规格型号	单位	数 量	单 价	金　额	税率	税　额
	合　　计							
	价税合计（大写）					（小 写）		
销售方	名　　称： 纳税人识别号： 地　址、电话： 开户行及账号：					备注	

收款人：　　　　　复核：　　　　开票人：　　　　销售方：（章）

第一联：记账联 销售方记账凭证

凭 3-12-2

出 库 单

出货单位：　　　　　　　　　　　年　月　日　　　　　　　　　　　　单号：

提货单位或领货部门		销售单号		发出仓库		出库日期		业务联
编号	名称及规格	单位	数量		单价	金额		
			应发	实发				
合　计								

部门经理：　　　　　会计：　　　　　　　仓库：　　　　　　经办人：

- - - ✄ - ✄ - - -

凭 3-12-3

销 售 单

购货单位：　　　　　　　地址和电话：　　　　　　　单据编号：
纳税识别号：　　　　　　开户行及账号：　　　　　　制单日期：

编码	产品名称	规格	单位	单价	数量	金额	备注	业务联
合计	人民币(大写)：							

总经理：　　　　　销售经理：　　　　　经手人：　　　　　会计：　　　　　签收人：

凭 3-12-4

商业承兑汇票(卡片)　　2

39008796

出票日期
（大写）　　贰零壹玖年　壹拾贰月　贰拾叁日

付款人	全称	广安市第二中学	收款人	全称	云南大宇家具制造有限责任公司
	账号	4213122456327505657		账号	6222022123242500114
	开户银行	中国建设银行广安锦屏路支行		开户银行	中国建设银行昆明龙泉路支行

出票金额	人民币（大写）肆拾陆万贰仟叁佰玖拾陆元整	亿	千	百	十	万	千	百	十	元	角	分
					¥	4	6	2	3	9	6	0	0

汇票到期日（大写）	贰零贰零年叁月贰拾叁日	付款人开户行	行号	301300709014
交易合同号码	093123		地址	四川省广安市锦屏路88号

备注：

（广安市第二中学 1251130322263516151 财务专用章）

（文张印高）

出票人签章

- - - ✂ - ✂ - - -

凭 3-13-1

5001082164　　　**增值税专用发票**　　　№ 60972980

此联不作报销、扣税凭证使用

开票日期：

购买方	名　　　称：					密码区		
	纳税人识别号：							
	地址、电话：							
	开户行及账号：							

货物或应税劳务、服务名称	规格型号	单位	数量	单价	金　额	税率	税　额
合　　计							
价税合计（大写）					（小写）		

销售方	名　　　称：		备注	
	纳税人识别号：			
	地址、电话：			
	开户行及账号：			

收款人：　　　复核：　　　开票人：　　　销售方：(章)

凭 3-13-2

出 库 单

出货单位：　　　　　　　　　　年　月　日　　　　　　　　　　单号：

提货单位或领货部门		销售单号		发出仓库		出库日期		业务联
编号	名称及规格	单位	数量		单价	金额		
			应发	实发				
合　计								

部门经理：　　　　　会计：　　　　　　仓库：　　　　　　经办人：

- - - ✂ - ✂ - - -

凭 3-13-3

销 售 单

购货单位：　　　　　　　　地址和电话：　　　　　　单据编号：

纳税识别号：　　　　　　　开户行及账号：　　　　　　制单日期：

编码	产品名称	规格	单位	单价	数量	金额	备注	业务联
合计	人民币(大写)：							

总经理：　　　　销售经理：　　　　　经手人：　　　　　会计：　　　　　签收人：

凭 3-13-4

银行承兑汇票(卡片)   2

68791082

出票日期
（大写）　　　 贰零壹玖年　壹拾贰月　贰拾伍日

出票人全称	凯里市文华中学	收款人	全称	云南大宇家具制造有限责任公司
出票人账号	6222205446921320152		账号	6222022123242500114
付款行名称	中国工商银行凯里凤凰路支行		开户银行	中国建设银行昆明龙泉路支行

出票金额	人民币 （大写）　陆拾伍万伍仟零陆拾壹元整	亿 千 百 十 万 千 百 十 元 角 分
		￥6 5 5 0 6 1 0 0

汇票到期日 （大写）	贰零贰零年叁月贰拾伍日	付款行	行号	301300709009
承兑协议编号	09021342		地址	贵州省凯里市凤凰路 32 号

本汇票请你行承兑,此项汇票款我单位按承兑协议于到期的足额交存你行,到期请予支付。

密押

（凯里市文华中学 财务专用章 125226013514951147）

（向刘印思）

（中国工商银行凯里凤凰路支行 汇票专用章）

出票人签章　　备注：　　复核　　记账

此联收款人开户行随托收凭证寄付款行作借方凭证附件

------✂------

凭 3-14-1

5001082165

增值税专用发票   № 60972981

此联不能报销.抵扣凭证使用

开票日期：

购买方	名　　　称：					密码区				
	纳税人识别号：									
	地址、电话：									
	开户行及账号：									
	货物或应税劳务、服务名称	规格型号	单位	数量	单价	金　额		税率	税　额	
	合　　计									
	价税合计(大写)						（小　写）			
销售方	名　　　称：					备注				
	纳税人识别号：									
	地址、电话：									
	开户行及账号：									

收款人：　　　　复核：　　　　开票人：　　　　销售方：(章)

第一联：记账联 销售方记账凭证

凭 3-14-2

出 库 单

出货单位：　　　　　　　　　　　年　月　日　　　　　　　　　　　单号：

提货单位 或领货部门		销售 单号		发出 仓库		出库 日期			业
编号	名称及规格	单位	数量		单价	金额			务
			应发	实发					
									联
合　计									

部门经理：　　　　　会计：　　　　　　　　仓库：　　　　　　　经办人：

---- ✂ -- ✂ ----

凭 3-14-3

银行承兑汇票（卡片）　　　　2

68791082

出票日期
（大写）　　　贰零壹玖年　壹拾贰月　贰拾伍日

出票人全称	凯里市文华中学	收款人	全称	云南大宇家具制造有限责任公司
出票人账号	6222205446921320152		账号	6222022123242500114
付款行名称	中国工商银行凯里凤凰路支行		开户银行	中国建设银行昆明龙泉路支行

出票金额	人民币 （大写）叁拾壹万伍仟贰佰柒拾元整	亿 千 百 十 万 千 百 十 元 角 分 　　　　¥ 3 1 5 2 7 0 0 0

汇票到期日 （大写）	贰零贰零年叁月贰拾伍日	付款行	行号	301300709009
承兑协议编号	09021342		地址	贵州省凯里市凤凰路 32 号

本汇票请你行承兑,此项汇票款我单位按承兑协议于到期的足额交存你行,到期请予支付。  出票人签章	 备注：	密押 复核　　　记账

此联收款人开户行随托收凭证寄付款行作借方凭证附件

凭 3-14-4

销 售 单

购货单位：		地址和电话：			单据编号：			
纳税识别号：		开户行及账号：			制单日期：			
编码	产品名称	规格	单位	单价	数量	金额	备注	
								业务联
合计	人民币(大写)：							

总经理： 销售经理： 经手人： 会计： 签收人：

凭 3-15-1

5001082166  № 60972982

此联不作报销 扣税凭证使用

开票日期：

购买方	名　称：				密码区		开票日期：		
	纳税人识别号：								
	地址、电话：								
	开户行及账号：								
货物或应税劳务、服务名称	规格型号	单位	数量	单价		金　额	税率	税　额	
合　　　计									
价税合计(大写)					(小　写)				
销售方	名　称：				备注				
	纳税人识别号：								
	地址、电话：								
	开户行及账号：								

收款人： 复核： 开票人： 销售方：(章)

凭 3-15-2

出　库　单

出货单位：　　　　　　　　　　　　　年　月　日　　　　　　　　　　　　　　单号：

提货单位或领货部门		销售单号		发出仓库		出库日期			业务联
编号	名称及规格		单位	数量		单价	金额		
				应发	实发				
合　计									

部门经理：　　　　　　会计：　　　　　　仓库：　　　　　　经办人：

凭 3-15-3

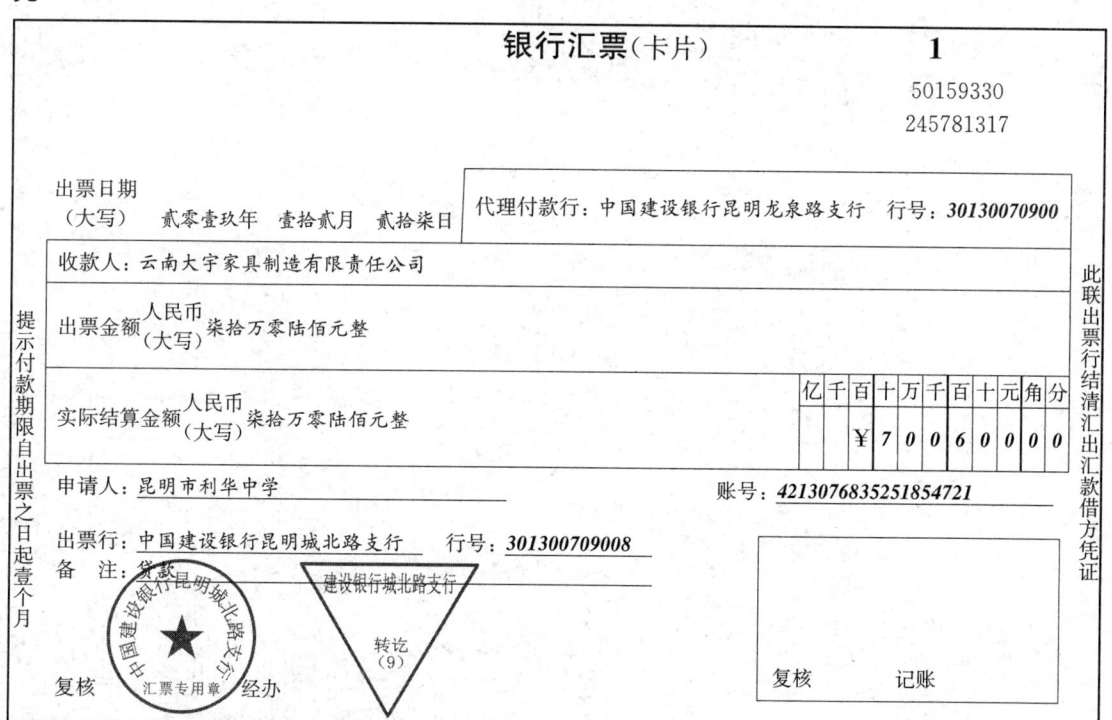

银行汇票（卡片）				1

50159330
245781317

出票日期（大写） 贰零壹玖年 壹拾贰月 贰拾柒日	代理付款行：中国建设银行昆明龙泉路支行　行号：30130070900

收款人：云南大宇家具制造有限责任公司

出票金额　人民币（大写）柒拾万零陆佰元整

实际结算金额　人民币（大写）柒拾万零陆佰元整

亿	千	百	十	万	千	百	十	元	角	分
		¥	7	0	0	6	0	0	0	0

申请人：昆明市利华中学　　　　　　　　　　账号：4213076835251854721

出票行：中国建设银行昆明城北路支行　　行号：301300709008

备　注：贷款

转讫（9）

建设银行城北路支行

复核　　经办

复核　　记账

提示付款期限自出票之日起壹个月

此联出票行结清汇出汇款借方凭证

凭 3-15-4

建设银行 进账单 （收账通知） 3

年 月 日

出票人	全称		收款人	全称		亿	千	百	十	万	千	百	十	元	角	分
	账号			账号												
	开户银行			开户银行												
金额	人民币（大写）															

票据种类		票据张数	
票据号码			

复核   记账

开户银行签章

此联收款人开户银行交给收款人的收账通知

✂ - ✂

凭 3-15-5

销 售 单

购货单位：　　　　　　　地址和电话：　　　　　　单据编号：
纳税识别号：　　　　　　开户行及账号：　　　　　　制单日期：

编码	产品名称	规格	单位	单价	数量	金额	备注
合计	人民币(大写)：						

总经理：　　　　　销售经理：　　　　　经手人：　　　　　会计：　　　　　签收人：

业务联

凭 3-16-1

5001082167　　　　**增值税专用发票**　　　№ **60972983**

此联不得报销和抵扣凭证使用　　　　　　　　　开票日期：

购买方	名　称：						密码区			第一联：记账联 销售方记账凭证
	纳税人识别号：									
	地　址、电　话：									
	开户行及账号：									
货物或应税劳务、服务名称	规格型号	单位	数量	单价	金　额	税率	税　额			
合　　计										
价税合计(大写)				(小写)						
销售方	名　称：						备注			
	纳税人识别号：									
	地　址、电　话：									
	开户行及账号：									

收款人：　　　　　复核：　　　　　开票人：　　　　　销售方：(章)

- - - ✂ - ✂ - - -

凭 3-16-2

出　库　单

出货单位：　　　　　　　年　月　日　　　　　　　单号：

提货单位 或领货部门		销售 单号		发出 仓库		出库 日期			业务联
编号	名称及规格		单位	数量		单价	金额		
				应发	实发				
合　计									

部门经理：　　　　　会计：　　　　　仓库：　　　　　经办人：

凭 3-16-3

销　售　单

购货单位：　　　　　　　　　地址和电话：　　　　　　　　单据编号：
纳税识别号：　　　　　　　　开户行及账号：　　　　　　　制单日期：

编码	产品名称	规格	单位	单价	数量	金额	备注
合计	人民币(大写)：						

总经理：　　　　销售经理：　　　　　经手人：　　　　　会计：　　　　　签收人：

业务联

- - - ✂ - ✂ - - -

凭 3-16-4

银行承兑汇票（卡片）　　2

68791084

出票日期
（大写）　　　　贰零壹玖年　壹拾贰月　贰拾玖日

出票人全称	玉溪市美业中学	收款人	全称	云南大宇家具制造有限责任公司
出票人账号	6222138246812079282		账号	6222022123242500114
付款行名称	中国工商银行玉溪北城路支行		开户银行	中国建设银行昆明龙泉路支行

出票金额	人民币（大写）柒拾玖万壹仟陆佰柒拾捌元整	亿	千	百	十	万	千	百	十	元	角	分
					￥	7	9	1	6	7	8	0	0

汇票到期日（大写）	贰零贰零年叁月贰拾玖日	付款行	行号	301300709011
承兑协议编号	09021344		地址	云南省玉溪市北城路 15 号

本汇票请你行承兑，此项汇票款我单位按承兑协议于到期的足额交存你行，到期请予支付。

密押

出票人签章　　　　备注：

复核　　　记账

此联收款人开户行随托收凭证寄付款行作借方凭证附件

凭 3-17

产品收发存月报表

2019 年 12 月 31 日

序号	产品名称	单位	上期结存	本期收入	本期发出	本期结存
1	桌子	张				
2	椅子	把				

四、行政部门发生的经济业务原始凭证

凭 4-1

附加信息:

收款人签章
年　月　日

身份证件名称:　　　发证机关:

号码

（贴粘单处）

根据《中华人民共和国票据法》等法律法规的规定，签发空头支票由中国人民银行处以票面金额 5%但不低于 1000 元的罚款。

凭 4-2-1

1100062650 **云南增值税普通发票** № **30961856**

开票日期：2019年12月1日

购货单位	名 称：云南大宇家具制造有限责任公司	密码区	3-65745<19458<3840481 75/37503848*7>+>-2//5 >*8574567-7<8*873/+<4 13-3001152-/>7142/>8-	加密版本：01 1100062650 30961856
	纳税人识别号：530102673678066			
	地址、电话：云南省昆明市龙泉路6666号 0871-68741258			
	开户行及账号：中国建设银行昆明龙泉路支行 6222022123242500114			

货物或应税劳务名称	规格型号	单位	数量	单价	金 额	税率	税 额
会计用品		件	20	26.50	530.00	13%	68.90
合 计					¥530.00		¥68.90

价税合计(大写)	⊗伍佰玖拾捌元玖角整	(小写) ¥598.90

销货单位	名 称：云南佳佳乐有限责任公司	备注
	纳税人识别号：930115020589886	
	地址、电话：云南省昆明青年路8888号 0871-66160448	
	开户行及账号：中国工商银行昆明青年路支行 6212260907000109377	

收款人：　　复核：　　开票人：张丽云　　销货单位：(章)

云南佳佳乐有限责任公司 930115020589886 发票专用章

第二联：发票联 购货方记账凭证

凭 4-2-2

报 销 单

填报日期：　年　月　日　　　单据及附件共　张

姓名		所属部门		报销形式	
				支票号码	

报销项目	摘 要	金 额	备注：
合 计			

金额大写： 拾 万 仟 佰 拾 元 角 分	原借款： 元	应退(补)款： 元

总经理：　财务经理：　部门经理：　会计：　出纳：　报销人：

凭 4-3

借 款 单

年 月 日 第 号

借款部门		姓名		事由	
借款金额(大写)		万 仟 佰 拾 元 角 分		¥_____	
部门负责人签署		借款人签章		注意事项	一、凡借用公款必须使用本单 二、出差返回后三天内结算
单位领导批示		财务经理审核意见			

✂ - ✂

凭 4-4

转账支票存根 **30109310** 00023329	中国建设银行 现金支票　30109310 00023329
附加信息 _____ 出票日期　年　月　日 收款人: 金　额: 用　途: 单位主管　会计	出票日期(大写)　年　月　日　付款行名称: 收款人:　　　　　　　　　　出票人账号: 人民币(大写)　　　　　　　　亿千百十万千百十元角分 用途_____　密码_____ 上列款项请从 我账户内支付 出票人签章　　　　　　复核　　记账 付款期限自出票之日起十天

附加信息：

收款人签章
年　月　日

身份证件名称：　　　　　发证机关：
号码

（贴粘单处）

根据《中华人民共和国票据法》等法律法规的规定，签发空头支票由中国人民银行处以票面金额 5%但不低于 1000 元的罚款。

凭 4-5

差旅费报销单

年　月　日

所属部门				姓名			出差天数		自　月　日至　月　日共　天			
出差 事由						借支 旅费	日期			金额¥		
							结算金额：¥					
出发		到达		起止地点		交通费		住宿费		饮食费		其他
月	日	月	日									
合计				拾　万　仟　佰　拾　元　角　分　¥								

总经理：　　　财务经理：　　　部门经理：　　　会计：　　　出纳：　　　报销人：

- - - - - - - ✂ - ✂ - - - - - - -

凭 4-6-1

收 款 收 据

NO. 00490021

年　月　日

今收到_____
交来：_____
金额（大写）　　拾　　万　　仟　　佰　　拾　　元　　角　　分
¥_____　　□现金　□支票　□信用卡　□其他　　收款 单位（盖章）

核准　　　　会计　　　　记账　　　　出纳　　　　经手人

第一联存根

凭 4-6-2

收 款 收 据

NO. 00490021

年　月　日

今收到								
交来：								
金额(大写)	拾	万	仟	佰	拾	元	角	分

¥ ＿＿＿＿＿　□现金　□支票　□信用卡　□其他

收款
单位(盖章)

第二联交对方

核准　　　会计　　　记账　　　出纳　　　经手人

- - - ✂ - ✂ - - -

凭 4-6-3

收 款 收 据

NO. 00490021

年　月　日

今收到								
交来：								
金额(大写)	拾	万	仟	佰	拾	元	角	分

¥ ＿＿＿＿＿　□现金　□支票　□信用卡　□其他

收款
单位(盖章)

第三联交财务

核准　　　会计　　　记账　　　出纳　　　经手人

凭 4-7-1

1100062650

云南增值税普通发票

№ 30961856

开票日期：2019年12月5日

购货单位	名　　称：云南大宇家具制造有限责任公司					密码区	3-65745<19458<3840481 75/37503848*7>+>-2//5 >*8574567-7<8*873/+<4 13-3001152-/>7142>>8-	加密版本：01 1100062650 30961856
	纳税人识别号：530102673678066							
	地址、电话：云南省昆明市龙泉路6666号　0871-68741258							
	开户行及账号：中国建设银行昆明龙泉路支行　6222022123242500114							

货物或应税劳务名称	规格型号	单位	数量	单 价	金 额	税率	税 额
车辆维修费		台	1	2000.00	2000.00	13%	260.00
合　　计					￥2000.00		￥260.00

价税合计（大写）	⊗贰仟贰佰陆拾元整	（小写）￥2260.00

销货单位	名　　称：云南小创汽车修理有限责任公司	备注
	纳税人识别号：530115020687335	
	地址、电话：云南省昆明市北京路67号　0871-66165837	
	开户行及账号：工商银行昆明北京路支行　6212260907000208852	

收款人：　　　　复核：　　　　开票人：李玉　　　　销货单位：（章）

国税函〔2008〕982号 深圳光华印制有限公司

第二联：发票联 购货方记账凭证

凭 4-7-2

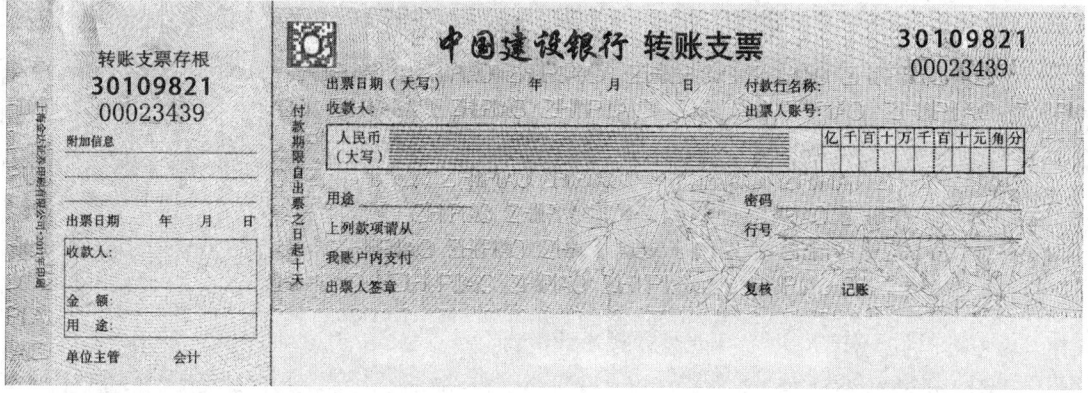

附加信息:	被背书人	被背书人
	背书人签章 年　月　日	背书人签章 年　月　日

（贴粘单处）

根据《中华人民共和国票据法》等法律法规的规定，签发空头支票由中国人民银行处以票面金额 5%但不低于 1000 元的罚款。

上海今达证券印务有限公司·2011年印制

凭 4-8-1

云南增值税专用发票
1100082140　　№ 60972952

开票日期：2019年12月6日

购货单位	名　称：云南大宇家具制造有限责任公司 纳税人识别号：530102673678066 地址、电话：云南省昆明路龙泉路6666号 0871-68741258 开户行及账号：中国建设银行昆明龙泉路支行 6222022123242500114

密码区：3-65745<19458<3840481 75/37503848*7>+>-2//5 >*8574567-7<8*873/+<4 13-3001152-/>7142)>8-
加密版本：01 1100082140 60972952

货物或应税劳务名称	规格型号	单位	数量	单价	金额	税率	税额
防尘口罩		个	200	5.00	1000.00	13%	130.00
合　　计					￥1000.00		￥130.00

价税合计（大写）　⊗壹仟壹佰叁拾元整　（小写）￥1130.00

销货单位	名　称：云南张记劳保用品有限责任公司 纳税人识别号：530115020587653 地址、电话：云南省昆明市广福路236号 0871-63165782 开户行及账号：交通银行昆明广福路支行 6213260900009710852	备注

收款人：　　复核：　　开票人：　　销货单位：（章）

第二联：抵扣联 购货方扣税凭证

凭 4-8-2

云南增值税专用发票
1100082140　　№ 60972952

开票日期：2019年12月6日

购货单位	名　称：云南大宇家具制造有限责任公司 纳税人识别号：530102673678066 地址、电话：云南省昆明路龙泉路6666号 0871-68741258 开户行及账号：中国建设银行昆明龙泉路支行 6222022123242500114

密码区：3-65745<19458<3840481 75/37503848*7>+>-2//5 >*8574567-7<8*873/+<4 13-3001152-/>7142)>8-
加密版本：01 1100082140 60972952

货物或应税劳务名称	规格型号	单位	数量	单价	金额	税率	税额
防尘口罩		个	200	5.00	1000.00	13%	130.00
合　　计					￥1000.00		￥130.00

价税合计（大写）　⊗壹仟壹佰叁拾元整　（小写）￥1130.00

销货单位	名　称：云南张记劳保用品有限责任公司 纳税人识别号：530115020587653 地址、电话：云南省昆明市广福路236号 0871-63165782 开户行及账号：交通银行昆明广福路支行 6213260900009710852	备注

收款人：　　复核：　　开票人：　　销货单位：（章）

第三联：发票联 购货方记账凭证

凭 4-8-3

报 销 单

填报日期：　年　月　日　　　　　　单据及附件共　　张

姓名		所属部门		报销形式	
				支票号码	

报销项目	摘　要	金　额	备注：
合　计			

金额大写：　拾　万　仟　佰　拾　元　角　分　　原借款：　　元　　应退(补)款：　　元

总经理：　　财务经理：　　部门经理：　　会计：　　出纳：　　报销人：

------------------✂--✂------

凭 4-9-1

银行承兑汇票   2   68791083
00003253

出票日期　　贰零壹玖年　　零壹拾月　　贰拾柒日
（大写）

出票人全称	广西省南宁市大尚中学	收款人	全　称	云南大宇家具制造有限责任公司
出票人账号	6222325323548509224		账　号	6222022123242500114
付款行名称	中国工商银行南宁希望路支行		开户银行	中国建设银行昆明龙泉路支行

出票金额　人民币（大写）　壹拾贰万元整　　　　亿千百十万千百十元角分　￥12000000

汇票到期日（大写）　贰零贰零年零壹月贰拾柒日

付款行　行号　301300709016

承兑协议编号 096756　　付款行　地址　南宁市青秀区希望路78号

本汇票已经本行承兑，到期无条件付款。

本汇票已经承兑，到期日由本行付款。

密押

峰刘印永

承兑行签章

汇票专用章
承兑日期 2018年 10月27日

出票人签章

备注：　　　　　复核　　记账

凭 4-9-2

贴现凭证（代申请书） ①

填写日期 年 月 日 第 号

贴现汇票	种类		号码		申请人	名称											
	出票日		年 月 日			账号										
	到期日		年 月 日			开户银行										

| 汇票承兑人（或银行） | 名称 | | 账号 | | 开户银行 | |

汇票金额（即贴现金额）	人民币（大写）							千	百	十	万	千	百	十	元	角	分

| 贴现率每月 | ‰ | 贴现利息 | 千 百 十 万 千 百 十 元 角 分 | 实付贴现金额 | 千 百 十 万 千 百 十 元 角 分 |

| 兹根据《银行结算办法》的规定，附送承兑汇票申请贴现，请审核。
此致
_____（贴现银行）
申请人盖章 | 银行审批 | 负责人 信贷员 | 科目（借）_____
对方科目（贷）_____

复核 记账 |

此联银行作贴现借方凭证

- - - ✂ - ✂ - - -

凭 4-9-3

贴现凭证（贷方凭证） ②

填写日期 年 月 日 第 号

贴现汇票	种类		号码		申请人	名称											
	出票日		年 月 日			账号										
	到期日		年 月 日			开户银行										

| 汇票承兑人（或银行） | 名称 | | 账号 | | 开户银行 | |

汇票金额（即贴现金额）	人民币（大写）							千	百	十	万	千	百	十	元	角	分

| 贴现率每月 | ‰ | 贴现利息 | 千 百 十 万 千 百 十 元 角 分 | 实付贴现金额 | 千 百 十 万 千 百 十 元 角 分 |

| 备注： | 科目（贷）_____
对方科目（借）_____

复核 记账 |

此联银行作贴现申请人账户贷方凭证

凭 4-9-4

贴 现 凭 证（贷方凭证）③

填写日期　　年　月　日　　　　　　第　号

<table>
<tr><td rowspan="3">贴现汇票</td><td>种　类</td><td colspan="2"></td><td>号码</td><td colspan="2"></td><td rowspan="3">申请人</td><td>名　称</td><td colspan="14"></td><td rowspan="11">此联银行作贴现利息贷方凭证</td></tr>
<tr><td>出票日</td><td colspan="3">年　月　日</td><td colspan="2"></td><td>账　号</td><td colspan="14"></td></tr>
<tr><td>到期日</td><td colspan="3">年　月　日</td><td colspan="2"></td><td>开户银行</td><td colspan="14"></td></tr>
<tr><td colspan="2">汇票承兑人（或银行）</td><td>名称</td><td colspan="3"></td><td>账号</td><td colspan="2"></td><td colspan="2">开户银行</td><td colspan="10"></td></tr>
<tr><td colspan="2">汇票金额
（即贴现金额）</td><td>人民币
（大写）</td><td colspan="8"></td><td>千</td><td>百</td><td>十</td><td>万</td><td>千</td><td>百</td><td>十</td><td>元</td><td>角</td><td>分</td></tr>
<tr><td>贴现率
每　月</td><td>‰</td><td>贴现利息</td><td>千</td><td>百</td><td>十</td><td>万</td><td>千</td><td>百</td><td>十</td><td>元</td><td>角</td><td>分</td><td colspan="2">实付贴现金额</td><td>千</td><td>百</td><td>十</td><td>万</td><td>千</td><td>百</td><td>十</td><td>元</td><td>角</td><td>分</td></tr>
<tr><td colspan="13">备注：</td><td colspan="12">科目（贷）＿＿＿＿＿＿
对方科目（借）＿＿＿＿＿

复核　　　记账</td></tr>
</table>

✂ ------------------------------- ✂

凭 4-9-5

贴 现 凭 证（收款通知）④

填写日期　　年　月　日　　　　　　第　号

<table>
<tr><td rowspan="3">贴现汇票</td><td>种　类</td><td colspan="2"></td><td>号码</td><td colspan="2"></td><td rowspan="3">申请人</td><td>名　称</td><td colspan="14"></td><td rowspan="11">此联银行给申请人的收款通知</td></tr>
<tr><td>出票日</td><td colspan="3">年　月　日</td><td colspan="2"></td><td>账　号</td><td colspan="14"></td></tr>
<tr><td>到期日</td><td colspan="3">年　月　日</td><td colspan="2"></td><td>开户银行</td><td colspan="14"></td></tr>
<tr><td colspan="2">汇票承兑人（或银行）</td><td>名称</td><td colspan="3"></td><td>账号</td><td colspan="2"></td><td colspan="2">开户银行</td><td colspan="10"></td></tr>
<tr><td colspan="2">汇票金额
（即贴现金额）</td><td>人民币
（大写）</td><td colspan="8"></td><td>千</td><td>百</td><td>十</td><td>万</td><td>千</td><td>百</td><td>十</td><td>元</td><td>角</td><td>分</td></tr>
<tr><td>贴现率
每　月</td><td>‰</td><td>贴现利息</td><td>千</td><td>百</td><td>十</td><td>万</td><td>千</td><td>百</td><td>十</td><td>元</td><td>角</td><td>分</td><td colspan="2">实付贴现金额</td><td>千</td><td>百</td><td>十</td><td>万</td><td>千</td><td>百</td><td>十</td><td>元</td><td>角</td><td>分</td></tr>
<tr><td colspan="13">上述款项已入你单位账号。
　此致
　贴现申请人

　　　　　银行盖章</td><td colspan="12">备注：</td></tr>
</table>

凭 4-9-6

贴 现 凭 证（到期卡）⑤

填写日期　　年　月　日　　　　第　　号

贴现汇票	种　类		号码		申请人	名　称											
	出票日	年　月　日				账　号										
	到期日	年　月　日				开户银行										

汇票承兑人（或银行）	名称		账号		开户银行										

汇票金额（即贴现金额）	人民币（大写）							千	百	十	万	千	百	十	元	角	分

贴现率每月	‰	贴现利息	千 百 十 万 千 百 十 元 角 分		实付贴现金额	千 百 十 万 千 百 十 元 角 分

备注：

科目（贷）_____
对方科目（借）_____

　　　　　年　月　日　　　　　　复核　　记账

此联会计部门按到期日排列保管，到期日作贴现贷方凭证

凭 4-10-1

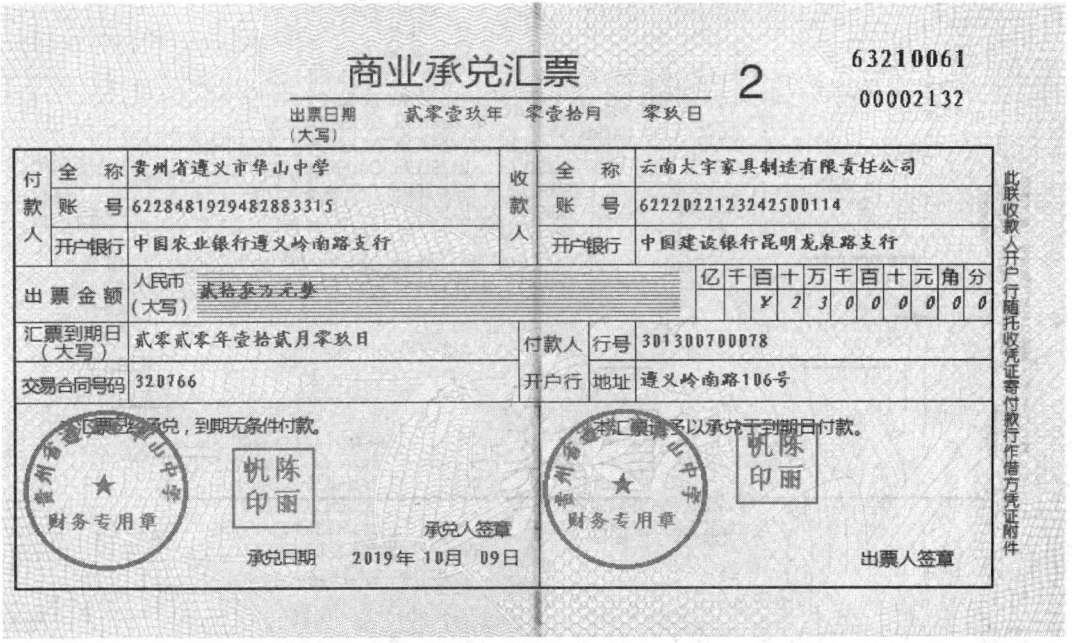

凭 4-10-2

托收凭证（受理回单）　　　　1

委托日期　　年　月　日

业务类型		委托收款（□邮划、□电划）　托收承付（□邮划、□电划）															
付款人	全称			收款人	全称												
	账号				账号												
	地址	省　市县　开户行			地址	省　市县　开户行											
金额	人民币（大写）					亿	千	百	十	万	千	百	十	元	角	分	
款项内容			托收凭据名　称			附寄单证张数											
商品发运情况			合同名称号码														
备注：																	

复核　　记账　　　　　　　年　月　日　　　　收款人开户银行签章　　　　　年　月　日

（2005）10×17.5公分　15角直印刷　01512-650111866

此联作收款人开户银行给收款人的受理回单

- - - ✂ - ✂ - - -

凭 4-10-3

托收凭证（贷方凭证）　　　　2

委托日期　　年　月　日

业务类型		委托收款（□邮划、□电划）　托收承付（□邮划、□电划）															
付款人	全称			收款人	全称												
	账号				账号												
	地址	省　市县　开户行			地址	省　市县　开户行											
金额	人民币（大写）					亿	千	百	十	万	千	百	十	元	角	分	
款项内容			托收凭据名　称			附寄单证张数											
商品发运情况			合同名称号码														
备注：		上列款项随附有关债务证明，请予办理。															

收款人开户银行收到日期：　　年　月　日　　　收款人签章　　　　　复核：　　记账：

（2005）10×17.5公分　15角直印刷　01512-650111866

此联收款人开户银行作贷方凭证

凭 4-10-4

托收凭证（借方凭证）　　　　3

委托日期　年　月　日　　|　付款期限　年　月　日

业务类型	委托收款（□邮划、□电划）　　托收承付（□邮划、□电划）			
付款人	全称		收款人	全称
	账号			账号
	地址　省　市县　开户行			地址　省　市县　开户行
金额	人民币（大写）		亿千百十万千百十元角分	
款项内容		托收凭据名称		附寄单证张数
商品发运情况		合同名称号码		
备注：				

付款人开户银行收到日期：　年　月　日　　收款人开户银行签章　年　月　日　　复核：　记账：

（左侧竖排）(2005)10×17.5公分　15角直印刷　01512-650111866

（右侧竖排）此联付款人开户银行作借方凭证

凭 4-10-5

托收凭证（汇款依据或收账通知）　　　　4

委托日期　年　月　日　　|　付款期限　年　月　日

业务类型	委托收款（□邮划、□电划）　　托收承付（□邮划、□电划）			
付款人	全称		收款人	全称
	账号			账号
	地址　省　市县　开户行			地址　省　市县　开户行
金额	人民币（大写）		亿千百十万千百十元角分	
款项内容		托收凭据名称		附寄单证张数
商品发运情况		合同名称号码		
备注：		上列款项已划回收入你方账户内。		

收款人开户银行签章　年　月　日

复核　记账

（左侧竖排）(2005)10×17.5公分　15角直印刷　01512-650111866

（右侧竖排）此联付款人开户行凭以汇款或收款人开户银行作收账通知

凭 4-10-6

托收凭证(付款通知)　　　　5

<table>
<tr><td colspan="5">委托日期　　年　月　日</td><td colspan="3">付款期限　　年　月　日</td></tr>
</table>

<table>
<tr><td>业务类型</td><td colspan="3">委托收款（□邮划、□电划）　　托收承付（□邮划、□电划）</td></tr>
<tr><td rowspan="3">付款人</td><td>全称</td><td></td><td rowspan="3">收款人</td><td>全称</td><td></td></tr>
<tr><td>账号</td><td></td><td>账号</td><td></td></tr>
<tr><td>地址</td><td>省　市县　开户行</td><td>地址</td><td>省　市县　开户行</td></tr>
<tr><td>金额</td><td>人民币
（大写）</td><td colspan="2">亿 千 百 十 万 千 百 十 元 角 分</td></tr>
<tr><td>款项
内容</td><td></td><td>托收凭据
名　称</td><td>附寄单
证张数</td><td></td></tr>
<tr><td>商品发运情况</td><td></td><td colspan="2">合同名称号码</td></tr>
<tr><td>备注：
付款人开户银行收到日期

　　　　年　月　日
复核　　记账</td><td colspan="2">收款人开户银行签章
　　　年　月　日</td><td colspan="2">付款人注意：
1. 根据支付结算方法，上列委托收款（托收承付）款项在付款期限内未提出拒付，即视为同意付款，以此代付款通知。
2. 如需提出全部或部分拒付，应在规定限期内，将拒付理由书并附债务证明退交开户银行。</td></tr>
</table>

(2005)10×17.5公分 15角直印刷 01512-650111866

此联付款人开户银行给付款人按期付款通知

- - - ✂ - ✂ - - -

凭 4-11

现金支票存根
30109310
00023330

附加信息

出票日期　　年　月　日
收款人：
金　额：
用　途：
单位主管　　会计

付款期限自出票之日起十天

中国建设银行 现金支票

30109310
00023330

出票日期（大写）　　年　月　日　　付款行名称：
收款人：　　　　　　　　　　　出票人账号：
人民币
（大写）　　　　　　　　　　　　亿 千 百 十 万 千 百 十 元 角 分
用途　　　　　　　　　　　密码
上列款项请从
我账户内支付
出票人签章　　　　　　　复核　　记账

附加信息：

收款人签章
年　月　日

身份证件名称：　　发证机关：

号码

（贴粘单处）

根据《中华人民共和国票据法》等法律法规的规定，签发空头支票由中国人民银行处以票面金额 5% 但不低于 1000 元的罚款。

凭 4-12-1

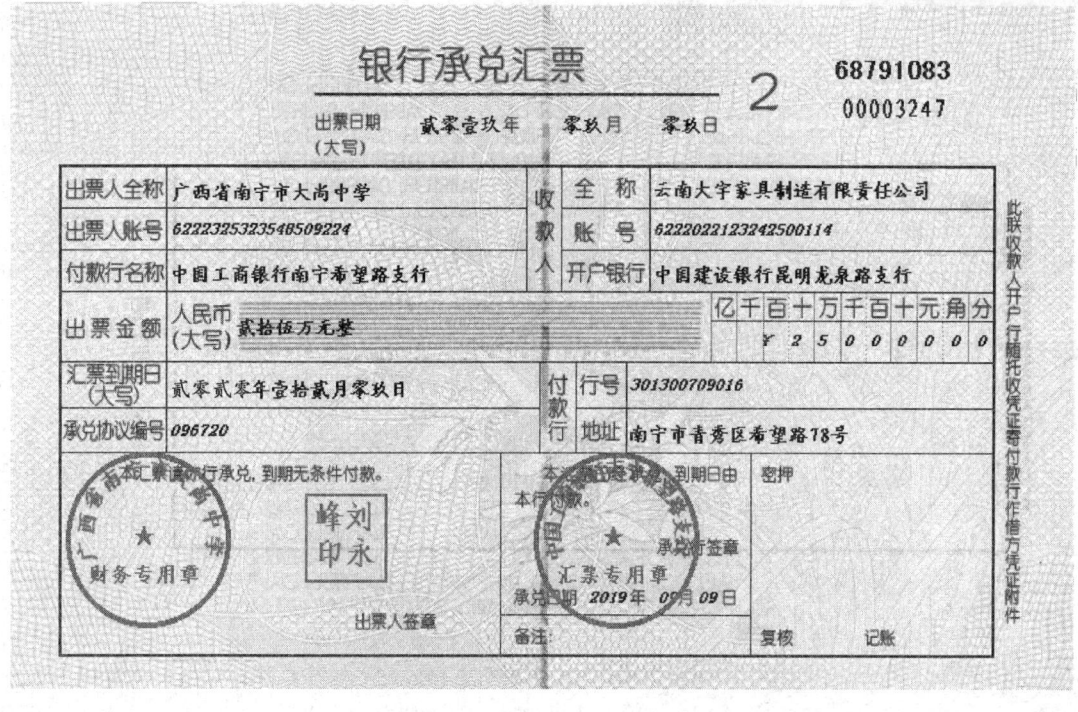

凭 4-12-2

托收凭证（受理回单）　　　1

委托日期　　年　月　日

业务类型		委托收款（□邮划、□电划）　　托收承付（□邮划、□电划）															
付款人	全称			收款人	全称												
	账号				账号												
	地址	省 市县	开户行		地址	省 市县	开户行										
金额	人民币（大写）					亿	千	百	十	万	千	百	十	元	角	分	
款项内容		托收凭据名称			附寄单证张数												
商品发运情况			合同名称号码														
备注：						收款人开户银行签章											
复核　　记账			年　月　日			年　月　日											

（2005）10×17.5公分　15角直印刷　01512-650111866

此联作收款人开户银行给收款人的受理回单

凭 4-12-3

(2005)10×17.5公分　15角直印刷　01512-65011866

托收凭证（贷方凭证）　　2

委托日期　　年　月　日

业务类型	委托收款（□邮划、□电划）　　托收承付（□邮划、□电划）													
付款人	全称		收款人	全称										
	账号			账号										
	地址	省　市县　开户行		地址	省　市县　开户行									
金额	人民币（大写）					亿	千	百	十	万	千	百	十	元 角 分
款项内容		托收凭据名称			附寄单证张数									
商品发运情况			合同名称号码											
备注：		上列款项随附有关债务证明，请予办理。												
收款人开户银行收到日期：年 月 日		收款人签章			复核：　　记账：									

此联收款人开户银行作贷方凭证

✂ ────────────────────────────────────── ✂

凭 4-12-4

(2005)10×17.5公分　15角直印刷　01512-65011866

托收凭证（借方凭证）　　3

委托日期　　年　月　日　　付款期限　年　月　日

业务类型	委托收款（□邮划、□电划）　　托收承付（□邮划、□电划）													
付款人	全称		收款人	全称										
	账号			账号										
	地址	省　市县　开户行		地址	省　市县　开户行									
金额	人民币（大写）					亿	千	百	十	万	千	百	十	元 角 分
款项内容		托收凭据名称			附寄单证张数									
商品发运情况			合同名称号码											
备注：														
付款人开户银行收到日期：年 月 日	收款人开户银行签章年 月 日				复核：　　记账：									

此联付款人开户银行作借方凭证

凭 4-12-5

托收凭证$\left(\begin{array}{l}\text{汇款依据或}\\\text{收账通知}\end{array}\right)$ 　　4

委托日期　年　月　日　　　付款期限　年　月　日

业务类型	委托收款（□邮划、□电划）　托收承付（□邮划、□电划）		

付款人	全称		收款人	全称	
	账号			账号	
	地址	省　市县　开户行		地址	省　市县　开户行

金额	人民币（大写）		亿 千 百 十 万 千 百 十 元 角 分

款项内容		托收凭据名　称		附寄单证张数	
商品发运情况			合同名称号码		

备注：	上列款项已划回收入你方账户内。

收款人开户银行签章
年　月　日

复核　　记账

此联付款人开户行凭以汇款或收款人开户银行作收账通知

(2005)10×17.5公分　15角直印刷　01512-650111866

✂- ✂

凭 4-12-6

托收凭证（付款通知）　　5

委托日期　年　月　日　　　付款期限　年　月　日

业务类型	委托收款（□邮划、□电划）　托收承付（□邮划、□电划）		

付款人	全称		收款人	全称	
	账号			账号	
	地址	省　市县　开户行		地址	省　市县　开户行

金额	人民币（大写）		亿 千 百 十 万 千 百 十 元 角 分

款项内容		托收凭据名　称		附寄单证张数	
商品发运情况			合同名称号码		

备注：付款人开户银行收到日期	付款人注意：
	1. 根据支付结算方法，上列委托收款（托收承付）款项在付款期限内未提出拒付，即视为同意付款，以此代付款通知。
年　月　日	2. 如需提出全部或部分拒付，应在规定期限内，将拒付理由书并附债证明退交开户银行。

付款人开户银行签章
年　月　日

复核　　记账

此联付款人开户银行给付款人按期付款通知

(2005)10×17.5公分　15角直印刷　01512-650111866

凭 4-13-1

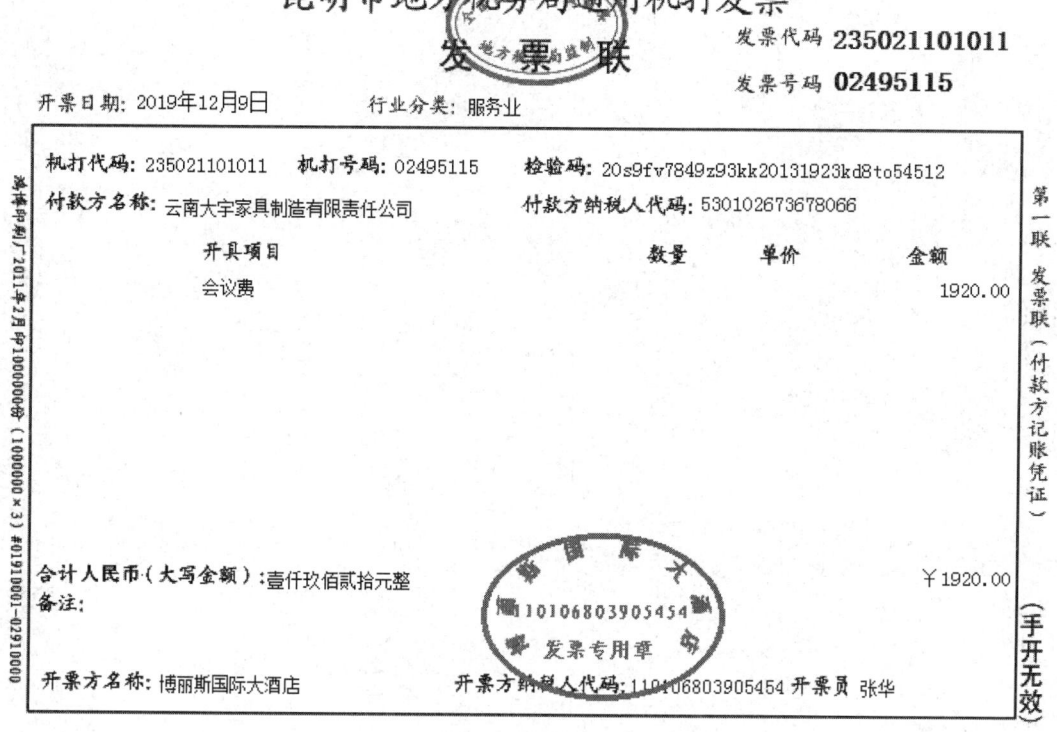

凭 4-13-2

转账支票存根	中国建设银行 转账支票	30109821

附加信息：	被背书人	被背书人
	背书人签章 年　月　日	背书人签章 年　月　日

（贴粘单处）

根据《中华人民共和国票据法》等法律法规的规定，签发空头支票由中国人民银行处以票面金额 5%但不低于 1000 元的罚款。

上海金达证券印刷有限公司 2011年印制

凭 4-14-1

国家税务局通用机打发票

发票联

机打代码 153426789012
机打号码 52243558
开票日期：2019年12月10日　　　　行业分类：广告业

发票代码 **153426789012**

发票号码 **52243558**

付款单位名称：云南大宇家具制造有限责任公司				付款单位识别号：530102673678066	
货物及劳务名称	规格	单位	单价	数量	金额
广告费					16800.00

合计人民币（大写）　壹万陆仟捌佰元整　　　　　　　　合计：￥16800.00

收款单位名称（盖章）：云南汇义广告有限责任公司　　收款单位开户银行及账号：中国银行昆明翠湖北路支行

收款单位识别号：530115020338685　　　　开票人：赵蓉　　　　备注：

第一联 发票联（购货单位付款凭证（手开无效）

凭 4-14-2

转账支票存根	中国建设银行 转账支票	30109821
30109821	出票日期（大写）　　年　　月　　日	00023442
00023442	收款人：　　　　　　　出票人账号：	
附加信息	人民币（大写）	亿 千 百 十 万 千 百 十 元 角 分
出票日期　年　月　日	用途：　　　　　　　密码：	
收款人：	上列款项请从　　　　行号：	
金 额：	我账户内支付	
用 途：	出票人签章　　　复核　　记账	
单位主管　　会计		

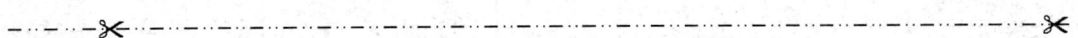

附加信息:	被背书人	被背书人
	背书人签章 年　月　日	背书人签章 年　月　日

（贴粘单处）

根据《中华人民共和国票据法》等法律法规的规定，签发空头支票由中国人民银行处以票面金额 5%但不低于 1000 元的罚款。

上海金达证券印刷有限公司 2011年印制

凭 4-15-1

云南省电子缴税回单

隶属关系——省属企业　　　　　　　　电子缴税号 31886
注册类型——有限责任公司　　填发日期——20191211　征收机关——国家税务总局云南省税务局

缴税单位	代　码	530102673678066		收款国库	国家税务总局云南省税务局	
	全　称	云南大宇家具制造有限责任公司		国库账号	101090120	
	账　号	6222022123242500114		预算级次	国税	
	开户银行	中国建设银行昆明龙泉路支行		国库开户银行	中国建设银行云南省分行	
税款所属期		20191101 至 20191130		税款限缴日期	2019 年 12 月 11 日	

预算科目	税种税目	计税金额、销售收入或课税数量	税率或单位税额	已缴或扣除额	实缴税额
	增值税	2 255 850.00	13%		293 260.50
金额合计	贰拾玖万叁仟贰佰陆拾元伍角整				￥293 260.50

申报方式	征收方式	打印次数	上列款项已核记入收款单位账户 扣款日期——20191211 银行盖章	备注 征税专用章
网上申报	一般申报			

未加盖银行印章无效

第一联：纳税人留存

凭 4-15-2

云南省电子缴税回单

隶属关系——省属企业　　　　　　　　电子缴税号 31886
注册类型——有限责任公司　　填发日期——20191211　征收机关——国家税务总局云南省税务局

缴税单位	代　码	530102673678066		收款国库	国家税务总局云南省税务局	
	全　称	云南大宇家具制造有限责任公司		国库账号	101090120	
	账　号	6222022123242500114		预算级次	地税	
	开户银行	中国建设银行昆明龙泉路支行		国库开户银行	中国建设银行云南省分行	
税款所属期		20191101 至 20191130		税款限缴日期	2019 年 12 月 11 日	

预算科目	税种税目	计税金额、销售收入或课税数量	税率或单位税额	已缴或扣除额	实缴税额
	城市维护建设税	293 260.50	7%		20 528.24
金额合计	贰万零伍佰贰拾捌元贰角肆分				￥20 528.24

申报方式	征收方式	打印次数	上列款项已核记入收款单位账户 扣款日期——20191211 银行盖章	备注 征税专用章
网上申报	一般申报			

未加盖银行印章无效

第一联：纳税人留存

凭 4-15-3

云南省电子缴税回单

隶属关系——省属企业　　　　　　　　　电子缴税号 31886
注册类型——有限责任公司　　填发日期——20191211　征收机关——国家税务总局云南省税务局

<table>
<tr><td rowspan="4">缴税单位</td><td>代　码</td><td>5301026736750660</td><td>收款国库</td><td>国家税务总局云南省税务局</td></tr>
<tr><td>全　称</td><td>云南大宇家具制造有限责任公司</td><td>国库账号</td><td>101090120</td></tr>
<tr><td>账　号</td><td>6222022123242500114</td><td>预算级次</td><td>地税</td></tr>
<tr><td>开户银行</td><td>中国建设银行昆明龙泉路支行</td><td>国库开户银行</td><td>中国建设银行云南省分行</td></tr>
</table>

<table>
<tr><td>税款所属期</td><td colspan="2">20191101 至 20191130</td><td>税款限缴日期</td><td colspan="2">2019 年 12 月 11 日</td></tr>
<tr><td>预算科目</td><td colspan="2">税种税目</td><td>计税金额、销售收入或课税数量</td><td>税率或单位税额</td><td>已缴或扣除额</td><td>实缴税额</td></tr>
<tr><td></td><td colspan="2">教育费附加</td><td>293 260.50</td><td>3%</td><td></td><td>8 989.31</td></tr>
<tr><td>金额合计</td><td colspan="3">捌仟柒佰捌拾玖元叁角壹分</td><td colspan="2"></td><td>¥8 989.31</td></tr>
<tr><td>申报方式</td><td>征收方式</td><td>打印次数</td><td colspan="2" rowspan="2">上列款项已核记入收款单位账户
扣款日期——20191211
银行盖章</td><td>备注</td><td></td></tr>
<tr><td>网上申报</td><td>一般申报</td><td></td><td></td><td></td></tr>
</table>

未加盖银行印章无效

第一联：纳税人留存

- - - ✂ - ✂ - - -

凭 4-16-1

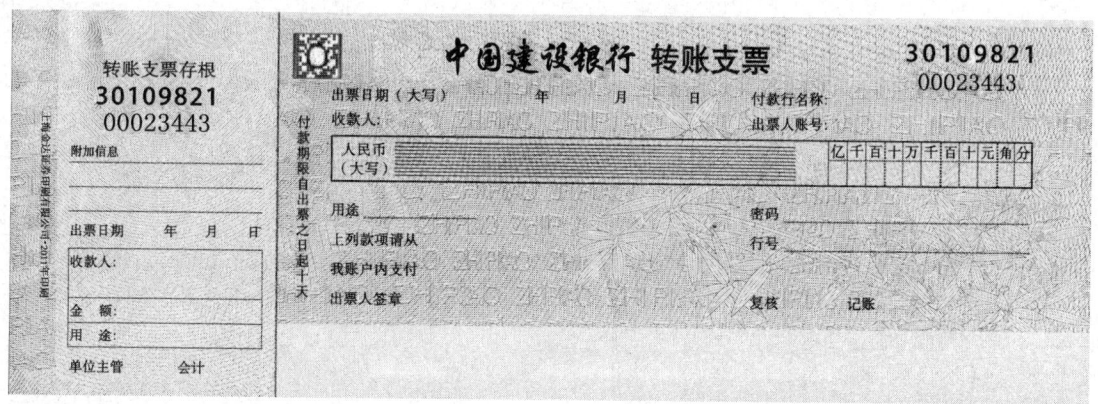

- - - ✂ - ✂ - -

附加信息:	被背书人	被背书人
	背书人签章 年　月　日	背书人签章 年　月　日

（贴粘单处）

根据《中华人民共和国票据法》等法律法规的规定，签发空头支票由中国人民银行处以票面金额 5%但不低于 1000 元的罚款。

上海印刷证券印制有限公司·2011年印刷

凭 4-16-2

建设银行 进账单 （回 单） 1

年 月 日

出票人	全 称		收款人	全 称											
	账 号			账 号											
	开户银行			开户银行											
金额	人民币（大写）				亿	千	百	十	万	千	百	十	元	角	分
票据种类		票据张数													
票据号码															
	复核	记账						开户银行签章							

此联是开户银行交给持票人的回单

- - - ✂ - ✂ - - -

凭 4-16-3

建设银行 进账单 （贷方凭证） 2

年 月 日

出票人	全 称		收款人	全 称											
	账 号			账 号											
	开户银行			开户银行											
金额	人民币（大写）				亿	千	百	十	万	千	百	十	元	角	分
票据种类		票据张数													
票据号码															
备注：															
						复核：		记账：							

此联由收款人开户银行作贷方凭证

凭 4-16-4

建设银行 进账单 （收账通知） 3

年 月 日

出票人	全 称		收款人	全 称	
	账 号			账 号	
	开户银行			开户银行	

金额	人民币（大写）		亿 千 百 十 万 千 百 十 元 角 分

票据种类		票据张数	
票据号码			

复核　　　记账

收款人开户银行签章

此联是收款人开户银行交给收款人的收账通知

✂ - ✂

凭 4-17-1

云南省电子缴税回单

隶属关系——省属企业　　　　　　　　　　电子缴税号 31886

注册类型——有限责任公司　　填发日期——20191212　征收机关——国家税务总局云南省税务局

缴税单位	代 码	530102673678056	收 款 国 库	国家税务总局云南省税务局
	全 称	云南大宇家具制造有限责任公司	国库账号	101090120
	账 号	6222022123242500114	预算级次	地税
	开户银行	中国建设银行昆明龙泉路支行	国库开户银行	中国建设银行云南省分行
税款所属期	20191101 至 20191130		税款限缴日期	2019 年 12 月 12 日

预算科目	税种税目	计税金额、销售收入或课税数量	税率或单位税额	已缴或扣除额	实缴税额
	印花税				3 110.00
金额合计	叁仟壹佰壹拾元整				￥3 110.00
申报方式	征收方式	打印次数	上列款项已核记入收款单位账户		
	一般申报		扣款日期——20191212　银行盖章	备注	

第一联：纳税人留存

未加盖银行印章无效

凭 4-17-2

转账支票存根	中国建设银行　转账支票	30109821
30109821		00023444
00023444		

转账支票存根
30109821
00023444

附加信息 _____

出票日期　　年　月　日
收款人：
金　额：
用　途：
单位主管　　　会计

付款期限自出票之日起十天

中国建设银行　转账支票
30109821
00023444

出票日期（大写）　　年　　月　　日　　付款行名称：
收款人：　　　　　　　　　　　　　出票人账号：
人民币（大写）　　　　　　　　　　亿千百十万千百十元角分
用途：　　　　　　　　　　　　　密码
上列款项请从　　　　　　　　　　行号
我账户内支付
出票人签章　　　　　　复核　　　记账

凭 4-18-1

1100062650　　　云南增值税普通发票　　　№ 30961856

开票日期：2019年12月14日

购货单位	名　称：云南大宇家具制造有限责任公司
	纳税人识别号：530102673678066
	地址、电话：云南省昆明市龙泉路6666号　0871-68741258
	开户行及账号：中国建设银行昆明龙泉路支行　6222022123242500114

密码区：
3-65745<19458<3840481
75/37503848*7>+>-2//5
>*8574567-7<8*873/+<4
13-3001152-/>7142>>8-

加密版本：01
1100062650
30961856

货物或应税劳务名称	规格型号	单位	数量	单价	金　额	税率	税　额
电脑		台	2	4350.00	8700.00	13%	1131.00
合　计					¥8700.00		¥1131.00

价税合计（大写）	⊗玖仟捌佰叁拾壹元整				（小写）¥9831.00

销货单位	名　称：云南科技电子有限责任公司	备注
	纳税人识别号：53011502033276	
	地址、电话：云南省昆明市东风西路108号　0871-6512368	
	开户行及账号：中国工商银行昆明东风西路支行　6212260907000803918	

53011502033276
发票专用章

收款人：　　　　复核：　　　　开票人：杨子欣　　　　销货单位：（章）

第二联：发票联　购货方记账凭证

国税函 [2008]982号　深圳光华印刷有限公司

附加信息：	被背书人	被背书人
	背书人签章 年　月　日	背书人签章 年　月　日

上海会达票据印制有限公司·2011年印制

（贴粘单处）

根据《中华人民共和国票据法》等法律法规的规定，签发空头支票由中国人民银行处以票面金额5%但不低于1000元的罚款。

凭 4-18-2

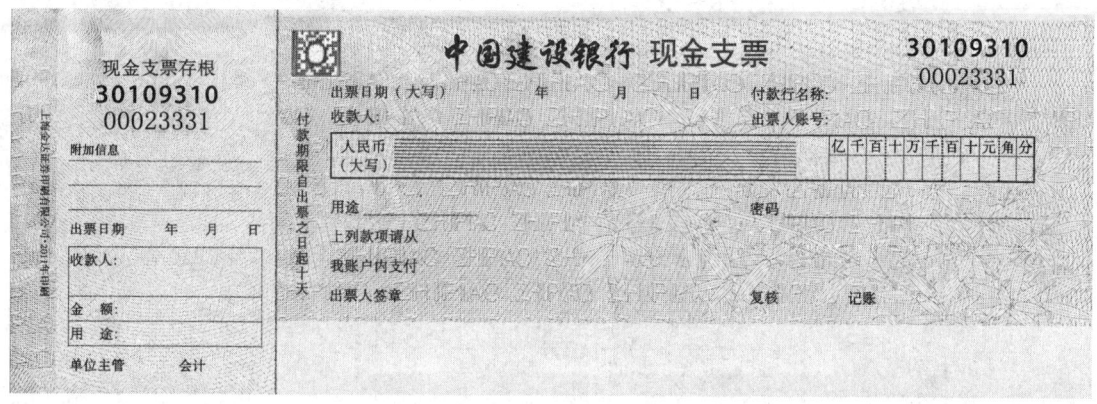

凭 4-19

专家经费发放表
2019 年 12 月 15 日

专家姓名	身份证号码	发放金额	税额	实发金额	领款人签名
王华明	532925197301197000	500		500	王华明
李永杰	532331198012051000	500		500	李永杰
赵天安	530102197909050000	500		500	赵天安
合计				1 500	

凭 4-20-1

国家税务局通用机打发票

发票联

发票代码 153426789012

发票号码 52243761

机打代码 153426789012
机打号码 52243761
开票日期：2019年12月16日　行业分类：服务业

付款单位名称：云南大宇家具制造有限责任公司				付款单位识别号：530102673678066	
货物及劳务名称	规格	单位	单价	数量	金额
办公设备维修费					2800.00

合计人民币（大写）：贰仟捌佰元整　　　合计：￥2800.00

收款单位名称（盖章）：云南光华实业有限责任公司　收款单位开户银行及账号：中国银行昆明环湖东路支行

收款单位识别号：530115020337121　开票人：朱建国　备注：

第一联 发票联（购货单位付款凭证）（手开无效）

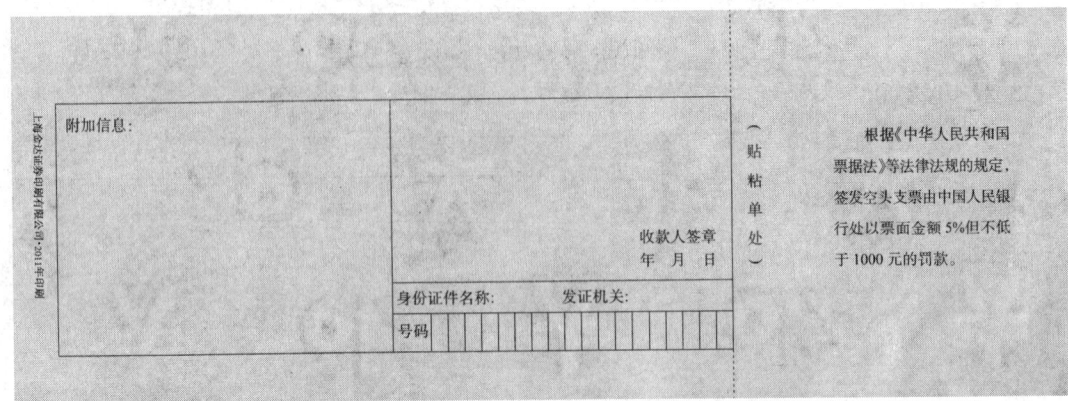

附加信息：

收款人签章
　年　月　日

身份证件名称：　　　　　发证机关：

号码

（贴粘单处）

根据《中华人民共和国票据法》等法律法规的规定，签发空头支票由中国人民银行处以票面金额 5%但不低于 1000 元的罚款。

凭 4-20-2

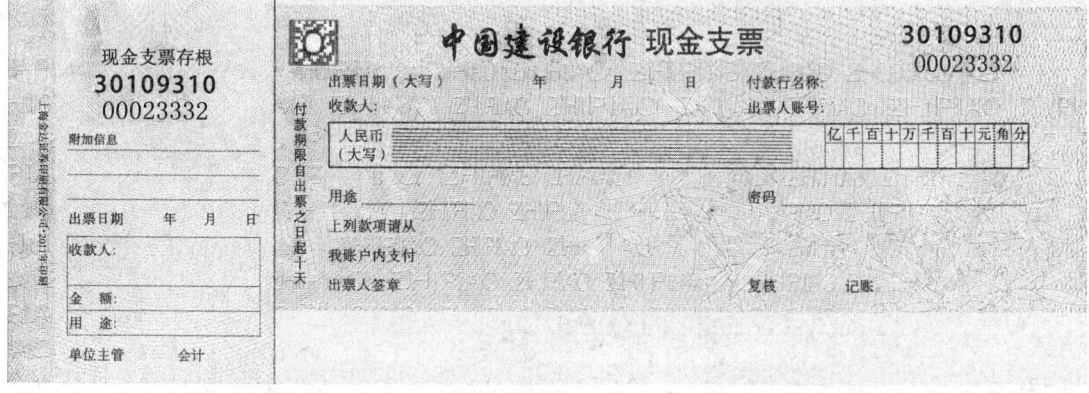

凭 4-21

借 款 单

年 月 日 第 号

借款部门		姓名		事由	
借款金额(大写)		万 仟 佰 拾 元 角 分		¥_____	
部门负责人签署		借款人签章		注意事项	一、凡借用公款必须使用本单 二、出差返回后三天内结算
单位领导批示		财务经理审核意见			

凭 4-22

附加信息:	被背书人	被背书人
上海金比证券印制有限公司·2011年印制		
	背书人签章 年　月　日	背书人签章 年　月　日

（贴粘单处）

根据《中华人民共和国票据法》等法律法规的规定，签发空头支票由中国人民银行处以票面金额 5%但不低于 1000 元的罚款。

附加信息:		
上海金比证券印制有限公司·2011年印制		收款人签章 年　月　日
	身份证件名称：　　　发证机关：	
	号码	

（贴粘单处）

根据《中华人民共和国票据法》等法律法规的规定，签发空头支票由中国人民银行处以票面金额 5%但不低于 1000 元的罚款。

凭 4-23-1

国家税务局通用机打发票

发 票 联

机打代码 153426789012
机打号码 52243773
开票日期：2019年12月18日　　　　　行业分类：广告业

发票代码 153426789012

发票号码 52243773

付款单位名称：云南大宇家具制造有限责任公司				付款单位识别号：530102673678066	
货物及劳务名称	规格	单位	单价	数量	金额
广告费					80000.00

合计人民币（大写）　捌万元整　　　　　　　　　　合计：￥80000.00

收款单位名称（盖章）：云南汇文广告有限责任公司　收款单位开户银行及账号：中国银行昆明翠湖北路支行

收款单位识别号：530115020338685　　　　开票人：赵蓉　　　　备注：

第一联 发票联（购货单位付款凭证）（手开无效）

凭 4-23-2

转账支票存根	中国建设银行 转账支票	30109821
30109821 00023446		00023446

转账支票存根 **30109821** 00023446	出票日期（大写）　　年　　月　　日　　付款行名称： 收款人：　　　　　　　　　　　　　　出票人账号： 人民币（大写）　　　　　　　　　　亿千百十万千百十元角分 用途：　　　　　　　　　　　　　　密码： 上列款项请从　　　　　　　　　　　行号： 我账户内支付 出票人签章　　　　　　　复核　　记账
附加信息 出票日期　年　月　日 收款人： 金　额： 用　途： 单位主管　　会计	付款期限自出票之日起十天

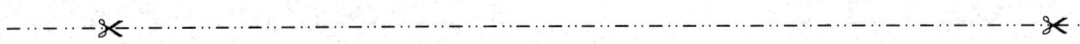

上海安达证券印制有限公司 2011年印刷

附加信息：	被背书人	被背书人	（贴粘单处）	根据《中华人民共和国票据法》等法律法规的规定，签发空头支票由中国人民银行处以票面金额 5% 但不低于 1000 元的罚款。
	背书人签章 年 月 日	背书人签章 年 月 日		

凭 4-24-1

中国建设银行 转账支票　30109821　00023447

转账支票存根
30109821
00023447

附加信息

出票日期　年　月　日
收款人：
金　额：
用　途：
单位主管　会计

出票日期（大写）　年　月　日　付款行名称：
收款人：　出票人账号：
人民币（大写）　　　　　亿千百十万千百十元角分
用途：　密码
上列款项请从我账户内支付　行号
出票人签章　复核　记账
付款期限自出票之日起十天

凭 4-24-2

国家税务局通用机打发票
发票联

机打代码 153426789012
机打号码 52243862
开票日期：2019年12月18日　行业分类：

发票代码 **153426789012**
发票号码 **52243862**

付款单位名称：云南大宇家具制造有限责任公司　付款单位识别号：530102673678066

货物及劳务名称	规格	单位	单价	数量	金额
打印纸	A4	包	26.00	120	3120.00
记号笔	S618	支	9.50	100	950.00
订书机	B2982	个	18.00	50	900.00

合计人民币（大写）：肆仟玖佰柒拾元整　合计：￥4970.00

收款单位名称（盖章）：欧尚办公用品有限责任公司　收款单位开户银行及账号：交通银行二环东路支行
收款单位识别号：533225101007379　开票人：唐雨薇　备注：

第一联 发票联（购货单位付款凭证）（手开无效）

附加信息：	被背书人	被背书人
	背书人签章 年　月　日	背书人签章 年　月　日

（贴粘单处）

根据《中华人民共和国票据法》等法律法规的规定，签发空头支票由中国人民银行处以票面金额5%但不低于1000元的罚款。

凭 4-25-1

差旅费报销单

年 月 日

所属部门			姓名		出差天数	自 月 日至 月 日共 天		
出差事由				借支旅费	日期		金额¥	
					结算金额:¥			

出发		到达		起止地点	交通费	住宿费	伙食费	其他
月	日	月	日					
合计		拾 万 仟 佰 拾 元 角 分						¥

总经理:　　　财务经理:　　　部门经理:　　　会计:　　　出纳:　　　报销人:

- - · · ✂ - - - - - · · · - ✂ · · -

凭 4-25-2

收款收据

NO. 00490021

年 月 日

今收到 _____	第一联存根
交来: _____	
金额(大写)　　拾　　万　　仟　　佰　　拾　　元　　角　　分	
¥ _____　□现金　□支票　□信用卡　□其他　　收款单位(盖章)	

核准　　　会计　　　记账　　　出纳　　　经手人

凭 4-25-3

收 款 收 据

NO. 00490021

年　月　日

今收到＿＿＿＿＿＿＿＿＿＿＿＿＿＿＿＿＿＿＿＿＿＿＿＿＿＿＿＿＿＿＿＿＿＿＿＿＿

交来：＿＿＿＿＿＿＿＿＿＿＿＿＿＿＿＿＿＿＿＿＿＿＿＿＿＿＿＿＿＿＿＿＿＿＿＿＿

| 金额(大写) | 拾 | 万 | 仟 | 佰 | 拾 | 元 | 角 | 分 |

¥＿＿＿＿＿　□现金　□支票　□信用卡　□其他　　收款单位(盖章)

核准　　　　会计　　　　记账　　　　出纳　　　　经手人

第二联交对方

✂ - ✂

凭 4-25-4

收 款 收 据

NO. 00490021

年　月　日

今收到＿＿＿＿＿＿＿＿＿＿＿＿＿＿＿＿＿＿＿＿＿＿＿＿＿＿＿＿＿＿＿＿＿＿＿＿＿

交来：＿＿＿＿＿＿＿＿＿＿＿＿＿＿＿＿＿＿＿＿＿＿＿＿＿＿＿＿＿＿＿＿＿＿＿＿＿

| 金额(大写) | 拾 | 万 | 仟 | 佰 | 拾 | 元 | 角 | 分 |

¥＿＿＿＿＿　□现金　□支票　□信用卡　□其他　　收款单位(盖章)

核准　　　　会计　　　　记账　　　　出纳　　　　经手人

第三联交财务

✂ - ✂

凭 4-26-1

银行利息凭证

户名：云南大宇家具制造有限责任 2019年12月19日　　账号:6222022123242500l

起息日	结息日	天数	积数 (千百十万千百十元角分)	利率	利息 (千百十万千百十元角分)
2019.9.19	2019.12.19		￥3 0 0 0 0 0 0 0	4.35%	￥3 2 6 2 5 0
本　金	300000.00		建行 龙泉路支行 2019.12.19 转讫	利息合计	￥3 2 6 2 5 0
本息合计	303262.50				
		(银行盖章)			

第三联 回单联

凭 4-26-2

12 月利息计算表

起息日	本金	计息时间				利息金额
		年利率	计息年数	计息月数	计息天数	
2018.09.19	300 000.00	4.35%		1		1 087.50
2018.09.01	5 000 000.00	4.35%		1		18 125.00
2018.11.01	1 700 000.00	4.35%		1		6 162.50
2016.05.01	8 000 000.00	4.90%		1		32 666.67
2017.04.01	10 000 000.00	4.90%		1		40 833.33
合计	25 000 000.00					98 875.00

凭 4-27-1

固定资产报废单

年 月 日　　　　　　　　　　凭证编号：

固定资产名称及编号	规格型号	单位	数量	购买日期	已计提折旧月数	原始价值	已提折旧	备注
固定资产状况及报废原因								
处理意见	使用部门		技术鉴定小组		固定资产管理部门		主管部门审批	

审核：　　　　制单：

凭 4-27-2

收 款 收 据

年　月　日　　　　　　　NO. 00490021

今收到＿＿＿＿＿＿＿＿＿＿＿＿＿＿＿＿＿＿＿＿＿＿＿＿＿＿＿＿＿＿＿＿＿＿＿＿＿

交来：＿＿＿＿＿＿＿＿＿＿＿＿＿＿＿＿＿＿＿＿＿＿＿＿＿＿＿＿＿＿＿＿＿＿＿＿＿＿

金额(大写)　　　拾　　万　　仟　　佰　　拾　　元　　角　　分

￥＿＿＿＿＿＿　　□现金　□支票　□信用卡　□其他　　收款
　　　　　　　　　　　　　　　　　　　　　　　　　单位(盖章)

核准　　　　会计　　　　记账　　　　出纳　　　　经手人

第一联存根

凭 4-27-3

收 款 收 据

年　月　日　　　　　　　NO. 00490021

今收到＿＿＿＿＿＿＿＿＿＿＿＿＿＿＿＿＿＿＿＿＿＿＿＿＿＿＿＿＿＿＿＿＿＿＿＿＿

交来：＿＿＿＿＿＿＿＿＿＿＿＿＿＿＿＿＿＿＿＿＿＿＿＿＿＿＿＿＿＿＿＿＿＿＿＿＿＿

金额(大写)　　　拾　　万　　仟　　佰　　拾　　元　　角　　分

￥＿＿＿＿＿＿　　□现金　□支票　□信用卡　□其他　　收款
　　　　　　　　　　　　　　　　　　　　　　　　　单位(盖章)

核准　　　　会计　　　　记账　　　　出纳　　　　经手人

第二联交对方

凭 4-27-4

收 款 收 据

年　月　日　　　　　　　NO. 00490021

今收到＿＿＿＿＿＿＿＿＿＿＿＿＿＿＿＿＿＿＿＿＿＿＿＿＿＿＿＿＿＿＿＿＿＿＿＿＿

交来：＿＿＿＿＿＿＿＿＿＿＿＿＿＿＿＿＿＿＿＿＿＿＿＿＿＿＿＿＿＿＿＿＿＿＿＿＿＿

金额(大写)　　　拾　　万　　仟　　佰　　拾　　元　　角　　分

￥＿＿＿＿＿＿　　□现金　□支票　□信用卡　□其他　　收款
　　　　　　　　　　　　　　　　　　　　　　　　　单位(盖章)

核准　　　　会计　　　　记账　　　　出纳　　　　经手人

第三联交财务

凭 4-28

借 款 单

年 月 日   第 号

借款部门		姓名		事由	
借款金额(大写)		万 仟 佰 拾 元 角 分			￥_____
部 门负责人签 署		借款人签 章		注意事项	一、凡借用公款必须使用本单 二、出差返回后三天内结算
单位领导批示		财务经理审核意见			

- - - ✂ - ✂ - - -

凭 4-29-1

差旅费报销单

年 月 日

所属部门			姓名		出差天数	自 月 日至 月 日共 天				
出差事由					借支旅费	日期		金额￥		
						结算金额：￥				
出发		到达		起止地点	交通费	住宿费		饮食费	其他	
月	日	月	日							
合计			拾 万 仟 佰 拾 元 角 分						￥	

总经理：   财务经理：   部门经理：   会计：   出纳：   报销人：

凭 4-29-2

收 款 收 据 NO. 00490021

年　月　日

今收到＿＿＿＿＿＿＿＿＿＿＿＿＿＿＿＿＿＿＿＿＿＿＿＿＿

交来：＿＿＿＿＿＿＿＿＿＿＿＿＿＿＿＿＿＿＿＿＿＿＿＿＿

金额(大写)　　拾　　万　　仟　　佰　　拾　　元　　角　　分

￥＿＿＿＿＿　□现金　□支票　□信用卡　□其他　　收款单位(盖章)

第一联存根

核准　　　会计　　　记账　　　出纳　　　经手人

- - ✂ - - - - - - - - - - - - - - - - - - - ✂ - -

凭 4-29-3

收 款 收 据 NO. 00490021

年　月　日

今收到＿＿＿＿＿＿＿＿＿＿＿＿＿＿＿＿＿＿＿＿＿＿＿＿＿

交来：＿＿＿＿＿＿＿＿＿＿＿＿＿＿＿＿＿＿＿＿＿＿＿＿＿

金额(大写)　　拾　　万　　仟　　佰　　拾　　元　　角　　分

￥＿＿＿＿＿　□现金　□支票　□信用卡　□其他　　收款单位(盖章)

第二联交对方

核准　　　会计　　　记账　　　出纳　　　经手人

- - ✂ - - - - - - - - - - - - - - - - - - - ✂ - -

凭 4-29-4

收 款 收 据 NO. 00490021

年　月　日

今收到＿＿＿＿＿＿＿＿＿＿＿＿＿＿＿＿＿＿＿＿＿＿＿＿＿

交来：＿＿＿＿＿＿＿＿＿＿＿＿＿＿＿＿＿＿＿＿＿＿＿＿＿

金额(大写)　　拾　　万　　仟　　佰　　拾　　元　　角　　分

￥＿＿＿＿＿　□现金　□支票　□信用卡　□其他　　收款单位(盖章)

第三联交财务

核准　　　会计　　　记账　　　出纳　　　经手人

凭 4-30-1

中国人民保险公司
THE PEOPLE'S INSURANCE OF CHINA　　NO：50789713

保险费收据
DEBIT NOTE　　　　　　　　　　日期：2019.12.22
DATE：

应支付本公司

单位：云南大宇家具制造有限责任公司　　Please be notified of the payable at

金　额　人民币　叁万元整
The sum of

系　付 No：　　　　　　　保险单/批单项下之保险费
Being due premium uder Policy/End No. 财产保险（　　　　　）

　批单号：2030152　　　　　合同/发票号：753266196

　收据号：RMC：　　　　　　Coutrac/Invoice NO.

保险金额：￥5000000.00

SUM INSURED：　　　　　　中国人民保险公司

保险费：￥30000.00　　　THE PEOPLE'S INSURANCE COMPANY OF CHINA

PREMIUM：　　　　　　　　　　　　　BRANCH

保险有效期：2020.01.01　　至 2020.12.31

审核：王雯　　　　　　　制单：张晓　　　@BWRPOJX@

凭 4-30-2

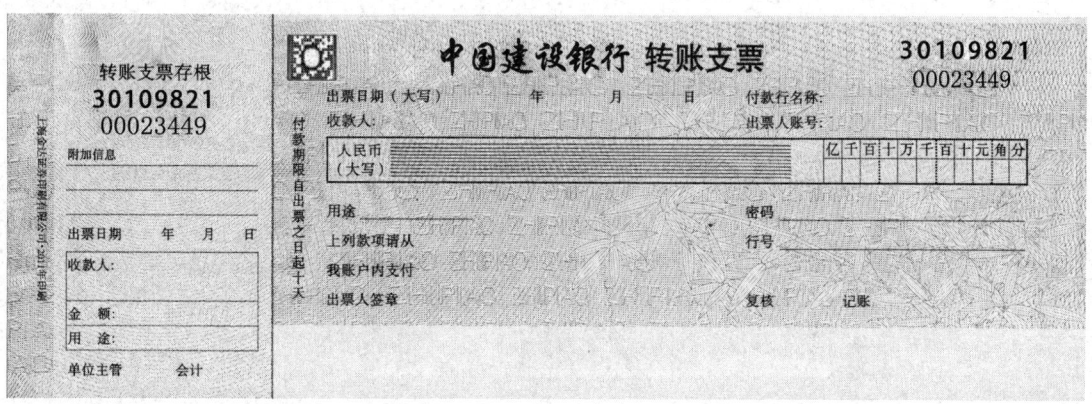

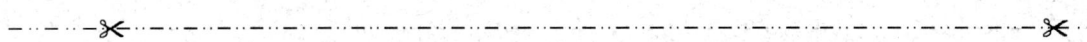

附加信息：	被背书人	被背书人
	背书人签章 年　月　日	背书人签章 年　月　日

（贴粘单处）

根据《中华人民共和国票据法》等法律法规的规定，签发空头支票由中国人民银行处以票面金额 5%但不低于 1000 元的罚款。

上海三联印刷有限公司 2011 年印制

凭 4-30-3

建设银行 进账单 （回 单） 1

年 月 日

出票人	全　　称		收款人	全　　称	
	账　　号			账　　号	
	开户银行			开户银行	
金额	人民币（大写）			亿千百十万千百十元角分	
票据种类		票据张数			
票据号码					
	复核　　记账			开户银行签章	

此联是开户银行交给持票人的回单

- - - ✂ - ✂ - - -

凭 4-30-4

建设银行 进账单 （贷方凭证） 2

年 月 日

出票人	全　　称		收款人	全　　称	
	账　　号			账　　号	
	开户银行			开户银行	
金额	人民币（大写）			亿千百十万千百十元角分	
票据种类		票据张数			
票据号码					
备注：					
				复核：　　记账：	

此联由收款人开户银行作贷方凭证

凭 4-30-5

建设银行 进账单 （收账通知） 3

年 月 日

出票人	全 称		收款人	全 称												
	账 号			账 号												
	开户银行			开户银行												
金额	人民币 （大写）				亿	千	百	十	万	千	百	十	元	角	分
票据种类		票据张数													
票据号码															

复核　　　记账　　　　　　　　　　　　　　收款人开户银行签章

此联是收款人开户银行交给收款人的收账通知

- - - ✂ - - - - - - - - - - - - - - - - - - ✂ - - -

凭 4-31-1

盘点报告表

单位名称：　　　　　　　　　　　年 月 日　　　　　　　　　　单位：

编号	类别及名称	计量单位	单价	实存		账存		对比结果				备注
				数量	金额	数量	金额	盘盈		盘亏		
								数量	金额	数量	金额	

监盘人：　　　　　　　　盘点人：　　　　　　　（第 页共 页）

第一联财务联

凭4-31-2

盘点报告表

单位名称：　　　　　　　　　　　　　　年　月　日　　　　　　　　　　　　　单位：

编号	类别及名称	计量单位	单价	实存		账存		对比结果				备注
								盘盈		盘亏		
				数量	金额	数量	金额	数量	金额	数量	金额	

监盘人：　　　　　　盘点人：　　　　　　（第　页共　页）

第二联仓库联

- - - ✂ - ✂ - - -

凭4-32

处理意见书

　　2019年12月23日,在对原材料进行财产清查时发现有2平方米复合板损坏,单价100元。经查明,该短缺属于定额范围内的自然损耗,故同意进行转销。

经办人：冯绘婷

仓管员：丁红

总经理：赵维刚

2019年12月25日

凭 4-33-1

现金支票存根	中国建设银行 现金支票	30109310
30109310 00023333		00023333

中国建设银行 现金支票

30109310
00023333

现金支票存根
30109310
00023333

附加信息 _____

出票日期 年 月 日
收款人：
金 额：
用 途：
单位主管 会计

出票日期（大写） 年 月 日
收款人：
人民币
（大写）
用途：
上列款项请从
我账户内支付
出票人签章

付款行名称：
出票人账号：
亿千百十万千百十元角分

密码

复核 记账

凭 4-34-1

付款申请书
年 月 日

用途及情况	金 额										收款单位（人）：		
	亿	千	百	十	万	千	百	十	元	角	分	账 号：	
												开户行：	

金额（大写）合计：		电汇：□ 信汇：□ 汇票：□ 转账：□ 其他：□

总经理		财务部门	经理		业务部门	经理
			会计			经办人

凭 4-34-2

公益性单位接受捐赠统一收据
UNIFIED INVOICE OF DONATION FOR PUBLIC WELFARE ORGANIZATION

2019 年 12 月 26 日
Y   M   D

(04)No 50789713

国财

捐 赠 者 Donor	云南大宇家具制造有限责任公司
捐 赠 项 目 For Purpose	希望小学捐款

捐赠金额（实物价值） Total Amount	大写 in Words	零 佰零 拾陆 万零 仟零 佰零 拾零 元零 角零 分								
	小写 in Figures	¥60000.00	佰	拾	万	仟	佰	拾	元	角	分
				¥	6	0	0	0	0	0	0

货币（实物）种类 Currency (Materrl Objects)	
备注 Notes	

接收单位（签章）　　审核　　　　　经手人 翃云　　支票号
Receiver's Seal　　Verified by　　Handling Person　　Cheque No

感谢您的慷慨捐赠！　Thank you for your generous donation!

财政部监制
《2004》10000本
至美公司印制

第二联 捐赠者
Second Donor

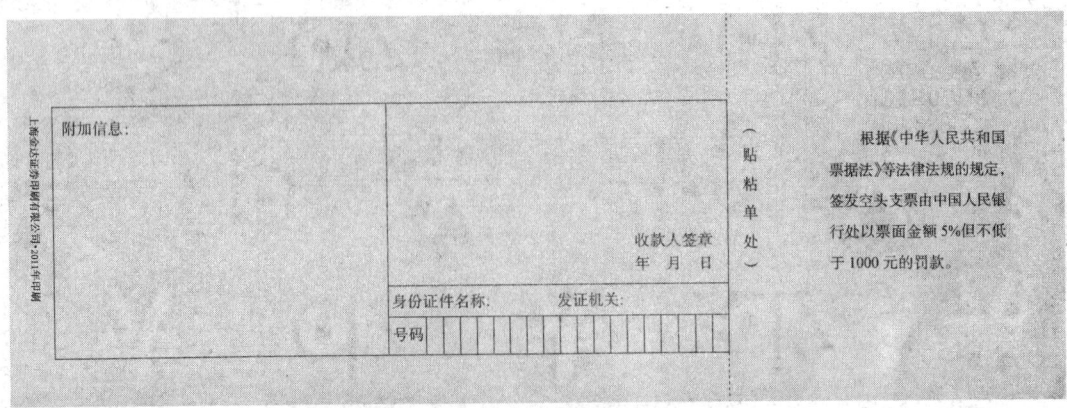

凭 4-35-1

1100062650　　　　**云南增值税普通发票**　　　No 30962575

开票日期：2019年12月26日

购货单位	名　称：云南大字家具制造有限责任公司 纳税人识别号：530102673678066 地址、电话：云南省昆明市龙泉路6666号　0871-68741258 开户行及账号：中国建设银行昆明龙泉路支行　6222022123242500114	密码区	3-65745<19458<3840481 75/37503848*7>+>-2//5 >*8574567-7<8*873/+<4 13-3001152-/>7142>>8-	加密版本：01 1100062650 30962575

货物或应税劳务名称	规格型号	单位	数量	单价	金　额	税率	税　额
会计用品		件	15	4.00	600.00	13%	78.00
合　计					￥600.00		￥78.00

价税合计(大写)	⊗陆佰柒拾捌元整		￥678.00

销货单位	名　称：云南佳佳乐有限责任公司 纳税人识别号：930115020589886 地址、电话：云南省昆明市青年路8888号　0871-66160448 开户行及账号：中国工商银行昆明青年路支行　6212260907000109377	备注	930115020589886 发票专用章

收款人：　　　　复核：　　　　开票人：张丽云　　　　销货单位：(章)

第二联：发票联 购货方记账凭证

- - - ✂ - ✂ - - -

凭 4-35-2

报　销　单

填报日期：　年　月　日　　　　　单据及附件共　　张

姓名		所属部门		报销形式	
				支票号码	

报销项目	摘　要	金　额	备注：
合　　计			

金额大写	拾　万　仟　佰　拾　元　角　分	原借款：　　元	应退(补)款：　　元

总经理：　　财务经理：　　部门经理：　　会计：　　出纳：　　报销人：

凭 4-36-1

国家税务局通用机打发票

发票联

机打代码 153426789012
机打号码 52244650
开票日期：2019年12月27日

发票代码 153426789012
发票号码 **52244650**

行业分类：

付款单位名称：云南大宇家具制造有限责任公司			付款单位识别号：530102673678066		
货物及劳务名称	规格	单位	单价	数量	金额
打印纸	A4	包	26.00	50	1300.00
墨盒	HP803	盒	105.00	15	1575.00

合计人民币（大写）：贰仟捌佰柒拾伍元整 5101007379　　　合计：￥2875.00

收款单位名称（盖章）：欧尚办公用品有限责任公司　　收款单位开户银行及账号：交通银行二环东路支行

收款单位识别号：533225101007379　　开票人：唐雨薇　　备注：

第一联 发票联（购货单位付款凭证（手开无效）

凭 4-36-2

转账支票存根
30109821
00023450

附加信息

出票日期　年　月　日
收款人：
金　额：
用　途：

单位主管　　会计

中国建设银行 转账支票

30109821
00023450

出票日期（大写）　　年　　月　　日　　付款行名称：
收款人：　　　　　　　　　　　　　　出票人账号：

人民币
（大写）　　　　　　　　　　　亿千百十万千百十元角分

用途　　　　　　　　　　　　　密码
上列款项请从　　　　　　　　　行号
我账户内支付
出票人签章　　　　　　　复核　　记账

付款期限自出票之日起十天

附加信息:	被背书人	被背书人
	背书人签章 年　月　日	背书人签章 年　月　日

（贴粘单处）

根据《中华人民共和国票据法》等法律法规的规定，签发空头支票由中国人民银行处以票面金额 5%但不低于 1000 元的罚款。

上海金达迪票务印制有限公司·2011年6月第版

凭 4-37-1

 1100082140

云南增值税专用发票

№ 60973618

开票日期：2019年12月27日

购货单位	名　　称：云南大宇家具制造有限责任公司
	纳税人识别号：530102673678066
	地址、电话：云南省昆明市龙泉路6666号 0871-68741258
	开户行及账号：中国建设银行昆明龙泉路支行 6222022123242500114

密码区
3-65745<19458<3840481
75/37503848*7>+>-2//5
>*8574567-7<8*873/+<4
13-3001152-/>7142>>8-

加密版本：01
1100082140
60973618

货物或应税劳务名称	规格型号	单位	数量	单价	金　额	税率	税　额
水费		吨	1240.50	4.50	5582.25	9%	502.40
合　　计					￥5582.25		￥502.40

价税合计（大写）	⊗陆仟零捌拾肆元陆角伍分	（小写）￥6084.65

销货单位	名　　称：昆明市自来水公司	备注
	纳税人识别号：530115020597483	
	地址、电话：云南省昆明市盘龙路332号 0871-63675152	
	开户行及账号：交通银行昆明盘龙路支行 6214360310005710636	

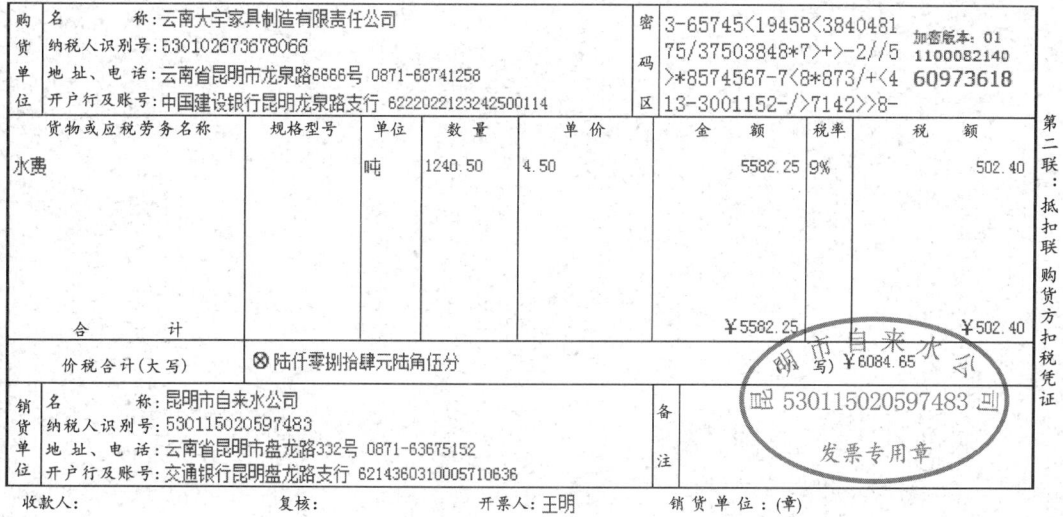

收款人：　　　　复核：　　　　开票人：王明　　　　销货单位：(章)

国税函 [2008]982号 海南华森实业公司

第二联：抵扣联 购货方扣税凭证

凭 4-37-2

1100082140

云南增值税专用发票

№ 60973618

开票日期：2019年12月27日

购货单位	名　　称：云南大宇家具制造有限责任公司
	纳税人识别号：530102673678066
	地址、电话：云南省昆明市龙泉路6666号 0871-68741258
	开户行及账号：中国建设银行昆明龙泉路支行 6222022123242500114

密码区
3-65745<19458<3840481
75/37503848*7>+>-2//5
>*8574567-7<8*873/+<4
13-3001152-/>7142>>8-

加密版本：01
1100082140
60973618

货物或应税劳务名称	规格型号	单位	数量	单价	金　额	税率	税　额
水费		吨	1240.50	4.50	5582.25	9%	502.40
合　　计					￥5582.25		￥502.40

价税合计（大写）	⊗陆仟零捌拾肆元陆角伍分	（小写）￥6084.65

销货单位	名　　称：昆明市自来水公司	备注
	纳税人识别号：530115020597483	
	地址、电话：云南省昆明市盘龙路332号 0871-63675152	
	开户行及账号：交通银行昆明盘龙路支行 6214360310005710636	

收款人：　　　　复核：　　　　开票人：王明　　　　销货单位：(章)

国税函 [2008]982号 海南华森实业公司

第三联：发票联 购货方记账凭证

凭 4-37-3

各部门水费明细表（不含税）

项目	开料车间	整理车间	组装车间	机修车间	管理部门	合计
水费	2 750.23	2 980.12	2 564.14	2 153.20	2 431.04	12 878.73

- - - ✂ - ✂ - - -

凭 4-37-4

各部门电费明细表（不含税）

项目	开料车间	整理车间	组装车间	机修车间	管理部门	合计
电费	2 501.55	2 737.64	2 863.30	2 396.07	2 187.29	12 685.85

- - - ✂ - ✂ - - -

凭 4-37-5

托收凭证（付款通知）　　　　　　5

委托日期　2019 年 12 月 27 日　　　付款期限 2019 年 12 月 27 日

业务类型	委托收款（□邮划、□电划）　　　托收承付（□邮划、□电划）						

付款人	全称	云南大宇家具制造有限责任公司	收款人	全称	昆明自来水公司
	账号	6222022123242500114		账号	6214360310005710636
	地址	云南省昆明 市县 开户行 建行龙泉路支行		地址	云南省昆明 市县 开户行 交行盘龙路支行

金额	人民币（大写）　陆仟零捌拾肆元陆角伍分	亿 千 百 十 万 千 百 十 元 角 分
		￥6 0 8 4 6 5

款项内容	水费	托收凭据名称	水费发票	附寄单证张数	1
商品发运情况		已发运	合同名称号码		
备注：					

（此处为印章：建行龙泉路支行 2019.12.27 转讫）

付款人开户银行收到日期 2019 年 12 月 27 日 复核　记账	付款人开户银行签章 2019 年 12 月 27 日	付款人注意： 1. 根据支付结算方法，上列委托收款（托收承付）款项在付款期限内未提出拒付，即视为同意付款，以此代付款通知。 2. 如需提出全部或部分拒付，应在规定期限内，将拒付理由书并附债务证明退交开户银行。

此联付款人开户银行给付款人按期付款通知

凭 4-37-6

云南增值税专用发票

№ 60973618

开票日期：2019年12月27日

购货单位	名　　称：云南大宇家具制造有限责任公司
	纳税人识别号：530102673678066
	地址、电话：云南省昆明市龙泉路6666号 0871-68741258
	开户行及账号：中国建设银行昆明龙泉路支行 6222022123242500114

密码区
3-65745<19458<3840481
75/37503848*7>+>-2//5
>*8574567-7<8*873/+<4
13-3001152-/>7142>>8-

加密版本：01
1100082140
60973618

货物或应税劳务名称	规格型号	单位	数 量	单 价	金 额	税率	税 额
电费		度	15856.5	0.80	12685.20	13%	1649.08
合　　　计					￥12685.20		￥1649.08

价税合计（大写）	⊗壹万肆仟叁佰叁拾肆元贰角捌分	（小写）￥14334.28

销货单位	名　　称：昆明市电力公司	备注
	纳税人识别号：530235040196605	
	地址、电话：云南省昆明市建设南路18号 0871-61677716	
	开户行及账号：交通银行昆明建设南路支行 6214510500003152131	

收款人：　　　复核：　　　开票人：胡文华　　　销货单位：（章）

第三联：发票联 购货方记账凭证

国税函 [2008]1562号 海南华森实业公司

1100082140

530235040196605
发票专用章

凭 4-37-7

云南增值税专用发票

№ 60973618

开票日期：2019年12月27日

购货单位	名　　称：云南大宇家具制造有限责任公司
	纳税人识别号：530102673678066
	地址、电话：云南省昆明市龙泉路6666号 0871-68741258
	开户行及账号：中国建设银行昆明龙泉路支行 6222022123242500114

密码区
3-65745<19458<3840481
75/37503848*7>+>-2//5
>*8574567-7<8*873/+<4
13-3001152-/>7142>>8-

加密版本：01
1100082140
60973618

货物或应税劳务名称	规格型号	单位	数 量	单 价	金 额	税率	税 额
电费		度	15856.5	0.80	12685.20	13%	1649.08
合　　　计					￥12685.20		￥1649.08

价税合计（大写）	⊗壹万肆仟叁佰叁拾肆元贰角捌分	（小写）￥14334.28

销货单位	名　　称：昆明市电力公司	备注
	纳税人识别号：530235040196605	
	地址、电话：云南省昆明市建设南路18号 0871-61677716	
	开户行及账号：交通银行昆明建设南路支行 6214510500003152131	

收款人：　　　复核：　　　开票人：胡文华　　　销货单位：（章）

第二联：抵扣联 购货方扣税凭证

国税函 [2008]1562号 海南华森实业公司

530235040196605
发票专用章

凭 4-37-8

托收凭证（付款通知）　5

委托日期　*2019* 年 *12* 月 *27* 日　　付款期限 *2019* 年 *12* 月 *27* 日

业务类型	委托收款（□邮划、□电划）　　托收承付（□邮划、□电划）														
付款人	全称	云南大宇家具制造有限责任公司		收款人	全称	昆明市电力公司									
	账号	6222022123242500114			账号	6214510500003152131									
	地址	云南省昆明 市县	开户行	建行龙泉路支行		地址	云南省昆明 市县	开户行	交行建设南路支行						
金额	人民币（大写）	壹万肆仟叁佰叁拾肆元贰角捌分				亿 千 百 十 万 千 百 十 元 角 分 ¥1 4 3 3 4 2 8									
款项内容	电费	托收凭据名称	水费发票	附寄单证张数	1										
商品发运情况	已发运		合同名称号码												
备注：		转讫		付款人注意： 1. 根据支付结算方法，上列委托收款（托收承付）款项在付款期限内未提出拒付，即视为同意付款，以此代付款通知。 2. 如需提出全部或部分拒付，应在规定期限内，将拒付理由书并附债务证明退交开户银行。											
付款人开户银行收到日期　*2019* 年 *12* 月 *27* 日　复核　记账		付款人开户银行签章　　*2019* 年 *12* 月 *27* 日													

（建行龙泉路支行 2019.12.27）

（2005）10×17.5公分　15角直印刷　01512-650111866

此联付款人开户银行给付款人按期付款通知

---✂--- ---✂---

凭 4-38-1

托收凭证（付款通知）　5

委托日期　*2019* 年 *12* 月 *31* 日　　付款期限 *2019* 年 *12* 月 *31* 日

业务类型	委托收款（□邮划、✓电划）　　托收承付（□邮划、□电划）														
付款人	全称	云南大宇家具制造有限责任公司		收款人	全称	中国电信股份有限公司昆明分公司									
	账号	6222022123242500114			账号	5322241213656100032									
	地址	云南省昆明 市县	开户行	建行龙泉路支行		地址	云南省昆明 市县	开户行	建行北京路支行						
金额	人民币（大写）	叁仟伍佰陆拾元整				亿 千 百 十 万 千 百 十 元 角 分 ¥3 5 6 0 0 0									
款项内容	电话费	托收凭据名称	电话费	附寄单证张数	1										
商品发运情况	已发运		合同名称号码												
备注：		转讫		付款人注意： 1. 根据支付结算方法，上列委托收款（托收承付）款项在付款期限内未提出拒付，即视为同意付款，以此代付款通知。 2. 如需提出全部或部分拒付，应在规定期限内，将拒付理由书并附债务证明退交开户银行。											
付款人开户银行收到日期　*2019* 年 *12* 月 *31* 日　复核　记账		付款人开户银行签章　　*2019* 年 *12* 月 *31* 日													

（建行龙泉路支行 2019.12.31）

（2005）10×17.5公分　15角直印刷　01512-650111866

此联付款人开户银行给付款人按期付款通知

凭 4-38-2

云南省电话费专用发票
发票联

字　　No.

发票号：137011464102　　　　　　　　　　开票日期：2019 年 12 月 31 日

编号	003612		应交月份	11 月	收款方式	转账	
姓名	赵维刚				收款员	王丽	②客户收执
农话费		代维费		市话费	3 560.00		
月租费		信息费		寻呼费			
城建费		长话费		数据费			
附加费		电报费		其他费			
金额（大写）		叁仟伍佰陆拾元整		￥3 560.00	结算方式		

凭 4-39

12 月份职工考勤表

部门	姓名	类别	加班	事假	病假
开料车间	李永军等 21 人	生产工人	2 天		
	陈亮	生产工人			1 天
	文峰多等 2 人	管理人员	2 天		
整理车间	王凯量	生产工人		2 天	
	可连琴	生产工人			3 天
组装车间	高科新等 10 人	生产工人	3 天		
	李世伟等 3 人	管理人员	3 天		
	李侃炎	生产工人		1 天	
	周立谢	生产工人		2 天	
采购部	熊小西	行政人员		1 天	
销售业务部	王莲心	行政人员			5 天
	于丽丽	行政人员		2 天	
	陈亮利	行政人员		1 天	

凭 4-40-1

代扣款项汇总表

2019 年 12 月 31 日

单位：元

部门	应付工资	代扣款项							实发工资
		医疗保险（2%）	养老保险（8%）	失业保险（0.3%）	住房公积金（8%）	工会经费（0.5%）	个人所得税	代扣款合计	

凭 4-40-2(见附表 4-1)

凭 4-41

折旧费计提表

年　月

单位：元

使用部门	固定资产类别					金　额
合　计						

审核：　　　　　制单：

凭 4-42

增值税纳税申报表

(一般纳税人适用)

根据国家税收法律法规及增值税相关规定制定本表。纳税人不论有无销售额,均应按税务机关核定的纳税期限填写本表,并向当地税务机关申报。

税款所属时间: 至 填表日期: 金额单位:元至角分

纳税人识别号:			所属行业:其他制造业	
纳税人名称:	法定代表人姓名	注册地址	生产经营地址	
开户银行及账号	登记注册类型	电话号码		

项 目		栏次	一般货物、劳务和应税服务		即征即退货物、劳务和应税服务	
			本月数	本年累计	本月数	本年累计
销售额	(一)按适用税率计税销售额	1				
	其中:应税货物销售额	2				
	应税劳务销售额	3				
	纳税检查调整的销售额	4				
	(二)按简易办法计税销售额	5				
	其中:纳税检查调整的销售额	6				
	(三)免、抵、退办法出口销售额	7				
	(四)免税销售额	8				
	其中:免税货物销售额	9				
	免税劳务销售额	10				
税款计算	销项税额	11				
	进项税额	12				
	上期留抵税额	13				
	进项税额转出	14				
	免、抵、退应退税额	15				
	按适用税率计算的纳税检查应补缴税额	16				
	应抵扣税额合计	17=12+13-14-15+16				
	实际抵扣税额	18(如17<11,则为17,否则为11)				
	应纳税额	19=11-18				
	期末留抵税额	20=17-18				
	简易计税办法计算的应纳税额	21				
	按简易计税办法计算的纳税检查应补缴税额	22				
	应纳税额减征额	23				
	应纳税额合计	24=19+21-23				
税款缴纳	期初未缴税额(多缴为负数)	25				
	实收出口开具专用缴款书退税额	26				
	本期已缴税额	27=28+29+30+31				
	①分次预缴税额	28				
	②出口开具专用缴款书预缴税额	29				
	③本期缴纳上期应纳税额	30				
	④本期缴纳欠缴税额	31				
	期末未缴税额(多缴为负数)	32=24+25+26-27				
	其中:欠缴税额(≥0)	33=25+26-27				
	本期应补(退)税额	34=24-28-29				
	即征即退实际退税额	35				
	期初未缴查补税额	36				
	本期入库查补税额	37				
	期末未缴查补税额	38=16+22+36-37				

授权声明	如果你已委托代理人申报,请填写下列资料: 为代理一切税务事宜,现授权 (地址) 为本纳税人的代理申请: 申报表有关的往来文件,都可寄予此人。 授权人签字:	申报人声明	本纳税申报表是根据国家税收法律法规及相关规定填报的,我确定它是真实的、可靠的、完整的。 声明人签字:

凭 4-43

地方税(费)综合纳税申报表

纳税人名称：　　　　　　　　税务登记证件号码：　　　　　　申报日期：　年　月　日

税款所属时期：　年　月　日至　年　月　日

税种	税目	应税项目	税款所属期	计税总值或总数量	税(费)率(预征率、征收率、单位税率)	应纳税(费)额	减免、扣抵、缓缴税(免)额	已纳税额	本期应缴税(费)额
合　计									

开户银行		银行账号	
说明：本表适用于核定征收或按附征率征收的个人所得税以及其他地方各税(基金、费)的申报,本表一式三份,受理部门和属地分局(所)各一份,审核签章后返回纳税人一份		受理人	
		审核人	

法人代表(签章)：　　　　办税员或税务代理人：　　　　受理税务机关(章)

- - - ✂ - ✂ - - -

凭 4-44

企业所得税计算表

所属会计期间：　　　　　　　年　月　日　　　　　　　　单位：元

序号	项目	金额	备注
1	本期会计利润		
2	纳税调整增加额		
3	纳税调整减少额		
4	应纳税所得		
5	所得税率		
6	应缴所得税		
7	减免税额		
8	抵免税额		
9	当期应缴所得税		
10	递延所得税负债		
11	递延所得税资产		
12	所得税费用		

制表人：

凭 4-45

损益类账户结算表

年　月　日　　　　　　　　　　　　　　　　　单位：元

项　目	借方余额	贷方余额
主营业务收入		
主营业务成本		
营业税金及附加		
其他业务收入		
其他业务成本		
销售费用		
管理费用		
财务费用		
公允价值变动损益		
投资收益		
营业外收入		
营业外支出		
资产减值损失		
合　计		

复核：　　　　　　　　　　　　　　　　　　　　　　　制表：

---✂--✂---

凭 4-46

本年净利润结转表

年　月　日　　　　　　　　　　　　　　　　　单位：元

应借科目　＼　应贷科目	利润分配——未分配利润
本年利润	

复核：　　　　　　　　　　　　　　　　　　　　　　　制表：

---✂--✂---

凭 4-47

盈余公积计算表

年　月　日

全年税后净利润	法定盈余公积 10％	合　计

附表4-1　12月职工工资表

姓名	部门	岗位	工种	应付工资				代扣款项									应纳税所得额	个人所得税	实发工资合计
				基本工资	绩效工资	奖金	小计	医疗保险(2%)	养老保险(8%)	失业保险(0.3%)	住房公积金(8%)	工会经费(0.5%)	其他扣除项	抵除项合计	考勤	小计			
赵华句	开料车间	生产工人	初级工	1 500.00	600.00	200.00	2 300.00	46.00	184.00	6.90	184.00	11.50		432.40		1 867.60			1 867.60
冯杰				1 500.00	600.00	200.00	2 300.00	46.00	184.00	6.90	184.00	11.50		432.40		1 867.60			1 867.60
曹原静				1 500.00	600.00	200.00	2 300.00	46.00	184.00	6.90	184.00	11.50		432.40		1 867.60			1 867.60
周轩容				1 500.00	600.00	200.00	2 300.00	46.00	184.00	6.90	184.00	11.50		432.40		1 867.60			1 867.60
孔树洵				1 500.00	600.00	200.00	2 300.00	46.00	184.00	6.90	184.00	11.50		432.40		1 867.60			1 867.60
马林龄				1 500.00	600.00	200.00	2 300.00	46.00	184.00	6.90	184.00	11.50		432.40		1 867.60			1 867.60
张云				1 500.00	600.00	200.00	2 300.00	46.00	184.00	6.90	184.00	11.50		432.40		1 867.60			1 867.60
李承军			中级工	1 900.00	1 100.00	500.00	3 500.00	70.00	280.00	10.50	280.00	17.50		658.00	643.68	3 485.68			3 485.68
王红				1 900.00	1 100.00	500.00	3 500.00	70.00	280.00	10.50	280.00	17.50		658.00	643.68	3 485.68			3 485.68
高宇				1 900.00	1 100.00	500.00	3 500.00	70.00	280.00	10.50	280.00	17.50		658.00	643.68	3 485.68			3 485.68
程成				1 900.00	1 100.00	500.00	3 500.00	70.00	280.00	10.50	280.00	17.50		658.00	643.68	3 485.68			3 485.68
张俊生				1 900.00	1 100.00	500.00	3 500.00	70.00	280.00	10.50	280.00	17.50		658.00	643.68	3 485.68			3 485.68
李宇龙				1 900.00	1 100.00	500.00	3 500.00	70.00	280.00	10.50	280.00	17.50		658.00	643.68	3 485.68			3 485.68
王涵				1 900.00	1 100.00	500.00	3 500.00	70.00	280.00	10.50	280.00	17.50		658.00	643.68	3 485.68			3 485.68
刘思思				1 900.00	1 100.00	500.00	3 500.00	70.00	280.00	10.50	280.00	17.50		658.00	643.68	3 485.68			3 485.68
唐小英				1 900.00	1 100.00	500.00	3 500.00	70.00	280.00	10.50	280.00	17.50		658.00	643.68	3 485.68			3 485.68

（续表）

姓名	部门	岗位	工种	应付工资				代扣款项									应纳税所得额	个人所得税	实发工资合计
				基本工资	绩效工资	奖金	小计	医疗保险(2%)	养老保险(8%)	失业保险(0.3%)	住房公积金(8%)	工会经费(0.5%)	其他扣除项	扣除项合计	考勤	小计			
程雪	开料车间	生产工人	中级工	1 900.00	1 100.00	500.00	3 500.00	70.00	280.00	10.50	280.00	17.50		658.00	643.68	3 485.68			3 485.68
徐山英				1 900.00	1 100.00	500.00	3 500.00	70.00	280.00	10.50	280.00	17.50		658.00	643.68	3 485.68			3 485.68
马杰				1 900.00	1 100.00	500.00	3 500.00	70.00	280.00	10.50	280.00	17.50		658.00	643.68	3 485.68			3 485.68
曹皓				1 900.00	1 100.00	500.00	3 500.00	70.00	280.00	10.50	280.00	17.50		658.00	643.68	3 485.68			3 485.68
李紫燕				1 900.00	1 100.00	500.00	3 500.00	70.00	280.00	10.50	280.00	17.50		658.00	643.68	3 485.68			3 485.68
许又杰				1 900.00	1 100.00	500.00	3 500.00	70.00	280.00	10.50	280.00	17.50		658.00	643.68	3 485.68			3 485.68
吴小娟				1 900.00	1 100.00	500.00	3 500.00	70.00	280.00	10.50	280.00	17.50		658.00	643.68	3 485.68			3 485.68
高圆近				1 900.00	1 100.00	500.00	3 500.00	70.00	280.00	10.50	280.00	17.50		658.00	643.68	3 485.68			3 485.68
王舒娟				1 900.00	1 100.00	500.00	3 500.00	70.00	280.00	10.50	280.00	17.50		658.00	643.68	3 485.68			3 485.68
郑泽				1 900.00	1 100.00	500.00	3 500.00	70.00	280.00	10.50	280.00	17.50		658.00	643.68	3 485.68			3 485.68
谭阳明				1 900.00	1 100.00	500.00	3 500.00	70.00	280.00	10.50	280.00	17.50		658.00	643.68	3 485.68			3 485.68
郑会林				1 900.00	1 100.00	500.00	3 500.00	70.00	280.00	10.50	280.00	17.50		658.00	643.68	3 485.68			3 485.68
谭琼晶			高级工	2 300.00	1 600.00	800.00	4 700.00	94.00	376.00	14.10	376.00	23.50		883.60	643.68	3 816.40			3 816.40
张莹莹				2 300.00	1 600.00	800.00	4 700.00	94.00	376.00	14.10	376.00	23.50		883.60	643.68	3 816.40			3 816.40
蒋遥				2 300.00	1 600.00	800.00	4 700.00	94.00	376.00	14.10	376.00	23.50		883.60	643.68	3 816.40			3 816.40
朱耀				2 300.00	1 600.00	800.00	4 700.00	94.00	376.00	14.10	376.00	23.50		883.60	643.68	3 816.40			3 816.40

（续表）

姓名	部门	岗位	工种	应付工资				代扣款项									应纳税所得额	个人所得税	实发工资合计
				基本工资	绩效工资	奖金	小计	医疗保险(2%)	养老保险(8%)	失业保险(0.3%)	住房公积金(8%)	工会经费(0.5%)	其他扣除项	扣除额合计	考勤	小计			
李祥叶	生产工人	生产工人	高级工	2 300.00	1 600.00	800.00	4 700.00	94.00	376.00	14.10	376.00	23.50		883.60		3 816.40			3 816.40
陈亮				2 300.00	1 600.00	800.00	4 700.00	94.00	376.00	14.10	376.00	23.50		883.60	(34.57)	3 781.833			3 643.53
丁谦				2 300.00	1 600.00	800.00	4 700.00	94.00	376.00	14.10	376.00	23.50		883.60		3 816.40			3 816.40
袁雨英				2 300.00	1 600.00	800.00	4 700.00	94.00	376.00	14.10	376.00	23.50		883.60		3 816.40			3 816.40
林相南				2 300.00	1 600.00	800.00	4 700.00	94.00	376.00	14.10	376.00	23.50		883.60		3 816.40			3 816.40
丁红				2 300.00	1 600.00	800.00	4 700.00	94.00	376.00	14.10	376.00	23.50		883.60		3 816.40			3 816.40
文峰		管理人员	行政人员	2 300.00	1 600.00	800.00	4 700.00	94.00	376.00	14.10	376.00	23.50		883.60	864.37	4 680.77			4 680.77
王星美				2 300.00	1 600.00	800.00	4 700.00	94.00	376.00	14.10	376.00	23.50		883.60	864.37	4 680.77			4 680.77
小计				78 000.00	46 500.00	21 500.00	146 000.00	2 920.00	11 680.00	438.00	11 680.00	730.00		27 448.00	15 211.45	133 763.45			133 625.15
章陶	整理车间	生产工人	初级工	1 500.00	600.00	200.00	2 300.00	46.00	184.00	6.90	184.00	11.50		432.40		1 867.60			1 867.60
王凯量				1 500.00	600.00	200.00	2 300.00	46.00	184.00	6.90	184.00	11.50		432.40	(211.49)	1 656.11			1 656.11
陈廷				1 500.00	600.00	200.00	2 300.00	46.00	184.00	6.90	184.00	11.50		432.40		1 867.60			1 867.60
秦荣				1 500.00	600.00	200.00	2 300.00	46.00	184.00	6.90	184.00	11.50		432.40		1 867.60			1 867.60
杨松原				1 500.00	600.00	200.00	2 300.00	46.00	184.00	6.90	184.00	11.50		432.40		1 867.60			1 867.60
严新				1 500.00	600.00	200.00	2 300.00	46.00	184.00	6.90	184.00	11.50		432.40		1 867.60			1 867.60

（续表）

姓名	部门	岗位	工种	应付工资				代扣款项								小计	应纳税所得额	个人所得税	实发工资合计
				基本工资	绩效工资	奖金	小计	医疗保险(2%)	养老保险(8%)	失业保险(0.3%)	住房公积金(8%)	工会经费(0.5%)	其他扣除项	扣除项合计	考勤				
可连琴	整理车间	生产工人	中级工	1 900.00	1 100.00	500.00	3 500.00	70.00	280.00	10.50	280.00	17.50		658.00	(92.55)	2 749.45			2 359.24
陶雨花				1 900.00	1 100.00	500.00	3 500.00	70.00	280.00	10.50	280.00	17.50		658.00		2 842.00			2 842.00
何李连				1 900.00	1 100.00	500.00	3 500.00	70.00	280.00	10.50	280.00	17.50		658.00		2 842.00			2 842.00
张国宏				1 900.00	1 100.00	500.00	3 500.00	70.00	280.00	10.50	280.00	17.50		658.00		2 842.00			2 842.00
吴综				1 900.00	1 100.00	500.00	3 500.00	70.00	280.00	10.50	280.00	17.50		658.00		2 842.00			2 842.00
王洋兵				1 900.00	1 100.00	500.00	3 500.00	70.00	280.00	10.50	280.00	17.50		658.00		2 842.00			2 842.00
韩曼红				1 900.00	1 100.00	500.00	3 500.00	70.00	280.00	10.50	280.00	17.50		658.00		2 842.00			2 842.00
刘云蒋				1 900.00	1 100.00	500.00	3 500.00	70.00	280.00	10.50	280.00	17.50		658.00		2 842.00			2 842.00
高敏临				1 900.00	1 100.00	500.00	3 500.00	70.00	280.00	10.50	280.00	17.50		658.00		2 842.00			2 842.00
冯雄民				1 900.00	1 100.00	500.00	3 500.00	70.00	280.00	10.50	280.00	17.50		658.00		2 842.00			2 842.00
鲁会华				1 900.00	1 100.00	500.00	3 500.00	70.00	280.00	10.50	280.00	17.50		658.00		2 842.00			2 842.00
杜亚超				1 900.00	1 100.00	500.00	3 500.00	70.00	280.00	10.50	280.00	17.50		658.00		2 842.00			2 842.00
任智慧				1 900.00	1 100.00	500.00	3 500.00	70.00	280.00	10.50	280.00	17.50		658.00		2 842.00			2 842.00
王以				1 900.00	1 100.00	500.00	3 500.00	70.00	280.00	10.50	280.00	17.50		658.00		2 842.00			2 842.00
袁保铭				1 900.00	1 100.00	500.00	3 500.00	70.00	280.00	10.50	280.00	17.50		658.00		2 842.00			2 842.00
许优坤				1 900.00	1 100.00	500.00	3 500.00	70.00	280.00	10.50	280.00	17.50		658.00		2 842.00			2 842.00
赵枚				1 900.00	1 100.00	500.00	3 500.00	70.00	280.00	10.50	280.00	17.50		658.00		2 842.00			2 842.00
钱杨				1 900.00	1 100.00	500.00	3 500.00	70.00	280.00	10.50	280.00	17.50		658.00		2 842.00			2 842.00

（续表）

姓名	部门	岗位	工种	应付工资				代扣款项									应纳税所得额	个人所得税	实发工资合计
				基本工资	绩效工资	奖金	小计	医疗保险(2%)	养老保险(8%)	失业保险(0.3%)	住房公积金(8%)	工会经费(0.5%)	其他扣除项	扣除额合计	考勤	小计			
赵小夏	整理车间	生产工人	高级工	2 300.00	1 600.00	800.00	4 700.00	94.00	376.00	14.10	376.00	23.50		883.60		3 816.40			3 816.40
冯黎明				2 300.00	1 600.00	800.00	4 700.00	94.00	376.00	14.10	376.00	23.50		883.60		3 816.40			3 816.40
曹领				2 300.00	1 600.00	800.00	4 700.00	94.00	376.00	14.10	376.00	23.50		883.60		3 816.40			3 816.40
周斌				2 300.00	1 600.00	800.00	4 700.00	94.00	376.00	14.10	376.00	23.50		883.60		3 816.40			3 816.40
孔泛				2 300.00	1 600.00	800.00	4 700.00	94.00	376.00	14.10	376.00	23.50		883.60		3 816.40			3 816.40
马文				2 300.00	1 600.00	800.00	4 700.00	94.00	376.00	14.10	376.00	23.50		883.60		3 816.40			3 816.40
张会临		管理人员	行政人员	2 300.00	1 600.00	800.00	4 700.00	94.00	376.00	14.10	376.00	23.50		883.60		3 816.40			3 816.40
李广才				2 300.00	1 600.00	800.00	4 700.00	94.00	376.00	14.10	376.00	23.50		883.60		3 816.40			3 816.40
王淮				2 300.00	1 600.00	800.00	4 700.00	94.00	376.00	14.10	376.00	23.50		883.60		3 816.40			3 816.40
高勇				2 300.00	1 600.00	800.00	4 700.00	94.00	376.00	14.10	376.00	23.50		883.60		3 816.40			3 816.40
小 计				66 200.00	39 400.00	18 200.00	123 800.00	2 476.00	9 904.00	371.40	9 904.00	619.00		23 274.40	(304.04)	100 221.56			99 831.35
程辉	组装车间	生产工人	初级工	1 500.00	600.00	200.00	2 300.00	46.00	184.00	6.90	184.00	11.50		432.40		1 867.60			1 867.60
张海兵				1 500.00	600.00	200.00	2 300.00	46.00	184.00	6.90	184.00	11.50		432.40		1 867.60			1 867.60
李宾				1 500.00	600.00	200.00	2 300.00	46.00	184.00	6.90	184.00	11.50		432.40		1 867.60			1 867.60
李佩炎				1 500.00	600.00	200.00	2 300.00	46.00	184.00	6.90	184.00	11.50		432.40	(105.75)	1 761.85			1 761.85
刘为				1 500.00	600.00	200.00	2 300.00	46.00	184.00	6.90	184.00	11.50		432.40		1 867.60			1 867.60

（续表）

姓名	部门	岗位	工种	应付工资				代扣款项								小计	应纳税所得额	个人所得税	实发工资合计
				基本工资	绩效工资	奖金	小计	医疗保险(2%)	养老保险(8%)	失业保险(0.3%)	住房公积金(8%)	工会经费(0.5%)	其他扣除项	扣除项合计	考勤				
高科新	组装车间	生产工人	中级工	1 900.00	1 100.00	500.00	3 500.00	70.00	280.00	10.50	280.00	17.50		658.00	965.52	3 807.52			3 807.52
崔驰				1 900.00	1 100.00	500.00	3 500.00	70.00	280.00	10.50	280.00	17.50		658.00	965.52	3 807.52			3 807.52
徐中贵				1 900.00	1 100.00	500.00	3 500.00	70.00	280.00	10.50	280.00	17.50		658.00	965.52	3 807.52			3 807.52
马力辉				1 900.00	1 100.00	500.00	3 500.00	70.00	280.00	10.50	280.00	17.50		658.00	965.52	3 807.52			3 807.52
卫郝				1 900.00	1 100.00	500.00	3 500.00	70.00	280.00	10.50	280.00	17.50		658.00	965.52	3 807.52			3 807.52
李副飞				1 900.00	1 100.00	500.00	3 500.00	70.00	280.00	10.50	280.00	17.50		658.00	965.52	3 807.52			3 807.52
许景成				1 900.00	1 100.00	500.00	3 500.00	70.00	280.00	10.50	280.00	17.50		658.00	965.52	3 807.52			3 807.52
吴永琴				1 900.00	1 100.00	500.00	3 500.00	70.00	280.00	10.50	280.00	17.50		658.00	965.52	3 807.52			3 807.52
高仁元				1 900.00	1 100.00	500.00	3 500.00	70.00	280.00	10.50	280.00	17.50		658.00	965.52	3 807.52			3 807.52
王春				1 900.00	1 100.00	500.00	3 500.00	70.00	280.00	10.50	280.00	17.50		658.00	965.52	3 807.52			3 807.52
郑建清				1 900.00	1 100.00	500.00	3 500.00	70.00	280.00	10.50	280.00	17.50		658.00		2 842.00			2 842.00
黄于武				1 900.00	1 100.00	500.00	3 500.00	70.00	280.00	10.50	280.00	17.50		658.00		2 842.00			2 842.00
李金星				1 900.00	1 100.00	500.00	3 500.00	70.00	280.00	10.50	280.00	17.50		658.00		2 842.00			2 842.00
谭优方				1 900.00	1 100.00	500.00	3 500.00	70.00	280.00	10.50	280.00	17.50		658.00		2 842.00			2 842.00
张高利				1 900.00	1 100.00	500.00	3 500.00	70.00	280.00	10.50	280.00	17.50		658.00		2 842.00			2 842.00

（续表）

姓名	部门	岗位	工种	应付工资				代扣款项									应纳税所得额	个人所得税	实发工资合计
				基本工资	绩效工资	奖金	小计	医疗保险(2%)	养老保险(8%)	失业保险(0.3%)	住房公积金(8%)	工会经费(0.5%)	其他扣除项	扣除项合计	考勤	小计			
蒋信应	组装车间	生产工人	高级工	2 300.00	1 600.00	800.00	4 700.00	94.00	376.00	14.10	376.00	23.50		883.60		3 816.40			3 816.40
朱国良				2 300.00	1 600.00	800.00	4 700.00	94.00	376.00	14.10	376.00	23.50		883.60		3 816.40			3 816.40
周立谢				2 300.00	1 600.00	800.00	4 700.00	94.00	376.00	14.10	376.00	23.50		883.60	(432.18)	3 384.22			3 384.22
陈薪余				2 300.00	1 600.00	800.00	4 700.00	94.00	376.00	14.10	376.00	23.50		883.60		3 816.40			3 816.40
丁有义				2 300.00	1 600.00	800.00	4 700.00	94.00	376.00	14.10	376.00	23.50		883.60		3 816.40			3 816.40
袁珍				2 300.00	1 600.00	800.00	4 700.00	94.00	376.00	14.10	376.00	23.50		883.60		3 816.40			3 816.40
李世伟				2 300.00	1 600.00	800.00	4 700.00	94.00	376.00	14.10	376.00	23.50		883.60	1 296.55	5 112.95	112.95	3.39	5 109.56
丁炫才		管理人员	行政人员	2 300.00	1 600.00	800.00	4 700.00	94.00	376.00	14.10	376.00	23.50		883.60	1 296.55	5 112.95	112.95	3.39	5 109.56
陈锋				2 300.00	1 600.00	800.00	4 700.00	94.00	376.00	14.10	376.00	23.50		883.60	1 296.55	5 112.95	112.95	3.39	5 109.56
叶红				2 300.00	1 600.00	800.00	4 700.00	94.00	376.00	14.10	376.00	23.50		883.60		3 816.40			3 816.40
王薇				2 300.00	1 600.00	800.00	4 700.00	94.00	376.00	14.10	376.00	23.50		883.60		3 816.40			3 816.40
小计				61 300.00	37 100.00	17 300.00	115 700.00	2 314.00	9 256.00	347.10	9 256.00	578.50		21 751.60	13 006.90	106 955.30	338.86	10.17	106 945.13
林振南	机修车间	生产工人	初级工	1 500.00	600.00	200.00	2 300.00	46.00	184.00	6.90	184.00	11.50		432.40		1 867.60			1 867.60
李雄富				1 500.00	600.00	200.00	2 300.00	46.00	184.00	6.90	184.00	11.50		432.40		1 867.60			1 867.60
唐敏建				1 900.00	1 100.00	500.00	3 500.00	70.00	280.00	10.50	280.00	17.50		658.00		2 842.00			2 842.00
王文松			中级工	1 900.00	1 100.00	500.00	3 500.00	70.00	280.00	10.50	280.00	17.50		658.00		2 842.00			2 842.00
袁浩				1 900.00	1 100.00	500.00	3 500.00	70.00	280.00	10.50	280.00	17.50		658.00		2 842.00			2 842.00
许发明				1 900.00	1 100.00	500.00	3 500.00	70.00	280.00	10.50	280.00	17.50		658.00		2 842.00			2 842.00

（续表）

姓名	部门	岗位	工种	应付工资				代扣款项									应纳税所得额	个人所得税	实发工资合计
				基本工资	绩效工资	奖金	小计	医疗保险(2%)	养老保险(8%)	失业保险(0.3%)	住房公积金(8%)	工会经费(0.5%)	其他扣除项	扣除项合计	考勤	小计			
赵致向	机修车间	生产工人	中级工	1 900.00	1 100.00	500.00	3 500.00	70.00	280.00	10.50	280.00	17.50		658.00		2 842.00			2 842.00
王建锋			高级工	1 900.00	1 100.00	500.00	3 500.00	70.00	280.00	10.50	280.00	17.50		658.00		2 842.00			2 842.00
赵洋		管理人员	行政人员	2 300.00	1 600.00	800.00	4 700.00	94.00	376.00	14.10	376.00	23.50		883.60		3 816.40	3 816.40		3 816.40
冯武				2 300.00	1 600.00	800.00	4 700.00	94.00	376.00	14.10	376.00	23.50		883.60		3 816.40			3 816.40
高海				2 300.00	1 600.00	800.00	4 700.00	94.00	376.00	14.10	376.00	23.50		883.60		3 816.40			3 816.40
周乐联				2 300.00	1 600.00	800.00	4 700.00	94.00	376.00	14.10	376.00	23.50		883.60		3 816.40			3 816.40
小　计				23 600.00	14 200.00	6 600.00	44 400.00	888.00	3 552.00	133.20	3 552.00	222.00		8 347.20		36 052.80			36 052.80
赵维刚		总经理		5 000.00	3 600.00	3 000.00	11 600.00	232.00	928.00	34.80	928.00	58.00		2 180.80		9 419.20	4 419.20	231.92	9 187.28
刘航		副总经理		4 000.00	2 600.00	2 000.00	8 600.00	172.00	688.00	25.80	688.00	43.00		1 616.80		6 983.20	1 983.20	59.50	6 923.70
张如会		部门经理		4 000.00	2 600.00	2 000.00	8 600.00	172.00	688.00	25.80	688.00	43.00		1 616.80		6 983.20	1 983.20	59.50	6 923.70
李钟强	采购部	业务人员		3 000.00	1 600.00	1 000.00	5 600.00	112.00	448.00	16.80	448.00	28.00		1 052.80		4 547.20			4 547.20
熊小西				1 600.00	1 100.00	500.00	3 200.00	64.00	256.00	9.60	256.00	16.00		601.60	(147.13)	2 451.27			2 451.27
高量				1 600.00	1 100.00	500.00	3 200.00	64.00	256.00	9.60	256.00	16.00		601.60		2 598.40			2 598.40
钱余				1 600.00	1 100.00	500.00	3 200.00	64.00	256.00	9.60	256.00	16.00		601.60		2 598.40			2 598.40
王一忠				1 600.00	1 100.00	500.00	3 200.00	64.00	256.00	9.60	256.00	16.00		601.60		2 598.40			2 598.40

（续表）

姓名	部门	岗位	工种	应付工资				代扣款项									应纳税所得额	个人所得税	实发工资合计
				基本工资	绩效工资	奖金	小计	医疗保险(2%)	养老保险(8%)	失业保险(0.3%)	住房公积金(8%)	工会经费(0.5%)	其他扣除项	扣除项合计	考勤	小计			
陈任金	销售部	部门经理		3 000.00	1 600.00	7 300.00	11 900.00	238.00	952.00	35.70	952.00	59.50		2 237.20		9 662.80			9 662.80
秦国庆		业务人员		1 600.00	1 100.00	2 600.00	5 300.00	106.00	424.00	15.90	424.00	26.50		996.40		4 303.60			4 303.60
王莲心				1 600.00	1 100.00	2 600.00	5 300.00	106.00	424.00	15.90	424.00	26.50		996.40	(243.68)	4 059.39			3 715.09
于丽丽				1 600.00	1 100.00	2 600.00	5 300.00	106.00	424.00	15.90	424.00	26.50		996.40	(294.25)	4 009.35			4 009.35
陈亮利				1 600.00	1 100.00	4 700.00	7 400.00	148.00	592.00	22.20	592.00	37.00		1 391.20	(147.13)	5 861.67			5 861.67
杨赵荣				1 600.00	1 100.00	4 700.00	7 400.00	148.00	592.00	22.20	592.00	37.00		1 391.20		6 008.80			6 008.80
李蓝				1 600.00	1 100.00	4 700.00	7 400.00	148.00	592.00	22.20	592.00	37.00		1 391.20		6 008.80			6 008.80
王徽田	财务部	部门经理		3 000.00	1 600.00	1 000.00	5 600.00	112.00	448.00	16.80	448.00	28.00		1 052.80		4 547.20			4 547.20
陈凯		业务人员		1 600.00	1 100.00	500.00	3 200.00	64.00	256.00	9.60	256.00	16.00		601.60		2 598.40			2 598.40
朱志超				1 600.00	1 100.00	500.00	3 200.00	64.00	256.00	9.60	256.00	16.00		601.60		2 598.40			2 598.40
张丽洁				1 600.00	1 100.00	500.00	3 200.00	64.00	256.00	9.60	256.00	16.00		601.60		2 598.40			2 598.40
高晓琳				1 600.00	1 100.00	500.00	3 200.00	64.00	256.00	9.60	256.00	16.00		601.60		2 598.40			2 598.40
于则				1 600.00	1 100.00	500.00	3 200.00	64.00	256.00	9.60	256.00	16.00		601.60		2 598.40			2 598.40
冯绘婷				1 600.00	1 100.00	500.00	3 200.00	64.00	256.00	9.60	256.00	16.00		601.60		2 598.40			2 598.40
孔力岚				1 600.00	1 100.00	500.00	3 200.00	64.00	256.00	9.60	256.00	16.00		601.60		2 598.40			2 598.40

（续表）

姓名	部门	岗位	工种	应付工资				代扣款项									应纳税所得额	个人所得税	实发工资合计
				基本工资	绩效工资	奖金	小计	医疗保险(2%)	养老保险(8%)	失业保险(0.3%)	住房公积金(8%)	工会经费(0.5%)	其他扣除项	扣除项合计	考勤	小计			
王森名	运输部	部门经理		3 000.00	1 600.00	1 000.00	5 600.00	112.00	448.00	16.80	448.00	28.00		1 052.80		4 547.20			4 547.20
杨光娥		业务人员		1 600.00	1 100.00	500.00	3 200.00	64.00	256.00	9.60	256.00	16.00		601.60		2 598.40			2 598.40
严友语				1 600.00	1 100.00	500.00	3 200.00	64.00	256.00	9.60	256.00	16.00		601.60		2 598.40			2 598.40
何莉				1 600.00	1 100.00	500.00	3 200.00	64.00	256.00	9.60	256.00	16.00		601.60		2 598.40			2 598.40
刘婷婷	人事部	部门经理		3 000.00	1 600.00	1 000.00	5 600.00	112.00	448.00	16.80	448.00	28.00		1 052.80		4 547.20			4 547.20
张燕		业务人员		1 600.00	1 100.00	500.00	3 200.00	64.00	256.00	9.60	256.00	16.00		601.60		2 598.40			2 598.40
刘美				1 600.00	1 100.00	500.00	3 200.00	64.00	256.00	9.60	256.00	16.00		601.60		2 598.40			2 598.40
李佳	后勤部	部门经理		3 000.00	1 600.00	1 000.00	5 600.00	112.00	448.00	16.80	448.00	28.00		1 052.80		4 547.20			4 547.20
徐甜甜		业务人员		1 600.00	1 100.00	500.00	3 200.00	64.00	256.00	9.60	256.00	16.00		601.60		2 598.40			2 598.40
李丽				1 600.00	1 100.00	500.00	3 200.00	64.00	256.00	9.60	256.00	16.00		601.60		2 598.40			2 598.40
小　计				69 400.00	44 800.00	50 200.00	164 400.00	3 288.00	13 152.00	493.20	13 152.00	822.00		30 907.20	(832.19)	132 660.61	8 385.60	350.91	132 309.707
合　计				298 500.00	182 000.00	113 800.00	594 300.00	11 886.00	47 544.00	1 782.90	47 544.00	2 971.50		111 728.40	26 208.73	508 780.33	8 724.46	361.08	508 419.26

第四章 财务分析及审计检查实训

财务分析及审计检查实训是以前三章完成的会计核算业务数据资料为主要依据,对其产品成本计划执行情况和会计报表中的相关指标进行简单的财务分析,并针对各会计小组对业务的处理情况,进行交叉审计检查,出具相应的审计报告。通过本章的实训学习,旨在让学生掌握财务分析和内部审计的基本方法和基本流程,培养与提高学生选择不同的方法对案例进行分析、判断、决策和识别风险的能力。

第一节 模拟企业相关财务指标分析

财务分析是通过收集、整理企业财务会计报告中的有关财务指标数据,结合其他有关补充信息,对企业的财务状况、经营成果和现金流量情况进行综合比较和评价,为财务会计报告使用者提供管理决策和控制依据的一项工作。通过对企业各项财务指标进行比较分析,可以正确评价企业的财务状况、经营成果和现金流量情况,揭示企业未来的报酬和风险;还可以检查企业预算完成情况,考核经营管理人员的业绩,为建立健全合理的激励机制提供帮助。

一、产品生产成本计划执行情况分析

产品生产成本计划执行情况分析作为成本分析的主要内容之一,主要是通过分析和考核产品成本计划的执行情况,反映成本差异对成本升降的影响程度以及发生差异的原因,帮助企业有针对性地采取措施,加强日常成本控制和管理,进一步提高企业的管理水平。产品生产成本计划执行情况分析主要包括全部产品生产成本计划完成分析和主要产品单位成本分析。

1. 全部产品生产成本计划完成分析

全部产品生产成本计划完成分析是评价企业全部产品成本计划完成情况的一种综合分析,主要是通过对比分析法将企业全部产品的计划总成本与实际总成本进行比较,计算出成本降低额和降低率,并以此评价全部产品成本变化情况的过程,具体可以从产品种类和成本项目两个角度进行计算和分析。

1) 按产品种类分析

按产品种类分析是指根据企业每种产品的成本所进行的分析,即通过对企业各种产品的实际总成本与计划总成本进行比较,确定各种产品和全部产品合计实际成本及计划成本的降低额和降低率,并编制按产品种类分析的全部产品成本计划执行情况表(见表4-1)。其中,产品成本降低额和产品成本降低率的计算公式如下:

产品成本降低额=按实际产量计算的实际成本-按实际产量计算的计划成本
产品成本降低率=成本降低额÷按实际产量计算的计划成本×100%

如果全部产品的实际成本比计划成本有所下降,说明企业的全部产品都是按计划完成的;反之,则说明企业的成本计划执行结果得不好。通过对各种类产品的成本计划完成情况进行分析,可以明确是哪类产品影响了企业全部产品成本计划的执行结果,并进一步分析该产品成本变化的主要原因。

表 4-1　全部产品成本计划执行情况表(按产品种类分析)

年　　月　　　　　　　　　　　　　　　　　　　　　　单位:元

产品名称	实际产量		实际与计划的差异	
	计划总成本	实际总成本	成本降低额	成本降低率
甲产品				
乙产品				
全部产品合计				

2)按成本项目分析

按成本项目分析是指将全部产品的总成本按照成本项目分类所进行的分析,即通过对各个成本项目全部产品的实际总成本与计划总成本相比较,计算每个成本项目的成本降低额和降低率,并编制按成本项目分析的全部产品成本计划执行情况表(见表 4-2)。

其中,成本项目成本降低额和成本项目成本降低率的计算公式如下:

$$成本项目成本降低额=该成本项目实际成本-该成本项目计划成本$$
$$成本项目成本降低率=该成本项目成本降低额÷该成本项目计划成本×100\%$$

通过对各成本项目的成本计划完成情况进行分析,可以找出影响企业全部产品成本计划完成情况的具体成本项目,重点分析该成本项目变化的原因,并寻求进一步降低成本的途径和方法。

表 4-2　全部产品成本计划执行情况表(按成本项目分析)

产品名称:　　　　　　　　　　　　年　　月　　　　　　　　　　　　单位:元

成本项目	全部产品总成本		实际与计划的差异	
	计划总成本	实际总成本	成本降低额	成本降低率
直接材料				
直接人工				
制造费用				
生产成本合计				

实训要求:请分别从产品种类和成本项目角度分析云南大宇家具制造有限责任公司全部产品成本计划的完成情况,并编制相应的计划执行情况表。

2. 主要产品单位成本分析

对全部产品成本计划完成情况进行总括分析后,还应该对主要产品的单位成本计划执行情况进行具体的分析,揭示各种产品单位成本及其各个成本项目的变动情况,从而确定造成产品单位成本变化的具体原因,并提出进一步改进的措施。

1) 主要产品单位成本计划完成情况分析

在进行产品单位成本计划完成情况分析时，首先应先将单位产品各成本项目的实际数与计划指标进行比较，确定各个项目的变动情况，然后再计算出各项目变动对单位成本的影响，将计算结果编制成产品单位成本计划执行情况表（见表4-3），最后可针对某些主要项目的升降情况作进一步深入的分析，查明引起项目成本变动的原因。其中，成本项目变动对单位成本影响的计算公式如下：

$$成本项目变动对单位成本的影响 = 该成本项目成本降低额 \div 产品单位计划总成本 \times 100\%$$

通过对各产品的成本计划完成情况进行分析，可以明确各成本项目对企业产品单位成本计划完成情况的影响，并通过各成本项目的下降幅度确定其对产品单位成本影响程度的大小。如果各成本项目下降幅度均为同向变化且变化范围相差不大，那么，企业有必要运用因素分析法进一步分析各成本项目的变动情况和具体原因。

表4-3 产品单位成本计划执行情况表

年 月
单位：元

成本项目	计划成本	实际成本	降低或超支		各项目变动对单位成本的影响
			金额	百分比	
直接材料					
直接人工					
制造费用					
合计					

实训要求：请根据云南大宇家具制造有限责任公司相关资料，分别编制学生书桌和学生椅的单位成本计划执行情况表，计算单位产品各成本项目的变动情况及变动对单位成本的影响率，并对主要产品单位成本计划完成情况进行分析。

2) 直接材料成本变动分析

在进行直接材料成本变动分析时，首先应确定影响产品单位成本中直接材料费用的基本因素，即单位产品的材料消耗、材料单价以及产量，然后计算材料消耗数量差异（量差）和材料价格差异（价差）对直接材料成本下降的影响，并编制各产品直接材料成本变动分析表（见表4-4）。其变动影响计算公式如下：

$$材料耗用量变动的影响 = \sum (实际耗用量 - 计划耗用量) \times 材料计划单价$$

$$材料单价变动的影响 = \sum (实际单价 - 计划单价) \times 实际耗用量$$

通过对各产品的直接材料成本变动情况进行分析，可以确定材料耗用量变动和材料单价变动对产品直接材料成本变化的共同影响，并进一步查找成本变化的原因。如果材料消耗量增加且材料单价下降，那么可能是产品设计变更、制造方法改变、机器设备性能老化、材料质量下降等原因。反之，如果材料消耗量减少，那么可能是生产工艺提高、加强成本管理的原因；如果材料价格提高，则可能是由于市场价格上涨或材料采购人员不得力，致使材料买价偏高。

表4-4 产品直接材料成本变动分析表

年　月   单位：元

材料名称	计量单位	耗用量		材料单价		材料成本		差异
		计划	实际	计划	实际	计划	实际	
复合板	平方米							
防火板	平方米							
冷轧钢板	千克							
方钢管	米							
螺丝	千克							
螺母	千克							
酚醛清漆	千克							
脚垫套	千克							
合计								

实训要求：请根据云南大宇家具制造有限责任公司相关资料，分别编制学生书桌和学生椅的直接材料成本变动分析表，计算各产品材料耗用量变动和材料单价变动对产品成本的影响，并对各产品直接材料成本变动情况进行分析。

2）直接人工成本变动分析

分析产品单位成本的直接人工费用，必须结合工资制度来进行。在计件工资制度下，计件单价不变，单位成本中的工资费用一般也不变。在计时工资制度下，产品单位成本中的费用是按工时数和小时工资率分配计入的。在进行直接人工工资成本变动分析时，首先确定影响产品单位成本中直接人工工资费用影响的因素是单位产品工时消耗量和小时工资额，然后计算单位产品所耗工时差异（量差）和每小时工资成本差异（价差）对工资费用的影响程度，并编制各产品直接人工成本变动分析表（见表4-5）。其变动影响计算公式如下：

$$\frac{\text{工时消耗量}}{\text{变动的影响}} = \sum\left[\left(\frac{\text{实际单位}}{\text{工时消耗量}} - \frac{\text{计划单位}}{\text{工时消耗量}}\right) \times \frac{\text{计划小时}}{\text{工资额}}\right]$$

$$\frac{\text{小时工资额}}{\text{变动的影响}} = \sum\left[\left(\frac{\text{实际小时}}{\text{工资额}} - \frac{\text{计划小时}}{\text{工资额}}\right) \times \frac{\text{实际单位}}{\text{工时消耗量}}\right]$$

通过对各产品的直接人工工资成本变动情况进行分析，可以确定工时消耗量变动和小时工资额变动对单位产品工资费用变化的影响，并进一步查找单位产品工资成本变化的原因。如果工时消耗增加而每小时工资成本减少，那么企业需进一步查明单位产品工时消耗超支和每小时工资成本节约的原因是机器设备、材料质量和设计不当等客观原因，还是工人熟练程度、劳动纪律、劳动态度等主观原因。反之，如果工时消耗节约而每小时的工资成本是超支的，企业需进一步分析单位产品工时消耗节约和每小时工资成本超支的原因。

表 4-5 直接人工成本变动分析表

年 月

项 目	计 划	实 际	差 异
单位产品耗用工时(小时)			
小时工资额(元/小时)			
单位产品工资费用(元)			

实训要求：请根据云南大宇家具制造有限责任公司相关资料,分别编制学生书桌和学生椅的直接人工工资成本变动分析表,计算各产品的工时消耗量变动和小时工资额变动对产品成本的影响,并对各产品直接人工工资成本变动情况进行分析。

3) 制造费用项目成本变动分析

产品单位成本中的制造费用分析,通常与计时工资制度下直接人工费用的分析类似,首先要分析单位产品耗用工时变动和小时制造费用变动这两个因素对制造费用变动的影响,并编制各产品制造费用成本变动分析表(见表 4-6),然后再分具体项目进行对比,分析变动的具体原因。制造费用变动影响计算公式如下:

$$\text{工时消耗量变动的影响} = \sum\left[\left(\text{实际单位工时消耗量} - \text{计划单位工时消耗量}\right) \times \text{计划每小时制造费用}\right]$$

$$\text{每小时制造费用变动的影响} = \sum\left[\left(\text{实际小时制造费用} - \text{计划小时制造费用}\right) \times \text{实际单位工时消耗量}\right]$$

表 4-6 制造费用项目成本变动分析表

年 月

项目	计划	实际	差异
单位产品耗用工时(小时)			
每小时制造费用(元/小时)			
单位产品制造费用(元)			

实训要求：请根据云南大宇家具制造有限责任公司相关资料,分别编制学生书桌和学生椅制造费用成本变动分析表,计算各产品的工时消耗量变动和小时制造费用变动对产品成本的影响,并结合具体项目对各产品制造费用成本变动情况进行分析。

二、会计报表相关指标分析

1. 偿债能力指标分析

1) 流动比率

流动比率是指流动资产与流动负债的比率,主要反映的是企业运用流动资产变现偿还到期负债的能力。其计算公式为:

$$流动比率 = \frac{流动资产}{流动负债} \times 100\%$$

一般来说,流动比率越高越好。流动比率越高,企业资产的变现能力越强,清偿短期债务的能力越强。国际上通常认为,流动比率保持在2:1左右较为适当。

2) 速动比率

速动比率是指速动资产(流动资产减去变现能力较差且不稳定的存货、预付账款、待摊费用等后的余额)与流动负债的比率。其计算公式为:

$$速动比率 = \frac{速动资产}{流动负债} \times 100\%$$

一般来说,速动比率越高,企业短期偿债能力越强;速动比率越低,企业清偿短期债务的能力越弱。国际上通常认为,速动比率保持在1:1左右较为适当,因为即使所有的流动负债都要求偿还,企业也有足够的资产维持其正常的生产运营。

3) 资产负债率

资产负债率是企业负债总额与资产总额的比率,反映企业总资产中债权人提供的资金所占的比重。其计算公式为:

$$资产负债率 = \frac{负债总额}{资产总额} \times 100\%$$

资产负债率越大,企业的债务负担越重。对于债权人来说,该比率越低越好,因为企业的债务负担越轻,其总体偿债能力越强,债权人权益的保证程度就越高。

4) 产权比率

产权比率也称资本负债率,是指企业负债总额与所有者权益总额的比率,反映企业所有者权益对债权人权益的保障程度。产权比率比资产负债率指标更能准确地揭示企业的偿债能力状况,因为公司只能通过增加资本来降低产权比率。其计算公式为:

$$产权比率 = \frac{负债总额}{所有者权益} \times 100\%$$

2. 盈利能力指标分析

1) 营业净利润率

营业净利润率是衡量企业营业收入最终给企业带来盈利的能力。营业净利润率越高,企业市场竞争力越强,发展潜力越大,盈利能力越强;反之,则表明企业经营管理者没有创造出足够多的营业收入或未能很好地控制成本。其计算公式为:

$$营业净利润率 = \frac{净利润}{营业收入} \times 100\%$$

2) 净资产收益率

净资产收益率又称净值报酬率或权益报酬率,是企业一定时期净利润与平均净资产的比率,反映了企业自有资金的投资收益水平。其计算公式为:

$$净资产收益率 = \frac{净利润}{平均净资产} \times 100\%$$

其中,净利润是指企业的税后利润,是未作如何分配的数额;平均净资产是企业年初所有者权益与年末所有者权益的平均数。一般认为,净资产收益率越高,企业自有资本获取收益的能力越强,运营效益越好,对企业投资人、债权人利益的保证程度越高。

3) 成本费用利润率

成本费用利润率是企业一定时期利润总额与成本费用总额的比率。其计算公式为:

$$成本费用利润率 = \frac{利润总额}{成本费用总额} \times 100\%$$

其中,成本费用总额是指主营业务成本及附加和三项期间费用(销售费用、管理费用 、财务费用)的总和。该指标体现了经营耗费所带来的经营成果,成本费用利润率越高,表明企业为取得利润而付出的代价越小,成本费用控制得越好,盈利能力越强。

4) 总资产报酬率

总资产报酬率,是企业一定时期内获得的报酬总额与平均资产总额的比率,反映了企业资产的综合利用效果。其计算公式为:

$$总资产报酬率 = \frac{息税前利润}{平均总资产} \times 100\%$$

其中,息税前利润是利润总额和利息支出之和,平均总资产是资产年初余额和年末余额之和的平均数。该指标表示企业全部资产获取收益的水平,全面反映了企业的获利能力和投入产出状况。总资产报酬率越高,表明企业的资产利用效益越好,整个企业盈利能力越强。一般情况下,企业可据此指标与市场资本利率进行比较,如果该指标大于市场利率,则表明企业可以充分利用财务杠杆,进行负债经营,获取尽可能多的收益。

3. 营运能力指标分析

1) 应收账款周转率

应收账款周转率是企业在一定时期(通常为 1 年)营业收入与平均应收账款余额的比率,它是反映应收账款周转速度的一个指标。此外,用时间表示的应收账款周转率称作应收账款周转天数。其计算公式分别为:

$$应收账款周转率 = \frac{营业收入}{平均应收账款余额} \times 100\%$$

$$应收账款周转天数 = \frac{365}{应收账款周转率}$$

其中,平均应收账款是年初应收账款和年末应收账款的平均数。一般来说,应收账款周转率越高越好,表明公司收账速度快、平均收账期短、坏账损失少、资产流动快、偿债能力强。而与之相对应,应收账款周转天数则是越短越好。但是在评价一个企业应收款项周转率是否合理时,应与同行业的平均水平相比较而定。

2) 存货周转率

存货周转率是一定时期内企业销货成本与存货平均余额间的比率。它是反映企业销售能力和流动资产流动性的一个指标,也是衡量企业生产经营各个环节中存货运营效率的一个综合性指标。此外,用时间表示的存货周转率称作存货周转天数。其计算公式分别为:

$$存货周转率 = \frac{营业成本}{平均存货} \times 100\%$$

$$存货周转天数 = \frac{365}{存货周转率}$$

在正常情况下,如果企业经营顺利,存货周转率越高,说明企业存货周转得越快(即存货周转天数越短)、存货占用水平越低、流动性越强、存货变现的速度越快,同时也能表明企业的销售能力强,营运资金占用在存货上的金额较少。但是存货周转率分析中,应注意剔除存货计价方法不同所产生的影响。

3) 固定资产周转率

固定资产周转率是指企业年销售收入净额与固定资产平均净值的比率,它是反映企业固定资产周转情、衡量固定资产利用效率的一项指标。其计算公式为:

$$固定资产周转率 = \frac{营业收入}{固定资产平均净值} \times 100\%$$

固定资产周转率高,表明企业的固定资产利用充分,同时也能表明企业固定资产投资得当、结构合理,能够充分发挥效率;反之,如果固定资产周转率不高,则表明企业的固定资产使用效率不高,提供的生产成果不多,企业的营运能力不强。需要说明的是,在运用固定资产周转率时,需要考虑某些因素的影响,如固定资产净值会因计提折旧而逐年减少,会因更新重置而突然增加,或者不同企业间可能会采用不同的折旧方法,其固定资产净值缺乏可比性等。

4) 总资产周转率

总资产周转率是企业营业收入净额与平均资产总额的比率,可用来分析企业全部资产的使用效率。其计算公式为:

$$总资产周转率 = \frac{营业收入}{平均资产总额} \times 100\%$$

该比率越高,表明企业的总资产周转速度越快、销售能力越强、资产利用效率越高。若该比率较低,则表明企业利用全部资产进行经营的效率较差,企业的获得能力也较差,企业应该采取措施提高各项资产的利用程度从而提高销售收入或处理多余资产。

4. 杜邦分析法

杜邦分析法是利用各个主要的财务比率指标之间的内在联系建立一个财务分析指标体系,综合地分析企业财务状况的一种方法。其基本思想是从企业净资产收益率出发,将其逐级分解为多项财务比率乘积,这样有助于深入分析比较企业经营业绩(见图 4-1)。

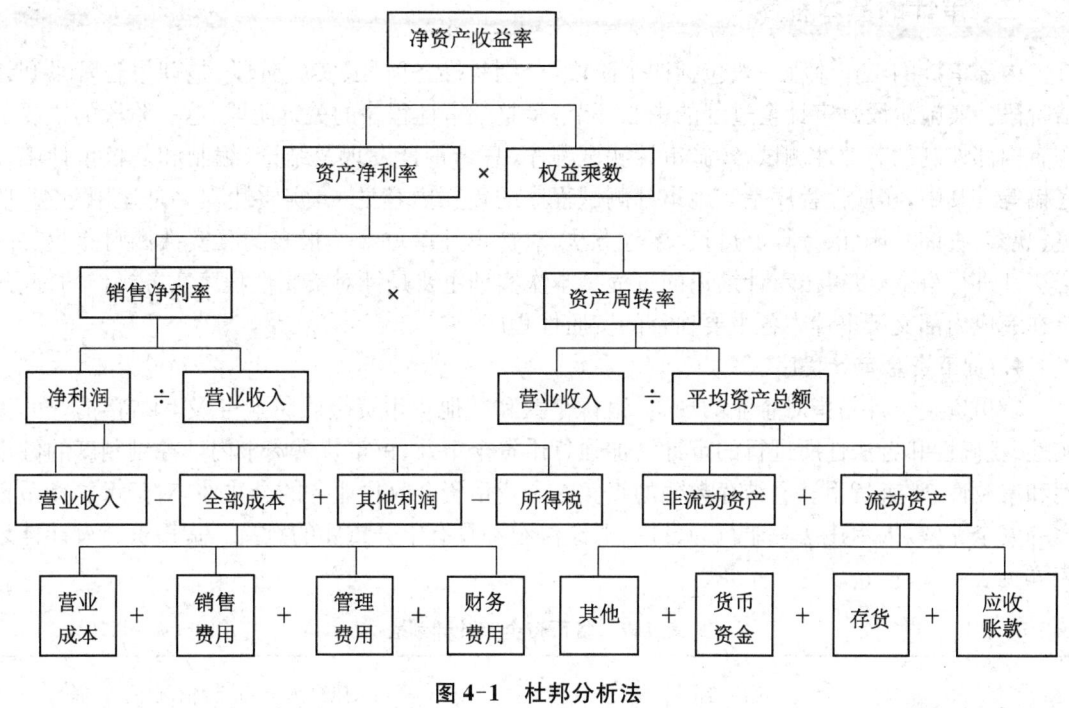

图 4-1　杜邦分析法

5. 实训要求

根据前面的各项指标对公司的偿债能力、盈利能力和营运能力作出分析,并运用杜邦分析法进行财务状况的综合分析,最后对公司月末的财务状况进行客观的综合分析评价。

第二节　模拟企业财务资料内部审计

内部审计是企业内部经济监督的一种形式,它是由本部门、本单位内部的独立机构和人员对本部门、本单位的财政收支和其他经济活动进行的事前和事后的审查和评价,以达到完善制度、改善管理、提高经济效益的目的。

一、审计的基本内容和要求

(1) 审计目的:对财务收支的真实性、合理性进行确认,对相关制度的建设和执行进行评价。

(2) 审计方式:就地审计。

(3) 审计范围:2019 年 12 月 1 日至 2019 年 12 月 31 日的财务报表。

(4) 审计内容:①云南大宇家具有限责任公司的资产、负债、损益、所有者权益的真实性、合规性和准确性;②云南大宇家具有限责任公司的会计核算管理情况;③云南大宇家具有限责任公司的资产管理情况;④会计核算体系、会计基础工作规范;⑤云南大宇家具有限责任公司的财务制度财经纪律执行情况;⑥其他需要审计的事项。

二、审计的基本程序

内部审计的工作流程一般包括四个阶段,分别是准备阶段、实施阶段、整理报告阶段和终结阶段。实施阶段是审计全过程的中心环节,是整个审计程序的关键阶段,这一阶段的主要工作有内部控制的有效性测试、实施审计测试程序、总结审计发现及结论、编制和复核审计工作底稿等。其中,实质性程序是实施审计测试程序的重要内容之一,实质性程序是运用检查、监盘、观察、查询及函证、计算、分析程序等方法,对被审计单位会计报表的真实性和财务收支的合法性进行审查,以得出审计结论的过程。本次实训主要是针对实质性程序实务操作的练习,旨在完成内部交叉审计中各主要项目的实质性程序。

1. 货币资金审计程序

货币资金审计是指对企业的现金、银行存款和其他货币资金收付业务及其结存情况的真实性、正确性和合法性所进行的审计。加强货币资金审计、评审货币资金内部控制制度的健全性和有效性、审查货币资金结存数额的真实性和货币资金收付业务的合法性,对于保护货币资金的安全完整、揭示违法犯罪行为、维护财经法纪都具有十分重要的意义。货币资金审计计划表详见表4-7。

表4-7　货币资金审计计划表

内　　容	执行人	执行情况	备注
(一)库存现金			
1. 核对现金日记账与总账的余额是否相符			
2. 会同被审计单位主管会计人员盘点库存现金,编制"库存现金盘点表",分币种面值列示盘点金额			
3. 抽查大额库存现金收支。检查原始凭证是否齐全、记账凭证与原始凭证是否相符、账务处理是否准确、是否记录于恰当的会计期间等内容			
(二)银行存款			
4. 核对银行存款日记账与总账的余额是否相符			
5. 取得或编制"银行存款余额调节表",经调节后的银行存款余额若有差异,应查明原因,作出记录或作适当的调整			
6. 检查"银行存款余额调节表"中未达账项的真实性			
7. 抽查大额银行存款(含外埠存款、银行汇票存款、银行本票存款)支出的原始凭证内容是否完整,有无授权批准,并核对相关账户的进账情况			
(三)其他货币资金(略)			
8. 检查货币资金在资产负债表上是否已恰当披露			

2. 应收账款审计程序

加强企业的应收账款审计,是做好资产、负债、损益审计工作的主要内容之一,这对于加速企业资金周转、减少资金占用、提高资金利用率、促进资产保值增值都具有重要意义。应收账款审计计划表详见表4-8。

表4-8 应收账款审计计划表

内　容	执行人	执行情况	备注
1. 取得应收账款明细表进行复核加总,然后将明细表数额与总账、明细账合计数进行核对,看是否相符			
2. 审查应收账款账龄分析表,将账龄表中所列示的应收账款加总,并扣除相应的坏账准备,看是否与资产负债表中的应收账款余额相符			
3. 检查坏账的确认、坏账准备的计提及账务处理的正确性			
4. 抽查有无不属于结算业务的债权,不属于结算业务的债权,不应该在应收账款中进行核算			
5. 抽查凭证,检查账务处理			
6. 检查应收账款在资产负债表上是否已恰当披露			

3. 存货审计程序

存货审计是指对存货增减变动及结存情况的真实性、合法性和正确性进行的审计。存货审计直接影响着财务状况的客观反映,它对于揭示存货业务中的差错弊端、保护存货的安全完整、降低产品成本和费用具有十分重要的意义。存货审计计划详见表4-9。

表4-9 存货审计计划表

内　容	执行人	执行情况	备注
1. 取得存货明细表进行复核加总,然后将明细账数额与总账、明细账合计数进行核对,看是否相符			
2. 审查材料采购的账务处理,审查材料的验收入库的情况,审查采购计划、采购合同与发票、入库单、付款支票是否一致			
3. 监盘存货			
4. 审查存货的计价方法			
5. 抽查凭证,检查账务处理			
6. 检查存货跌价准备			
7. 检查应收账款存货在资产负债表上是否已恰当披露			

4. 应交税费审计程序

应交税费审计是指审计企业在一定时期内取得的营业收入和实现的利润,是否已按规定向国家交纳相应的税金。应交税费审计计划表详见表4-10。

表 4-10 应交税费审计计划表

内 容	执行人	执行情况	备注
1. 取得应交税费明细表进行复核加总,并与报表、总账和明细账合计数核对是否相符			
2. 检查企业所得税,复核企业所得税的计算是否正确,审查账务处理是否正确			
3. 检查增值税,复核进项税额、销项税额的计算是否正确,审查账务处理是否正确			
4. 检查其他税(费)项及代扣税(费)项			

5. 应付工资审计程序

应付工资审计是根据工资核算和管理要求,对企业的劳动工资政策及工资支付等情况进行的检查与审核。应付工资审计计划表详见表 4-11。

表 4-11 应付工资审计计划表

内 容	执行人	执行情况	备注
1. 取得应付工资明细表,复核其加计数是否准确,并与明细账、总账和报表有关项目进行核对			
2. 抽查明细账、记账凭证、原始凭证及工资结算单等,审查应付工资的发放			
3. 抽查所附工资费用分配汇总表,审核应付工资的分配是否正确、合规			
4. 检查应付工资是否已在资产负债表上恰当披露			

三、内部审计报告的内容

1. 内部审计报告的基本要素

(1)标题,通常包括被审计单位的名称、审计事项、审计类别、审计期间和审计报告等字样。

(2)收件人。

(3)正文,主要包括审计概况、审计依据、审计发现的问题、审计结论、审计意见和审计建议等内容。

(4)附件,指对审计报告正文进行补充说明的文字和数字资料,如针对审计过程中相关问题的计算及分析程序等。

(5)签章。

(6)报告日期。

2. 内部审计报告模板

内部审计报告的具体模板见图 4-2。

××公司内部审计报告

尊敬的公司领导：

我们根据核准的××年度审计计划,于××年×月×日对公司实施了内部审计。本次审计的主要目的是检查和评价公司财务核算及内部控制相关业务流程的执行情况,现将审计过程中的情况报告如下：

一、审计概况

（描述审计的背景信息、审计的范围和方法。）

二、审计依据

三、审计结论

（根据查明的事实,具体描述发现的问题,对产生问题的原因进行分析,提出该问题可能带来的影响或风险。）

四、审计建议

审计人员：×××　　×××

××年×月×日

图 4-2　审计报告模板

四、实训要求

各小组根据云南大宇家具有限责任公司的业务资料及会计处理结果,开展财务资料交叉审计业务,并编写相应的审计报告。